FIFTYAFIF

W0083646

Friedhelm Klinkhammer und Volker Bräutigam

Der öffentlich-rechtliche Rundfunk ist am Ende.

Aber ein Ende ist nicht in Sicht.

Unter Mitarbeit von
Tobias Keil

FIFTYFIFTY

Die Deutsche Nationalbibliothek verzeichnet diese Publikation
in der Deutschen Nationalbibliografie; detaillierte bibliografische
Daten sind im Internet über http://dnb.d-nb.de abrufbar.
Das Werk einschließlich aller seiner Teile ist urheberrechtlich geschützt.
Jede Verwertung ist ohne Zustimmung des Verlags unzulässig. Das gilt
insbesondere für Vervielfältigungen, Übersetzungen, Mikroverfilmungen
und die Einspeicherung und Verarbeitung in elektronischen Systemen.

ISBN: 978-3-946778-45-5
1. Auflage 2023
© Verlag fifty-fifty GmbH, Frankfurt/Main 2023
Umschlaggestaltung: Verlag fifty-fifty
Titelmotiv: Bildmontage © KTEditor/Pixabay und © picture alliance
Satz: Publikations Atelier, Dreieich
Druck und Bindung: Friedrich Pustet GmbH & Co. KG, Regensburg
Printed in Germany

Inhalt

Über die Unzulänglichkeiten des öffentlich-rechtlichen Rundfunks

Das Ritual

Feierabend. Sechserpack und Knabberzeug auf dem Couchtisch. Fernseher an. In der Wunderlampe flimmert ein Reklamespot für Heimwerker. Gleich 20 Uhr.

Gongschlag.

Blick ins abgedunkelte Nachrichtenstudio.

Grafik, eingeblendet:

tagesschau®

Sprecherin aus dem Off:

»Hier ist das Erste Deutsche Fernsehen mit der Tagesschau.«

Panorama-Aufnahme vom Studio, langsam aufhellend. Grafik tagesschau® bleibt stehen.

Sprecherin aus dem Off:

»Heute im Studio: (zum Beispiel) Jens Riewa.«

Sprecher (zum Beispiel) Riewa, Nahaufnahme, Blick in die Kamera: »Guten Abend, meine Damen und Herren, ich begrüße Sie zur Tagesschau.«

Früher wahrten die Sprecher Distanz. Nach dem Trailer »Hier ist das Erste Deutsche Fernsehen mit der Tagesschau« sagten sie:

»Guten Abend, meine Damen und Herren«,

und lasen die erste Meldung vor.[1] Heute biedern sie sich erst einmal an. Dass Sie tagesschau® selber lesen können, genügt offensichtlich nicht; gleich zweimal innerhalb weniger Sekunden wird Ihnen beigepult, dass jetzt die Tagesschau kommt. Der Sprecher begrüßt Sie mit »guten Abend« und erklärt, dass er Sie begrüßt. Zur Tagesschau.

Damit das auch sitzt. Zweck der Übung: Sie sollen sich persönlich angesprochen fühlen, daher die folgenden Informationen vorbehaltlos aufnehmen und sich nicht davon irritieren lassen, dass Ihr Denken ideologisch eingehegt wird.

Ach, Sie trinken gar kein Bier, sondern Grünen Oolong-Tee? Auch recht. Trotzdem – der Nachrichtensprecher legt ja schon los – können Sie, der vermeintlich souveräne Zuschauer, nur noch:

- schnell ins eigene Gedankenkino flüchten,
- wegzappen oder
- die Wunderlampe ausschalten.

Sonst setzen Sie sich hochkonzentrierter Meinungsmache in der Echokammer des USA-NATO-EU-BRD-Wertewestens aus. Denn: Was Ihnen die ARD-aktuell (oder ein anderer öffentlich-rechtlicher Nachrichtenanbieter) garantiert nicht ins Wohnzimmer bringt, ist ein zweifelsfrei seriöses Informationsangebot an durchweg sachlichen, um Objektivität bemühten Nachrichten. Betonung auf »durchweg«. Manchmal kommt es nämlich vor, dass der Redaktion ARD-aktuell doch etwas halbwegs Brauchbares durch den transatlantisch-ideologischen Filter flutscht. Auch eine kaputte Uhr zeigt schließlich zweimal am Tag die richtige Zeit an.

Folgende Meldung vom 12. April 23 war am fraglichen Abend allerdings nicht im Tagesschau-Angebot:

EU-»Friedensfonds« gab gesamtes Budget für Kämpfe in der Ukraine aus (SNA). – Der Europäische Friedensfonds hat sein gesamtes Budget, das bis zum Jahr 2027 eingeplant war, in einem Jahr »zur Förderung der Feindseligkeiten« in der Ukraine verwendet. ... Das Geld sei ursprünglich für die »sogenannte Förderung der Sicherheit aller Regionen der Welt bis 2027« gedacht gewesen. ... Insgesamt habe die Europäische Union (EU) rund 13 Milliarden Euro für die Militärhilfe an die Kiewer Regierung bereitgestellt.

SNA-Sputnik, eine russische Nachrichtenagentur, berief sich auf eine Mitteilung des russischen Außenministeriums. SNA-Sputnik ist jedoch aufgrund einer Verfügung der EU-Kommission verboten. Zensur? Laut Grundgesetz findet die bei uns gar nicht statt. Sie wird wohl nur exekutiert, wenn das Grundgesetz gerade nicht hinguckt. Unsere politisch Verantwortlichen können doch nicht den ganzen Tag mit dem Schmöker unterm Arm herumlaufen. Das hat uns CSU-Innenminister Höcherl selig schon 1963 wissen lassen; lang, lang ist's her.

Unsere Staatsfunker in Hamburg (ARD, Arbeitsgemeinschaft der öffentlich-rechtlichen Rundfunkanstalten der Bundesrepublik Deutschland), Mainz (ZDF, Zweites Deutsches Fernsehen), Köln und Berlin (DRadio, Deutschlandradio) befolgen fügsam die EU-Zensurverordnung. Der Artikel 5 unseres Grundgesetzes garantiert zwar die Rundfunkfreiheit, aber das Petersilienblatt auf dem Schweineschnitzel dient ja auch bloß der Dekoration. Als besonders nahrhaft gilt es nicht. Stimmt's?

Die Redaktion ARD-aktuell, zuständig für *Tagesschau, Tagesthemen, Nachtmagazin, tagesschau.de* und *Tagesschau24*, übt überdies schon seit vielen Jahren Selbstzensur. Sie verarbeitet nämlich ausschließlich Material der westlichen Nachrichtenagenturen:

- AP (Associated Press, USA, kommerziell, aber unter starker staatlicher Kontrolle)
- TRI (Thomson Reuters, Kanada, kommerziell)
- AFP (Agence France Presse, Frankreich, halbstaatlich)
- dpa (Deutsche Presseagentur, kommerziell, kooperiert mit AP)
- sid (Sport Informationsdienst, kommerziell).

Nicht bezogen werden Agenturen aus Russland (ITAR-TASS, Interfax, APN), China, (Xinhua, CNS), Indien (Asian News International unter anderem), Afrika (SAPA unter anderem) und Lateinamerika (teleSUR unter anderem).

Die Konsequenz: selbst verschuldete Einseitigkeit. Die Nachrichtengestaltung trieft vor eurozentristischer Arroganz und USA-höriger Gefolgschaftstreue.

Nun unterhalten die öffentlich-rechtlichen Rundfunkanstalten zwar weltweit eigene Studios, unter anderem in Moskau und in Brüssel. Sie hätten füglich auch ohne SNA-Sputnik berichten können, dass die EU das Geld aus dem Friedensfonds als Schmiermittel für die Rüstungsindustrie missbraucht; sie hätten ergänzen können, dass auch die korrupten Führungsfiguren des Nazi-affinen Gewaltregimes in Kiew mit einem Großteil der internationalen Rüstungshilfe die eigene Tasche füllen, voran Präsident Selenskyj selbst.[2]

Tagesschau & Co. ließen jedoch brav die Finger von dieser heißen Information. Obwohl die Zweckentfremdung von 13 Milliarden Euro unbestreitbar von öffentlichem Interesse war (und ist) und für die Meinungsbildung des deutschen Publikums bedeutsam gewesen wäre.

Schein und Sein

Müssen Sie, mündige Zuschauer, sich dergleichen mediale Bevormundung gefallen lassen? Von öffentlich-rechtlichen Rundfunkanstalten, für die Sie monatlich erkleckliche Beiträge zu zahlen haben? Nein, selbstverständlich können Sie auf dermaßen gesiebte Informationsangebote verzichten und sich anderweitig unterrichten. Den vollen Rundfunkbeitrag müssen Sie trotzdem abdrücken.

Der Evangelische Pressedienst urteilte einmal, demokratische Gesellschaften seien auf freie und rationale Meinungsbildung angewiesen: »Zu diesem Prozess sollen die öffentlich-rechtlichen Medien durch ihre Verpflichtung auf ausgewogene Vielfalt, durch Verlässlichkeit, hohe journalistische Standards und Unabhängigkeit beitragen. ... Die Idee des öffentlich-rechtlichen Rundfunks ist nach wie vor gut, nur entspricht er in der Praxis nicht immer dieser Idee.«[3]

Nicht immer. Ganz sicher nicht. Der öffentlich-rechtliche Rundfunk erweist sich vielmehr als hocheffektives Machtinstrument, mit dem »herrschende Meinung« hergestellt wird. Er gewährleistet unserer politischen Führung und dem Geldadel die Deutungshoheit über alles, was das Staatsvolk betrifft und bewegt. Er bestärkt das »Wir-Gefühl«, die Guten zu sein und immer auf der richtigen Seite zu stehen. Zweifel an dieser Schein-Realität lässt er nicht aufkommen.

Früher berichteten öffentlich-rechtlich bestallte Rundfunk- und Fernsehjournalisten, was die Oberen in Politik und Wirtschaft sagten.

Heute vermittelt die öffentlich-rechtliche Anstaltsjournaille, was Sie zu denken haben. Auf dieser Steigerungsstufe sind Nachrichten ideologisch gesteuert.

Laut Kalle Marx, unserem Philosophen im Rauschebart, vermischt Ideologie immer das »Wahre« mit dem »Unwahren«. Als Beispiel dient ihm der Abschluss eines Arbeitsvertrages: Nicht nur der Arbeitgeber ist frei, sondern auch der Arbeitnehmer, denn beide unterstehen keiner feudalen Obrigkeit.

Da beide freie Bürger sind, sind sie auch gleich. Frei und gleich. Aber ihr Arbeitsvertrag begründet Unfreiheit und Ungleichheit. Denn der Arbeitnehmer muss sich dem Willen des Arbeitgebers beugen, wenn er nicht verhungern will.

Wahr und zugleich grundfalsch ist also die Aussage, Arbeitgeber und Arbeitnehmer seien gleichermaßen frei.

Die Folgerung »wahr und unwahr zugleich« ergibt sich zwangsläufig auch beim Bewerten von Tagesschau- und anderen Informationssendungen.

Wahr und zugleich grundfalsch ist die Selbstdarstellung des öffentlich-rechtlichen Rundfunks, er sei staatsfern und unabhängig, sein Programmangebot nur der freien Meinungsbildung und der Meinungsvielfalt verpflichtet. Schon die unsäglich tendenziösen Tagesschau-Berichte über den Krieg in der Ukraine, ganz besonders jene über den staatsterroristischen Anschlag auf die Ostsee-Gasröhren, zeigen hingegen, was wirklich Sache ist.

Zwischenruf:

Immer nur die Ukraine-Berichte! Gibt es nichts anderes zu kritisieren?

Doch. Jede Menge. Aber im Fall gefälschte Ukraine-Nachrichten kann man gar nicht danebengreifen. Wir zeigen es seit Jahren.

»Die West-Ukrainer sind ideologische Nachfahren der deutschen Nazis«, schreibt der bekannte US-amerikanische Dozent und Buchautor Patrick Lawrence. Zu diesem Befund sind längst auch viele andere Publizisten gekommen. Wer je mit offenen Augen und Ohren die West-Ukraine bereist und den dort prägenden Kult um den nazistischen Massenmörder Bandera wahrgenommen hat (Denkmäler, Straßennamen, museale Einrichtungen, Feiern), wird ebenfalls zustimmen. Die Tagesschau aber unterlässt mit Fleiß jeden Hinweis darauf. Als der ukrainische Schriftsteller Serhij Zhadan am 23. Oktober 22 in der Frankfurter Paulskirche den Friedenspreis des deutschen Buchhandels erhielt, verbreitete die Redaktion ARD-aktuell Ausschnitte aus der Laudatio im O-Ton; pure Schönrednerei. Kein Wort davon, dass dieser Preisträger die Russen als »Tiere« und »Unrat« beschreibt, als »Barbaren«, und dass er ihnen wünscht: »Brennt in der Hölle, ihr Schweine.«[4] Ein richtiges Herzchen, nicht wahr?

Die Tagesschau schwieg nicht nur zum Nazi-Jargon des Preisträgers. Sie umgab ihn auch noch mit einer Aureole: »Zhadan als bedeutender Dichter und Humanist gewürdigt«.

Ein Humanist. Der Russenhasser.

Das schamlose Lob passt eben ins Hier und Heute, und die Tagesschau prägt das wesentlich mit. Im Bundestag wurden der Neonazi-affine ukrainische Präsident Selenskyj und sein damaliger Botschafter Melnyk mit *Standing Ovations* geehrt. Das der Regierung angeschlossene ARD-Hauptstadtstudio übertrug die peinliche parlamentarische Selbsterniedrigung minutenlang, ohne kritische Einordnung aus gebotener Distanz. Schändlich.

Ein dermaßen verständnisinniger Umgang mit dem Ukro-Nazismus müsste eigentlich sehr nachdenklich machen. Doch Nachdenklichkeit kann man der ARD-aktuell nicht gerade nachsagen. Bestehen vage Zusammenhänge zwischen der massenmedial aufgeblähten Sympathie für die (West-)Ukrainer und deren nazistischer Denk- und Kulturtradition mit der nur sehr unvollständigen Entnazifizierung Deutschlands nach 1945? Ist es nicht faschistoid, die einen Flüchtlinge zu umarmen und die anderen verrecken zu lassen?

Die bejubelte uneingeschränkte Aufnahme der Ukrainer in Deutschland (bevorzugte Versorgung mit Unterkunft, umfangreiche finanzielle Unterstützung, sofortige Arbeitserlaubnis et cetera) unterscheidet sich deutlich vom harschen Umgang mit afghanischen und afrikanischen Flüchtlingen. Bereits jetzt leben mehr als 1,2 Millionen geflüchtete (West-)Ukrainer unter uns; viele sind gekommen, um zu bleiben, und viele weitere werden noch folgen. Es dürfte sich hier eine ukro-nazistische Minderheit etablieren, deren Denken und Treiben uns vielleicht noch wehmütig an die nur leicht überdurchschnittliche Straffälligkeit von Zuwanderern aus dem muslimischen Kulturkreis zurückdenken lassen wird.

Strich darunter. Die Tagesschau erweitert nicht den Horizont des Publikums, sondern vertieft den Abgrund seiner Verblendung. Sie verbreitet ihre Zerrbilder im Stil einer Drückerkolonne, die der alten Oma Zeitschriften-Abonnements aufschwatzt.

Wechselwirkungen

Eine Parallele zur Verkümmerung des öffentlich-rechtlichen Rundfunks zum bloßen Sprachrohr des Staatsapparates zeigt sich in unserer abstoßenden Diskurs-Kultur. Wer früher immerhin noch ein zu respektierender Meinungsgegner war, ist heute, wenn er der »herrschenden« Meinung widerspricht, automatisch verdächtig: Antisemit, Mitglied von Moskaus fünfter Kolonne, linker/rechter Extremist oder gar »Lumpenpazifist«. In jedem Fall ein »Verfassungsfeind«, auf den der Staatsschutz gefälligst ein Auge zu werfen habe.

Und der macht das tatsächlich. Staatsanwälte sind weisungsgebunden und damit scharf auf Regimekritiker. Über eine vollständig unabhängige Justiz verfügt unser nur eingeschränkt souveräner Rechtsstaat nicht. So kommt es zum Beispiel, dass unter dem Vorwurf »Belohnung und Billigung von Straftaten, Gefährdung des öffentlichen Friedens« heutzutage Mitmenschen angeklagt und verurteilt werden, weil sie nicht Russland, sondern die USA und die NATO als Schuldige am Ukraine-Krieg betrachten und das öffentlich bekunden. Dass sie ihre Überzeugung auf zeitgeschichtliche Fakten und qualifizierte Bezeugungen namhafter schweizerischer Ukraine-Kenner und OSZE-Beobachter stützen,[5] hilft ihnen nicht – und die Tagesschau ignoriert den Skandal sowieso.

Die demokratiegefährdenden Abbrucharbeiten an unseren Freiheitsrechten schreiten voran, und nebenher gehen auch Friedfertigkeit und Friedenswille unseres Gemeinwesens dahin. Die Nachrichtengestalter des öffentlich-rechtlichen Rundfunks begleiten das Ganze vollkommen unkritisch, sie errichten kein informationelles Bollwerk dagegen. Sie haben längst alle demokratischen und berufsethischen Hüllen fallen lassen.

Das schlägt auf den öffentlich-rechtlichen Rundfunk zurück. Sein Publikum geht ihm sukzessive von der Fahne, zwar vorerst noch langsam, aber trotzdem schmerzlich, denn vor allem die Jugend wendet sich ab. Das Durchschnittsalter des ARD-Zuschauers beträgt bereits 64 Jahre. Er schaltet den Fernseher im Schnitt täglich noch gut vier Stunden ein. Die sehr jungen Leute nutzen die Angebote des »linearen« Rundfunks und Fernsehens in wesentlich geringerem Umfang; derzeit nur mehr gut eine Stunde pro Tag. In dieser Altersgruppe ist seit Jahren eine stark rückläufige Tendenz festzustellen.

Auf lange Sicht bedeutet dieser Trend, dass dem öffentlich-rechtlichen Rundfunk die Daseinsberechtigung verloren geht.

ARD- und ZDF-Intendanten, Direktoren, Chefredakteure und Hauptabteilungsleiter unterstehen zwar formal der Aufsicht gesellschaftlicher Kontrollorgane, der Rundfunkräte. Doch diese Aufsicht funktioniert nicht. Die Rundfunkräte sind fleischgewordener Ausdruck für die Untauglichkeit und das Versagen des öffentlich-rechtlichen Rundfunks und den Totalausfall seiner ursprünglich gewollten Selbstkontrolle. Wenn man so was liest und dafür auch Beiträge entrichten muss, dann kann man nur die Motten kriegen.

»Wer zahlt, bestimmt die Musik«, heißt es. Für den Rundfunkbeitragszahler gilt das Sprichwort nicht. 39,5 Millionen Haushaltsvorstände und weitere Millionen Unternehmen müssen auf Beschluss unserer Landesfürsten und ihrer Entourage in den Parlamenten jährlich insgesamt 8,1 Milliarden Euro Rundfunkbeitrag abdrücken, ohne den geringsten Einfluss auf die Verwendung dieses Geldes zu haben. Nicht einmal der Rechtsweg steht ihnen offen, um ein konkretes Interesse durchzusetzen, beispielsweise ihren Anspruch auf sachliche, für qualifizierte Meinungsbildung nötige Nachrichten. Der öffentlich-rechtliche Rundfunk ist diesbezüglich immun.

Was mit der gigantischen Beitragseinnahme passiert (es kommen noch eine halbe Milliarde Euro an Werbeeinnahmen hinzu), haben die Rundfunkteilnehmer nicht zu bestimmen. Pfeif auf demokratische Regeln. Nicht einmal der Schein wird gewahrt.

Es entscheiden elf Intendanten (ARD: neun, ZDF: einer, DRadio: einer). Notabeln, die sich aus Beitragsgeldern fürstlich bezahlen lassen: Keine/keiner bringt weniger als eine Viertelmillion Euro jährlich nach Hause. Der WDR-Intendant ist mit mehr als 410 000 Euro Spitzenreiter.

Weitere Programm-Befugte: ein kleiner Kreis von Rundfunk- und Verwaltungsräten.

Von demokratischer Legitimation kann bei denen ebenfalls keine Rede sein. Zumeist wurden sie in den Hinterstübchen von allen möglichen Vereinen und Kanzleien für das Kontrollamt über den öffentlich-rechtlichen Rundfunk ausgekungelt.

Achtung, jetzt kommt es hier kurz statistisch-trocken:

Der Rundfunkrat (ZDF: Fernsehrat, DRadio: Hörfunkrat), laut Gesetz das Kontrollgremium einer öffentlich-rechtlichen Rundfunkanstalt, soll sich aus Mitgliedern sogenannter »gesellschaftlich relevanter« Gruppen zusammensetzen. Darunter werden in der Praxis die politischen Parteien verstanden (vorrangig CDU/CSU und SPD), die DGB-Gewerkschaften, die Arbeitgeberorganisationen, die Kirchen, Heimat- und Sportverbände, Landfrauen, Umweltschutzorganisationen und Vereine wie der Stasi-Schutzverband. Aufteilung: Mit etwas mehr als 27 Prozent sind die staatsnahen Institutionen am besten bedient. 23,2 Prozent entfallen auf Gewerkschafts-, Berufs- und Wirtschaftsverbände, 10 Prozent auf Kirchen und jüdische Gemeinden. Den Rest kann man getrost vergessen, grob gesagt dominieren Parteien, Wirtschaft und Kirchenvertreter.

Und, Achtung: Welche gesellschaftliche Gruppe »relevant« ist, beschließen die Länderparlamente. Gemäß parteipolitischen Zweckmäßigkeits-Überlegungen, was denn sonst? Haben Sie etwas anderes erwartet?

Bezeichnenderweise ist gesetzlich vorgeschrieben, dass die deutsche Staatsangehörigkeit besitzen muss, wer in einen Rundfunkrat entsandt werden soll. Diese Deutschtümelei schließt grundsätzlich alle ausländischen Mitbürger vom Amt aus, obwohl sie selbstverständlich den gleich hohen Rundfunkbeitrag zu bezahlen haben und ihr Anteil an der Gesamtbevölkerung 10,6 Prozent beträgt.

Das Durchschnittsalter der Räte liegt hoch, bundesweit bei 58 Jahren. Diese Schar ausgeguckter Interessenvertreter bestimmt über die Geschicke des öffentlich-rechtlichen Rundfunks. Der Rundfunkrat wählt den Intendanten und dessen Stellvertreter. Er genehmigt den Wirtschaftsplan und den Jahresabschluss des Senders. Aus den eigenen Reihen bildet er einen Verwaltungsrat, dessen wichtigste Aufgabe es ist, die Geschäftsführung des Intendanten zu überwachen. Und dann befasst der Rundfunkrat sich noch mit dem angebotenen Programm. Er befindet also auch darüber, ob die Nachrichtensendungen Information sind oder Propaganda enthalten.

Was das erlauchte Gremium aus dieser letztgenannten Aufgabe macht, steht auf einem ganz anderen Blatt. Zum Beispiel gab es von tausend Programmbeschwerden über Tagesschau-Berichte keiner einzigen grundsätzlich statt. Die ARD-aktuell-Redaktion wurde nie zu einer Korrektur oder gar zu einem Widerruf veranlasst.

Blick in den Selbstbedienungsladen

Es geht nicht anders, wir müssen hier ausführlicher über die Kohle reden. Genauer: über die maßlose Verschwendung der Gelder, die der öffentlich-rechtliche Rundfunk Jahr für Jahr einnimmt, ohne das geringste unternehmerische Risiko tragen zu müssen.

Patricia Schlesinger, einst Intendantin des Rundfunks Berlin-Brandenburg, rbb, ist wegen ihrer missbräuchlichen Amtsführung bereits in die bundesdeutsche Mediengeschichte eingegangen. Sie steht für die Ineffizienz der Selbstkontrolle des öffentlich-rechtlichen Rundfunks, für das komplette Versagen seiner Kontrollinstitute. Denn nicht nur diese Intendantin warf mit Geld um sich, das ihr nicht gehörte, nicht nur sie nahm exzessiv ihren persönlichen Vorteil wahr. Selbstbedienungsmentalität und Vetternwirtschaft sind kennzeichnend für alle öffentlich-rechtlichen Sendeanstalten.

Beispiele gefällig?

Ein Intendant ließ sich seine Geburtstagsfeier in der Größenordnung von 100 000 Euro aus Rundfunkbeiträgen bezahlen. Eine Intendantengattin wurde in einem Scheinarbeitsverhältnis mit satten 140 220 D-Mark bedacht, ohne dass sie einen Finger dafür krummmachen musste. Der Leiter eines Subunternehmens des Norddeutschen Rundfunks (NDR) erhielt bei seinem Abschied nicht nur eine Abfindung von 130 000 D-Mark, sondern eine kapitalisierte Pensionszahlung von 3,4 Millionen D-Mark dazu. Ein Intendant ließ für hohe Summen externe Fachleute nach Wegen suchen, unliebsamen Mitarbeitern Stasi-Kontakte anzuhängen.[6] Die Fälle von missbräuchlicher Amtsführung sind ungezählt. Ernsthafte Konsequenzen vonseiten der Aufsichtsgremien gab es nie. Einige ihrer Mitglieder waren an den Machenschaften ja selbst beteiligt.

»Rundfunkräte sind eine Laienspielgruppe«, befand der ehemalige Justiziar eines Senders. Als Mitglied der Senderspitze (Intendant, stellv. Intendant, Verwaltungsdirektor, Justiziar) wusste er, wovon er sprach. Das Bild prägen freundlich-harmlose Jasager und blasierte Wichtigtuer in einem Club von kopfnickenden Schweigern, die selten oder nie etwas beizutragen haben und wegen ihrer anderweitigen Funktionen und Beanspruchung kaum Zeit zur Vorbereitung auf die Rundfunkratssitzungen finden. Ausnahmen bestätigen die bestürzende Regel.

Das schienen die Medienpolitiker in den norddeutschen Landtagen und der Hamburger Bürgerschaft auch so zu sehen, als sie bei der letzten NDR-Staatsvertragsänderung (2021) die Aufwandsentschädigung für einen Großteil der Rundfunkräte strichen. In den Jahren davor sei das Gremium »aufgrund von fehlender Anwesenheit der einfachen Mitglieder wiederholt nicht beschlussfähig gewesen«, ließ die Staatskanzlei Schleswig-Holstein wissen.

Demnach sackte eine Mehrheit der Ratsmitglieder jährlich etliche Tausend Euro ein, ohne zu den Sitzungen zu erscheinen. Was für ein Saustall! Anstatt die Schwänzer von ihren Aufgaben zu entbinden, werden sie mit Lockstoff dazu gebracht, zu den Sitzungen zu erscheinen. Die Neuregelung: 300 Euro für bloße Anwesenheit und 100 Euro pro Monat als Aufwandspauschale. Der Zuckerguss obendrüber: Die Leistungen für die Räte steigen zu jedem 1. Januar automatisch.

»Die Aufwandsentschädigung ... sowie die Sitzungsgelder ... erhöhen sich zum 1. Januar eines jeden Jahres entsprechend der Entwicklung der allgemeinen Lebenshaltungsausgaben aller privaten Haushalte (Verbraucherpreisindex des Statistischen Bundesamtes).«[7]

Man sieht: Leistung und Besoldung der Rundfunkintendanten und ihres Hofstaats von Rundfunkräten stehen in einem krassen Missverhältnis. Von solcher Vergütung seiner Arbeit wagt ein normaler Werktätiger nicht einmal zu träumen. Aber mit seinem Rundfunkobolus muss er zur Finanzierung der Skandaltruppe beitragen.

Betriebsklima unter aller Sau

Die NDR-Landesfunkhäuser in Kiel und Hamburg waren im Jahr 2022 wegen gezielter politisch motivierter Einflussnahme auf ihre Landes-Programme und wegen Familienklüngeleien ins Gerede gekommen. Beide Vorwürfe wurden von der NDR-Leitung mithilfe außerbetrieblicher Prüfer und vor Gericht erfolgreich zurückgewiesen. Zutage trat aber ein Betriebsklima »unter aller Sau« im gesamten NDR.

Um das Bild vom »NDR, das Beste am Norden«, wieder blank zu kriegen, hielt Intendant Joachim Knuth eine »externe« Untersuchung für angeraten. Er, selbst Ehemann einer Hamburger evangelischen Hauptpastorin, beauftragte damit Stephan Reimers, vormals Prälat der Evangelischen Kirche und zeitweise Mitglied des NDR-Rundfunkrats. Ob Knuth sich dabei von der Hoffnung leiten ließ, der pensionierte Theologe werde seine Untersuchungsergebnisse schon beim Klang eines Harmoniums und des Kirchenliedes *Lobet den Herren* verfassen, ist nicht bekannt.

Reimers und sein Aufklärer-Team kontaktierten 1055 Personen aus dem NDR und dessen Gremien. 539 Einzelgespräche wurden geführt. Das Ergebnis war niederschmetternd.[8]

»Viele Mitarbeitende haben kein Vertrauen in die Geschäftsleitung«, heißt es in dem Bericht. Kommunikation und Rhetorik des Managements würden »häufig als empathielos und glatt« wahrgenommen. »Die Führungsschicht ist abgekoppelt und lebt in ihrer eigenen Welt.« In den vertraulichen Einzelgesprächen beklagten die Beschäftigten überforderte Vorgesetzte, eine Zwei-Klassen-Gesellschaft zwischen Festangestellten und freien Mitarbeitern sowie fehlende Kollegialität: Das Verhältnis untereinander sei »stellenweise deutlich von gegenseitigem Misstrauen und Konflikten geprägt«.

Als »Quelle von Verdruss, Verärgerung und Empörung« machten die Prüfer das Verfahren zur Beförderung in Führungspositionen des NDR aus: »Die Besetzung erfolgt in den allermeisten Fällen hinter verschlossenen Türen nach individuellen Präferenzen und machtstrategischen Logiken.« Aus den Gesprächen gibt der Bericht als Zitat wieder:

»So wird man Führungskraft im NDR: Man muss ins System passen, braucht Vitamin B und muss seine nächsthöhere Führungskraft kennen ... Der NDR ist reich an Fürstentümern. Jeder Fürst hat seine Freiheiten ... Unsere Führungskräfte klonen sich permanent selbst. Da entsteht nicht mehr viel Neues ...«

Ein Satz sticht besonders ins Auge: »Wir haben tatsächlich ein Klima der Angst bei der Tagesschau, der Angst vor Fehlern.«

Auf dem »Flaggschiff der ARD« (Selbstbetitelung), bei Tagesschau und Tagesthemen, haben die Mitarbeiter Angst. Redakteure, die unsere Republik mit Nachrichten beliefern sollen, die für die Meinungsbildung entscheidend sind, können nicht frei und innerlich unabhängig arbeiten. Journalistische Stützen unseres Gesellschaftssystems haben die Bux gestrichen voll, weil sie nicht nur Kritik eines Vorgesetzten fürchten müssen, sondern die Nicht-Verlängerung ihrer befristeten Arbeitsverträge.

Der »Qualitätsjournalismus« liefert ein Angstprodukt.

Was daraus für die politische Kultur in Deutschland und für die Meinungsbildung folgt, mag sich jeder selbst ausrechnen. Es kann als Grund für die »mediale Massenverblödung« (Peter Scholl-Latour) erachtet werden.[9]

So ändern sich die Zeiten: Ende der 70er-Jahre kam eine von der DGB-Gewerkschaft Rundfunk-Fernseh-Film-Union (1985 in der IG Medien aufgegangen, die 2001 in der ver.di endete) beim Emnid-Institut in Auftrag gegebene Untersuchung zu völlig anderen Ergebnissen:

Auf die Frage der »Zufriedenheit mit der Arbeit« gaben 14 Prozent der NDR-Befragten an, sie seien sehr zufrieden. 51 Prozent waren überwiegend zufrieden, und nur 12 Prozent waren überwiegend unzufrieden. 56 Prozent hätten »mehr Freude als Ärger« im Beruf. Nur 6 Prozent gaben an, »mehr Ärger« zu haben. Bei den sogenannten freien Mitarbeitern ein ähnliches Bild: 54 Prozent waren sehr beziehungsweise überwiegend zufrieden, nur 7 Prozent unzufrieden. Bei der Frage nach dem Umgangsstil der »oberen Vorgesetzten« gaben 54 Prozent an, die verhielten sich kollegial, 42 Prozent sahen das anders. 52 Prozent der Beschäftigten meinten immerhin, dass nur »die wenigsten Vorgesetzten« sich autoritär verhielten.[10]

Demnach nahmen Vorgesetzte in früheren Zeiten ihre Verantwortung für Betrieb und Beschäftigte weitaus ernsthafter und besser wahr als heute.

Ein schwaches Bild

NDR-Intendant Joachim Knuth hat ein Jahressalär von 369 400 Euro (Nebeneinnahmen inklusive, Stand 2023). Das sind 7 000 Euro mehr, als der Bundeskanzler an Gehalt und Diäten bezieht. Aber Knuth erfüllt nicht einmal die Mindestanforderung an eine Führungskraft: die Kompetenz, ein gesundes Betriebsklima in seinem behördenähnlichen Laden sicherzustellen. Knuth kann auf einen persönlichen Stab von sage und schreibe 65 Personen zurückgreifen, die ihm zur Hand gehen. Und packte es trotzdem nicht, weil er anscheinend vollkommen abgehoben lebt.

Wie reagierte dieser Spitzenmanager auf die fette Kröte, die ihm sein kirchlicher Betriebsgutachter zu schlucken gab?

»Da wird einem der Spiegel vorgehalten und es gibt Ansichten, die nicht schön sind.«

Das kann man wohl sagen. Sein Aufsichtsgremium erlaubte ihm aber gleich, den Spiegel wieder wegzulegen:

»Der Verwaltungsrat sieht sich ... insbesondere wegen der aktuellen Berichterstattung veranlasst, der Geschäftsleitung des NDR sein volles Vertrauen auszusprechen.«

Das ist dreist. Wenn diese abgehobenen Brüder und Schwestern sich in die Tasche lügen wollen, ist das ihr Bier. Aber ihr Publikum für blöd verkaufen, das geht gar nicht (... denken Sie? Nun denn, heute Abend können Sie ja wieder Tagesschau gucken).

Und was sagte der Rundfunkrat? Der tat so, als habe er eine blütenweiße Weste und trage überhaupt keine Mitverantwortung für die Fehlentwicklung:

»Wir erwarten von der Leitung des Hauses, dass diese ihre Verantwortung wahrnimmt, die Problemstellungen umfänglich aufarbeitet und eine neue Führungskultur etabliert. Der Rundfunkrat werde die Aufarbeitung der Kritikpunkte aufmerksam beobachten und begleiten.«

Im militärischen Jargon würde man das »Vorne-Verteidigung« nennen. Umgangssprachlich: hinterfotzig. Es lenkt davon ab, dass der Rundfunkrat selbst nichts Wesentliches unternommen, seine Aufsichtspflichten nicht erfüllt und vollkommen versagt hat.

Ausgerechnet Knuths Amtsvorgänger, der ehemalige Intendant Jobst Plog, brachte die Problematik auf den Punkt: Eigentlich hätten die derzeitigen NDR-Führungskräfte insgesamt die Verantwortung zu übernehmen. Er wisse nur nicht,

»wie das hier geschehen soll, wenn dieselben Leute, denen gestern noch eklatante Mängel bescheinigt wurden, anfangen sollen, an der Beseitigung der Mängel zu arbeiten«[11].

Plog sondert hier aber zugleich auch eine Gehässigkeit über einen seiner Nachfolger ab. Dabei ist Knuth, wenn man es genau betrachtet, ein typisches Plog-Gewächs. Auch andere seiner einstigen Kofferträger machten schließlich Karriere im öffentlich-rechtlichen Rundfunk, beispielsweise Volker Herres. Der schaffte es bis zum ARD-Programmdirektor.

Verlorene Unschuld

Wenn man mit dem Finger auf andere zeigt, weisen drei Finger auf einen selbst zurück, sagt der Volksmund. Jobst Plog also, gerade der. Einst zweimal ARD-Vorsitzender und zeitweise Präsident des deutsch-französischen Senders arte. Die Inkarnation von Präpotenz, auf Deutsch gesagt: fleischgewordene Arroganz im Frack. Aus eigenem Erleben als jahrzehntelange NDR-Mitarbeiter wissen wir: Er war es, der die Weichen für die Fahrt in die falsche Richtung stellte.

Er gestaltete seine Personalpolitik im Stil des Sonnenkönigs (»professionelle Entscheidungen« nannte er das). Die Programmarbeit wurde zunehmend auf Mitarbeiter verlagert, die nur mit befristeten oder mit jeweils projektbezogenen Verträgen beschäftigt sind, relativ rechtlose und notwendigerweise oft gefügige Menschen. Plog förderte die Privatisierung der Programmproduktion durch Auslagerung (»Outsourcing«). Er ermöglichte damit einen massiven Personalabbau und organisierte diesen, der Aufgabenkreis für die Verbleibenden wurde bis an deren äußerste Belastbarkeitsgrenzen erweitert. Mit seinen Aufsichtsgremien hatte er leichtes Spiel, er ließ sie uralt aussehen – oft zum Gaudium seines Management-Gefolges. Das gelang ihm dank überragender Kommunikationsfähigkeit, rhetorischer Brillanz und seines ausgeprägten Machtwillens. Die Räte tanzten fast alle nach seiner Pfeife.

Zugegeben, der NDR stand zu Plogs Amtszeit (wie alle öffentlich-rechtlichen Rundfunkanstalten) unter besonderen Sachzwängen. 1984 war das »duale Rundfunksystem« eingeführt worden, dem öffentlich-rechtlichen Rundfunk wurde sein Sendemonopol genommen, kommerzielle Konkurrenz wurde erlaubt. Der Kulturschaden und der Verlust an journalistischer Qualität waren verheerend. Die beginnende Digitalisierung tat ein Übriges. Entlastungsmaßnahmen für die Rundfunkanstalten und vor allem für deren Beschäftigte gab es nicht.

Plog erwies sich als sozialdemokratisch-hochflexibler »Pragmatiker« der Sonderklasse. Über die existenziellen Auseinandersetzungen des NDR mit den Regierungen Niedersachsens und vor allem Schleswig-Holsteins (unter anderem wegen der distanzierten NDR-Berichterstattung über das damals geplante Atomkraftwerk Brokdorf; der seinerzeitige Ministerpräsident Stoltenberg hatte deshalb den NDR-Staatsvertrag gekündigt. Zu der Zeit war Plog noch NDR-Justiziar) schrieb Plog später:

»Die Prozesse mussten geführt werden, wenn die Leitung eines großen Hauses mit liberaler Tradition nicht kapitulieren wollte. Die Prozesse wurden auch gewonnen – aber waren es nicht Pyrrhussiege? ... Die neuen Linien sind nicht durch Prozesse, sondern politisch gezogen worden – sozusagen in zweiter Instanz. Insoweit kann es lohnender sein, vertretbare Konsense im Vorfeld von sich abzeichnenden Auseinandersetzungen zu suchen – auch in Zukunft.«[12]

Für Plog waren viele »Konsense« lohnend. Die Folge: Anpassung statt Unabhängigkeit, Verzicht auf den Status »vierte Gewalt« im Staat (das Herstellen von Öffentlichkeit hat eine Kontrollwirkung auf Gesetzgebung, Regierung und Rechtsprechung). Bis auf wenige Ausnahmen hat es denn auch keine nennenswerten Konflikte des NDR mehr mit staatlichen Instanzen oder den politischen Parteien gegeben.

Motto: Gummi ist stärker als Stahl. Charakter stört bloß und hält den Betrieb auf.

Als Belohnung für zuverlässig staatsfromme und konformistische Programme gewähren die politischen Entscheidungsträger ja denn auch die jeweils gewünschten Erhöhungen der Rundfunkgebühr.

Das Geld regiert, nicht die Vernunft

Der öffentlich-rechtliche Rundfunk lässt sich nicht nur von Regierung und Parteien als mediale Umspannstation missbrauchen, sondern dient sich auch der Privatwirtschaft dazu an. Seine regelbasierten Qualitätsjournalisten verstehen es, selbst die krassesten Lügen in den Stand der Wahrheit zu erheben.

Bis in die 8oer-Jahre hinein produzierte der NDR das Programm zum überwiegenden Teil mit eigenen Kapazitäten. Die anderen öffentlich-rechtlichen Rundfunkanstalten hielten es genauso. Sie bewahrten sich damit ein hohes Maß an programmgestalterischer Unabhängigkeit. Unter dem Vorwand, Produktions- und Personalkosten zu sparen, ging das Management dazu über, Programmanteile von Fremdfirmen herstellen zu lassen. Genauer: fertige Produktionen von Dritten zu kaufen, Koproduktionen und Auftragsproduktionen zu veranlassen, für Sende- und Übertragungsrechte zu zahlen, namentlich für Sportrechte und Leistungsrechte.

Die Kosten dafür werden als »Programmaufwand« bezeichnet. Inzwischen ist ihr Anteil am Gesamthaushalt des öffentlich-rechtlichen Rundfunks auf über 40 Prozent gestiegen, auf rund 4 Milliarden Euro. Verstehen Sie das bitte richtig: Kommerzielle Unternehmen lassen sich vom öffentlich-rechtlichen Rundfunk doch nicht nur ihre Kosten erstatten, sondern machen außerdem satte Profite, die auf private Konten wandern.

Der öffentlich-rechtliche Rundfunk, der Heilige Gral der Informationsgesellschaft, ist voll dabei, sich selbst zu kommerzialisieren. Fast zur Hälfte hat er es also bereits geschafft.

Schauen wir uns das einmal genauer an.

Selbst produzierte Talkshows gelten seit jeher als preisgünstigstes Programmformat. Die Produktionskosten pro Fernseh-Sendeminute der sehr einfach und genügsam gestalteten NDR-Sendung DAS! liegen bei 600 Euro. Meistens ist nur ein Gast im Studio, was aber dem Unterhaltungs- und Informationswert durchaus zugutekommt, weil das nicht so reizüberflutet ist.

Talkshows, die der NDR für das ARD-Programm zuliefert und von externen Firmen herstellen lässt, kosten das Vier- bis Achtfache. Günther Jauch verlangte für sich und seine Produktionsfirma 4600 Euro pro Sendeminute.

Waaas?

Doch, doch. Anne Will bekommt mindestens 2400 Euro. Genaues weiß man heute nicht darüber, denn die letzten verifizierbaren Daten stammen aus dem Jahr 2011. Der aktuelle Aufwand, den die ARD für die sonntägliche Sendung **Anne Will** betreibt, wird geheim gehalten. Die Talkmasterin verdankt ihre Bekanntheit und ihre derzeitige Rolle zwar ihrem einstigen Job als Tagesthemen-Moderatorin mit Festanstellung und gutem, aber nicht übertriebenem Gehalt als Redakteurin des NDR. Als Unternehmerin soll sie jetzt pro Jahr 7,85 Millionen Euro kassieren. Mit ihrer Produktionsfirma erwirtschaftete sie im Jahr 2020 einen Bilanzüberschuss von 1,6 Millionen Euro.

Noch mal zum Nachschmecken: Eine Talkshow in Eigenproduktion würde den öffentlich-rechtlichen Rundfunk höchstens

1 000 Euro pro Sendeminute

kosten. Eine Talkshow, die von einem Kommerzbetrieb für den öffentlich-rechtlichen Rundfunk hergestellt wird, kostet bis zu

4 600 Euro pro Sendeminute.

Da wird doch der Hund in der Pfanne verrückt.

Die »Kommission zur Ermittlung des Finanzbedarfs« (KEF), ja, ausgerechnet die, treibt die Fehlentwicklung an: Dieses von den Ministerpräsidenten eingesetzte Gremium verlangt von den Rundfunkanstalten einen jährlichen Abbau von 0,5 Prozent der festen Arbeitsplätze.

Das hat natürlich Konsequenzen. Grundsätzliche Unterschiede zu den privatwirtschaftlichen Rundfunk- und Fernsehbetrieben sind im Programm kaum noch feststellbar. Die enormen Summen – mehr als 4 Milliarden Euro! –, die aus den Rundfunkbeiträgen schon heute der Privatwirtschaft zufließen, sind bereits entscheidend für die Existenzsicherung der kommerziellen Medienbranche. Ohne dieses Geld, beispielsweise nach einer Auflösung der öffentlich-rechtlichen Rundfunkanstalten, käme es zu einer Pleitewelle.

Ein absurder Zustand, dass mit Zwangsbeiträgen nicht nur öffentlich-rechtliche, sondern auch profitorientierte kommerzielle Rundfunkbetriebe am Leben gehalten werden. Und dass ein ehrloser, unwürdiger, staats- und wirtschaftsfrommer Journalismus sowohl die Grundlage dafür herstellt als auch Begleiterscheinung dazu ist.

Was tun?

Die miesen Zustände lassen sich nicht ändern, wenn der öffentlich-rechtliche Rundfunk nicht aus der Regelungshoheit staatlicher Instanzen befreit wird. Er müsste auf seine Kernaufgaben begrenzt werden, die Unzahl seiner weitestgehend dem Kommerzfunk gleichen Angebote müsste drastisch verringert werden. Er sollte auch keine Werbeeinnahmen mehr machen dürfen, eine bescheidenere Finanzierung unter seriöser Kontrolle wäre gesund und durchaus möglich. Ausdrücklich sei gesagt: Die unqualifizierten Aufsichtsorgane müssten sofort aufgelöst und durch demokratische Strukturen ersetzt werden.

Der Medienwissenschaftler Michael Meyen, ein Lehrstuhlinhaber der Ludwig-Maximilians-Universität München (LMU), hat dazu einen verblüffend einfachen Vorschlag gemacht:

»Damit sich dieser neue öffentlich-rechtliche Rundfunk vom alten unterscheidet, müssen die Anbieter von den Menschen kontrolliert werden, denen sie gehören. Das sind wir. Rundfunkräte könnten entweder direkt gewählt werden – oder ausgelost. Für diesen Vorschlag sprechen zum Beispiel das Ideal der athenischen Demokratie ... oder die Laien-Gerichtsbarkeit in den USA, bei der Geschworene per Los bestimmt werden.«

Punkt. Rundfunkräte, gewählt von und unter den Augen der Öffentlichkeit: Das wäre schon ein Fortschritt. Aber wenn man den öffentlich-rechtlichen Rundfunk von Grund auf erneuern und dem Volk dienlich machen wollte, müsste noch wesentlich mehr passieren. Beispielsweise:

Verbot der Auftragsvergabe an Privatunternehmen.

Ausschluss von Parteivertretern und politischen Beamten aus den Kontrollgremien.

Unbefristete Festanstellungsverträge für alle Redakteure.

Redaktionsstatute, die echte journalistische Freiheit sichern.

Verbot der Leiharbeit.

Zum Umpflügen eines Ackers genügt es nicht, nur durch die Hecke zu pupsen.

* * *

Es ist offenkundig: Beim öffentlich-rechtlichen Rundfunk knarzt es an allen Ecken und Enden. Besonders frappierend ist, dass er journalistische Mindeststandards nicht einhält, obwohl er gegenüber den kommerziellen Medien diesbezüglich im Vorteil ist: Seine Finanzierung mittels Beitragspflicht macht ihn unabhängig von den Zwängen des »Marktes« und dessen Orientierung am Profit. Tatsächlich aber ist seine journalistische »Performance«, wie man neudeutsch sagt, zum Teil noch wesentlich schlechter als die seiner kommerziellen Konkurrenten. Kritik daran wird meist als False Balance, Fake News oder Derartiges abgetan. Er verweigert eine sachliche Auseinandersetzung mit seinen Fehlleistungen, obwohl sich nachweisen lässt, dass er sich nicht an journalistische Prinzipien hält.

Im Folgenden zeigen wir anhand einiger unserer Artikel, auf welch eklatante Weise die Berichterstattung der Tagesschau guten Journalismus vermissen lässt. Neben dem Pressekodex könnte hier auch die Münchener Ethik-Charta (oder Erklärung der Pflichten und Rechte von Journalisten) als Maßstab herangezogen werden. Sie verlangen neutrale und umfassende Berichterstattung (»Sagen, was ist«), Widerstand gegen Zensurversuche sowie Distanz zu den Mächtigen. Solche Prinzipien sind entscheidend, wenn die Medien der ihnen zugedachten Rolle als vierte Gewalt, als demokratieschützendes Korrektiv gerecht werden sollen.

Die Artikel wurden von Maren Müller auf publikumskonferenz.de dokumentiert und können dort weiterhin eingesehen werden. Sofern sie daran direkt mitgearbeitet hat, haben wir das entsprechend kenntlich gemacht. Sie wurden zum Teil redaktionell leicht bearbeitet und ergänzt. Die Zitation wurde übernommen; daher ist der Zeitpunkt der Veröffentlichung auch das Datum des letzten Aufrufs der Links.

II Zensur

»Die Pressefreiheit und die Freiheit der Berichterstattung durch Rundfunk und Film wird gewährleistet. Eine Zensur findet nicht statt.« So steht es in Artikel 5 des Grundgesetzes, und dieser ist ein Kernparagraf unserer Demokratie. Ohne freie Berichterstattung kann sich der Bürger (und damit der Wähler) kein eigenes Bild machen. Er muss sich frei informieren können, um (s)eine Entscheidung zu treffen. Sofern dahingehend Einschränkungen vorgenommen werden, bewegen wir uns in eine demokratische Schieflage. Bei jedem Medienschaffenden, der ordentlichen Journalismus betreiben will, sollten die Alarmglocken läuten, wenn ein Medium verboten wird. Und wenn nicht, sollten sie an den alten Spruch aus den 1990er-Jahren erinnert werden, gleichwohl damals als Slogan gegen den zunehmenden Ausländerhasse: »Heute die, morgen du!«

Aus genau diesen Gründen sollte man genau hinschauen, warum und wie begründet der Sender Russia Today in Europa verboten wurde. Auf den ersten Blick möglicherweise gerechtfertigt wegen des Vorwurfs, ein Staatsmedium von Präsident Putin zu sein, kann man erhebliche Zweifel daran anmelden, wie dieses Verbot zustande kam. Das haben wir in dem folgenden Artikel getan …

Ene mene muh und raus bist du: RT DE

zuerst erschienen am 31.12.2021[1]

Gegen den Strich bürsten verboten? Ein Kampf um Informations-
freiheit und gegen Bürokratenwillkür geht in die nächste Runde

**Wie oben erwähnt findet laut Grundgesetz, welches in Sonntags-
reden immer gerne bemüht wird, keine Zensur statt. Selbstzensur
ist hingegen nicht nur statthaft, sie ist den Regierenden auch hoch-
willkommen. Die Schreiberlinge der Redaktion ARD-aktuell haben
sich ergo zu Meistern der journalistischen Selbstverstümmelung
entwickelt. Wichtigste Instrumente ihrer Nachrichtengestaltung:
Unterschlagen wesentlicher Informationen, Verschleiern problema-
tischer Fakten, verzerrte Darstellung von Sachzusammenhängen,
irreführende Ausdrucksweise per Sprachregelung, Verzicht auf Gegenrecherche, Ignorieren missliebiger Aussagen.**

Kurz vor Weihnachten wurde das deutschsprachige Fernseh-Maga-
zin des russischen Senders RT DE (vormals Russia Today) nach sechs
Sendetagen schon wieder vom Satelliten abgeklemmt. Veranlasser:
die Medienanstalt Berlin-Brandenburg. Und siehe da, siehe oben: Die
Tagesschau unterschlug alle Nachrichten über diesen ideellen Bruch
mit der Rundfunkfreiheitsnorm des Grundgesetzes (GG).

Die Entscheidung, den Skandal zu ignorieren, gehörte zu ihrer
Funktion des Haushofmeiers der Bundesregierung. Der hält gefügig
den Mund (er wird auch gut bezahlt), anstatt aufs Schärfste zu kritisieren, dass original russische Sichtweisen aus unserem gesamtge-
sellschaftlichen Diskurs herausgehalten werden – von den Bürokraten
einer Medienaufsichtsbehörde. Als ob es in diesen spannungsreichen
Zeiten für uns Deutsche nicht von allergrößtem Interesse wäre, auch
originale Gegenpositionen zu unserem US-amerikanisch und NATO-

---

1 https://publikumskonferenz.de/blog/2021/12/31/ene-mene-muh-und-raus-bist-
du-rt-de/

dominierten Mainstream zur Kenntnis zu bekommen, ohne vorgeschaltete Filter. Als ob nicht genau diese Offenheit der wichtigste der »anerkannten journalistischen Grundsätze« wäre, die Objektivität garantieren sollen und deren Beachtung die Rundfunkgesetze verlangen.[1]

In seiner eigenen Russland-Berichterstattung lässt er hingegen gern die Sau raus, nicht selten ohne es mit den Fakten allzu genau zu nehmen.

Der Internet-Sender RT DE war schon im September 21 in einem Akt US-konformer Liebedienerei von Google aus dem YouTube-Angebot gekippt worden. Zum Jahresausklang fiel nun auch das neue Fernsehprogramm RT DE der Zensur zum Opfer, seine Ausstrahlung via Eutelsat 9b wurde unterbunden.[2]

Der zwangsweisen Abschaltung eines bereits in Betrieb genommenen Senders geht normalerweise ein rechtsstaatlich einwandfreies und öffentlich einsehbares Verwaltungsverfahren voraus. Mit RT DE jedoch wurde kurzer Prozess gemacht. Warum das ohne Absprache mit dem Lizenzgeber Serbien[3] klappte und warum das kommerzielle Satelliten-Konsortium Eutelsat S. A. in Paris[4] sich dabei zum Komplizen machen ließ, bleibt vorerst im Dunkeln.

Deutsche Selbstgerechtigkeit

Welche Gründe bewegen Politiker und Behördenleiter, einen russischen Nachrichtenanbieter wie RT DE in Deutschland bis aufs Messer zu bekämpfen? Vor der Suche nach Antworten ist daran zu erinnern, dass die deutsche Öffentlichkeit nachdrücklich in dem arroganten Irrglauben bestärkt wird, hierzulande herrsche vorbildliche Meinungs-, Presse- und Rundfunkfreiheit – im Gegensatz zu Russland und anderen Ländern. Von diesem hohen Ross verkünden unsere weißen Ritter: »Der Sender RT DE verbreitet im Auftrag des russischen Staates Verschwörungstheorien und Desinformationen.«[5] Ins gleiche Horn bläst der medienpolitische Sprecher der FDP, Thomas Hacker: »Zu Recht haben Medienanstalt und YouTube dem Piratensender der Demokratie-Feinde und Querdenker sofort den Stecker gezogen. Dieser wiederholte Umgehungsversuch europäischer und nationaler Gesetze unterstreicht die Gefahr dieses selbsternannten TV-Senders und erfordert Handeln auf allen Ebenen.«[6]

Es liegen Welten zwischen solch konfus-reaktionärem Geifer und dem dem Philosophen Voltaire zugeschriebenen Satz:»Ich bin zwar anderer Meinung als Sie, aber ich würde mein Leben dafür geben, daß Sie die Ihre frei aussprechen dürfen.«[7]

Auch ARD-aktuell scheute sich nicht, beim Thema »YouTube kappt RT« auf FDP-Hackers mieses Niveau herabzusteigen, ganz die beflissene Gehilfin der russlandfeindlichen deutschen Kräfte in Politik und Gesellschaft.[8] Exakt dazu passte, dass die Redaktion auf den *Eutelsat*-Blitzkrieg gegen RT DE mit keinem Wort mehr einging.

Silvia Stöber, ARD-aktuell-Expertin in gehässiger Berichterstattung über Russland, hatte allerdings schon in früheren Beiträgen Gift und Galle gegen RT gespuckt. Als die RT-Verantwortlichen in Frankreich von ihrem Recht Gebrauch machten, gegen Verleumdungen und Beleidigungen zu klagen, diffamierte Stöber das als »Instrumentalisierung des Rechtsstaates«:»Misserfolge vor Gericht halten (sie) nicht davon ab, immer weiter zu klagen. Das zeigt das Vorgehen RTs in Frankreich.«[9]

Reichlich unverblümt legt Stöber hier nahe, den russischen Kollegen stehe dieses Recht eigentlich nicht zu. Das läuft letztlich darauf hinaus, Russen als Wesen minderen Wertes, als Untermenschen zu betrachten – in deutschem Ungeist, dem längst nicht ausgestorbenen. Stöbers Artikel erschien sinnigerweise unter der ARD-aktuell-Rubrik »Investigativ«.

Nicht minder unsachlich und denunziatorisch der »Faktenfinder« Gensing:»Der russische Staatssender RT DE ist eine der wichtigsten Quellen für Corona-Leugner und ›Querdenker‹ in Deutschland.«[10]

Saudumme Schlagetot-Begriffe ersetzen Argument und Beweisführung in diesem Meinungskampf.

Kaffeesatzleser

Gensings »Analyse« stützt sich ausschließlich auf Studienergebnisse des Institute for Strategic Dialogue, ISD.[11] Diese »Denkfabrik« mit Sitz in London und Büros in Washington und Toronto nennt sich selbst »unabhängig«. Sie beansprucht die hehre Erkenntnis vom einzig richtigen Weg zu haben. Darum ist dieser Club von Atlantizisten für ein sachliches Gutachten über die RT-Nachrichten genauso hochqualifiziert wie der Vegetarier für ein neutrales Urteil übers Schweinehack.

Absurd die Annahme, unsere staatlichen Strukturen seien gefährdet, weil auf den RT-DE-Seiten Kritik an der Regierungspolitik gegen SARS-Cov-2 veröffentlicht wird (dort sind übrigens auch zustimmende Auffassungen vertreten). Erst recht beknackt die Vorstellung, Putin unterstütze mittels RT DE die »Verschwörungstheoretiker« und »Corona-Leugner« publizistisch, weshalb der Verfassungsschutz zu aktivieren sei. ARD-aktuell sei ins Stammbuch geschrieben: Wer sich als Herold für die geheimdienstliche Ausforschung eines missliebigen Rundfunksenders hergibt, und sei es auch nur halbherzig, darf selbst als antidemokratisch durchgeknallt betrachtet werden.

Die kaffeesatzlesenden Scheindemokraten in den Amtsstuben und Redaktionen übersehen bei ihrem Ruf nach der staatlichen (geheimdienstlichen, polizeilichen) Ordnungsmacht etwas Entscheidendes: Auch Meinungsäußerungen, die der verfassungsmäßigen Ordnung zuwiderlaufen, also weit mehr sind als das, was Kritiker der Anti-Pandemie-Politik und Impfskeptiker von sich geben, sind grundgesetzlich (Art. 5 GG) geschützt. Das Grundgesetz vertraue darauf, so die Bundesverfassungsrichter, dass sich unvertretbare Meinungen in der Öffentlichkeit nicht durchsetzen.[12] Dabei weiß der hyperaktiv schnüffelnde Verfassungsschutz nicht einmal ungefähr zu sagen, um wie viele auf dem RT-DE-Forum und »Querdenker« es sich überhaupt handelt. Trotzdem wird der Alarmzustand ausgerufen.[13]

»Faktenfinder« vom Schlage Gensings treiben die staatliche Einschüchterung Andersdenkender voran und bestätigen damit Verhältnisse in Deutschland, die sie Russland vorwerfen. Sie schämen sich nicht einmal der Quelle, auf die sie sich berufen: Das bereits erwähnte

Institute for Strategic Dialogue wird nicht nur von Universitäten und humanitären Stiftungen unterhalten, sondern vor allem von einem Konglomerat atlantischer Ministerien, getarnter Geheimdienstinstitute und ebenso superreicher wie obskurer Mäzene wie Gates und Soros finanziert.[14] Es ist fraglos antirussisch orientiert.

Im ISD-Verwaltungsrat (»Board Members«) sitzen Geldsäcke und Meinungsmacher wie Mathias Döpfner (Springer), der Investor und Unternehmensberater Roland Berger sowie der Chef der Münchner »Sicherheitskonferenz«, Wolfgang Ischinger, ein Vordenker der NATO-Kalten-Krieger. Ebenfalls in dem erlauchten Kreis: der Aufschneider und Abschreiber Karl-Theodor von und zu Guttenberg, einst Kriegsminister, heute Lobbyist – unter anderem für die Skandalfirma Wirecard.[15] Tagesschau.de-»Faktenfinder« Gensing kupferte übrigens den Titel für seinen Schmäh – Ein Virus des Misstrauens: Der russische Staatssender RT DE und die deutsche Corona-Leugner-Szene – Wort für Wort von der ISD-Analyse ab.[16] Die ideelle Nähe zu unserer Grünen-Spitzendiplomatin, Trampoline Baerbock, ist nicht zu übersehen.

Stachel im Fleisch

Keine Frage, RT DE stört den Verein der transatlantischen Liebediener in Politik und Massenmedien. Der Sender bietet ein professionell gestaltetes Kontrastprogramm mit Nachrichten zu wichtigen politischen und gesellschaftlichen Fragen. Er hat damit schon häufig die entsprechenden Meldungen des Mainstreams widerlegt und dessen Manipulationen aufgedeckt.

Auffallend: RT DE pflegt bei aller Kritik an den westlichen Verhältnissen in seinen Nachrichten eine weitgehend wertungsfreie Sprache und trennt Fakten von Meinung strikter als die Konkurrenz. Verbale Entgleisungen und Stillosigkeit, bei ARD-aktuell gang und gäbe (»Kreml-Chef Putin«, »Machthaber Assad«, »Diktator Lukaschenko«, »Autokrat Orban«), gibt es in RT-DE-Nachrichten nicht. Die Redaktion zahlt nicht mit gleicher Münze: »Machthaber Biden« sucht man auf RT DE vergebens.

Seit seinem ersten Auftritt in der deutschen Medienlandschaft hat RT DE erheblich an Bedeutung gewonnen. Ulrich Heyden berichtet im Magazin Telepolis:»Seit 2014 gewann RT Deutsch als Video-Kanal massiv an Popularität. Im Bereich News und Politik lag RT DE im August 2021 bei Nachrichtenkanälen auf Platz 5 der Videoaufrufe … vor der Abschaltung durch YouTube hatte der Kanal RT DE 614000 Abonnenten.«[17]

RT DE beunruhigte schon bald nach dem Start den deutschen Mainstream und die Politiker im Reichstag und ließ – in ungebrochener Tradition seit Kaiser Willem Zwo – auch die deutschen Sicherheitsbehörden aktiv werden. In Ermangelung besserer Argumente schlugen die Missgünstigen mit dem verbalen Stuhlbein drauf:»Staatsfernsehen«,»hybride Kriegsführung«,»russischer Propagandasender« unter anderem entstammen ihrem Kampfvokabular, es wird auch von ARD-aktuell gepflegt. Als Selbstprojektion erkennen die Herrschaften das natürlich nicht.

Tagesschau-trübe Quellen

Es ist ihr Job, Schockmeldungen aus dem Arsenal für psychologische Kriegsführung der Geheimdienste – speziell der »Fife Eyes«[18] – als Nachricht getarnt weiterzugeben und sich nichts dabei zu denken, dass sie auf diese Weise dem AgitProp-Material das Gewicht von Tatsachen beimessen. Sie sagen nicht »die CIA behauptet« oder »der Pentagon-Geheimdienst NSA bezichtigt«, sondern verschleiern ihre Quellen:»Nach westlichen Schätzungen stehen 60- bis 90000 russische Soldaten im Grenzgebiet …«[19]

Die Tagesschau entblödet sich auch nicht, vorbehaltlos aus Berichten des Bundesamts für Verfassungsschutz zu zitieren, wörtlich, als handle es sich um gerichtsfeste Befunde und nicht bloß um Geheimdienst-Gewäsch: RT Deutsch und die Nachrichtenagentur Sputnik versuchten,»die politische und *öffentliche Meinung in Deutschland im Sinne der russischen Politik zu beeinflussen«.*[20]

Den Balken im eigenen Auge bemerken solche Qualitätsjournalisten nicht. Mit ihrer überschäumenden Verherrlichung des kriminellen

Maulhelden Nawalny als »führender Oppositionspolitiker« und unterstützenswerter »Kremlkritiker« beispielsweise beteiligen sie sich an der psychologischen Kriegsführung gegen Russland. Sie übersehen, was sich die Deutsche Welle in ihrem Russlandprogramm an regierungsfeindlicher Einflussnahme erlaubt: DW berichtete sogar über Nawalnys Aufruf, die Präsidentenwahl zu boykottieren.[21] Sie gab umfangreiche Tipps, wie Stimmen ungültig zu machen seien oder mit welchen anderen Mitteln der Wahlprozess beeinträchtigt werden könne. Das war nicht mehr nur journalistische Berichterstattung, sondern direkte Einmischung in die inneren Angelegenheiten Russlands.[22]

Das hier ist typisch für ARD-aktuell: »»Russia Today‹ (RT) als Flaggschiff der russischen Auslandsmedien berichtet genau das, was die Führung in Moskau der Welt mitteilen will.«[23]

Wer im Glashaus sitzt, sollte nicht mit Steinen werfen. Regierungshöriger Journalismus ist schließlich das Markenzeichen der Tagesschau-Teams.

Den Begriff »russischer Staatssender« verwendet die Tagesschau in abwertender Absicht. Staatssender – Hauptmerkmal: direkte Finanzierung aus der Staatskasse (demnach ist auch die Deutsche Welle einer) – gelten als Einflussinstrument und Machtapparat. Sich selbst will die ARD-aktuell natürlich nicht so nennen lassen und beruft sich auf ihre Zugehörigkeit zu einer öffentlich-rechtlichen Anstalt (NDR).[24]

Nun denn, ARD, ZDF und Deutschlandradio werden zwar nicht direkt aus der Staatskasse finanziert, wohl aber mit gesetzlich festgelegtem Rundfunkbeitrag – mit einer »Rundfunksteuer«, die nur anders heißt. Die als Aufseher bestallten Mitglieder der Rundfunkgremien sind nicht demokratisch gewählt, sondern werden nach einem amtlichen Schlüssel von (aus Sicht der jeweiligen Landesregierung) »relevanten« Gruppen entsandt. Wer relevant ist, wird in den Staatskanzleien der Bundesländer ausgekungelt. Politische Subordination ist im öffentlich-rechtlichen Rundfunk deutscher Prägung ebenso sichergestellt wie in anderer Länder Staatsrundfunk.

Im Gegensatz zur Kernaussage des Grundgesetzartikels fünf darf auch durchaus nicht jeder, der das möchte, Rundfunksendungen veranstalten. Er braucht eine staatlich normierte Lizenz. Wie autoritär und bevormundend die Voraussetzungen dafür aussehen, zeigt ein kürzlich ergangenes Urteil des Verwaltungsgerichts Kassel.[25] Es überlässt staatlichen Behörden die Entscheidung, ob »… ein Rundfunkveranstalter die Gewähr dafür bietet, bei zukünftigen Rundfunkveranstaltungen die Würde des Menschen sowie die sittlichen, religiösen und weltanschaulichen Überzeugungen anderer zu achten«.

Rundfunkfreiheit zu gewähren liegt demnach im staatlichen Ermessen, sie ist kein Freiheitsrecht an sich. Staatliche Willkür ist aufgrund derart vager Generalklauseln nicht ausgeschlossen. Vor diesem Hintergrund und angesichts der verbreiteten Neigung, russischen Antragstellern die übelsten Absichten zu unterstellen, hatte RT DE nie eine reelle Chance zur Lizensierung in Deutschland. Der Sender muss für die europaweite Gültigkeit seiner serbischen Zulassung klagen.[26]

Wozu nur diese feindselige Abwehr? Im TV-Programmangebot für die Wunderlampe im Wohnzimmer hätte der Sender doch eh nur einen kleinen »Markt«-Anteil. Die überwältigende Mehrheit seiner Kunden nutzt das RT-DE-Magazin viel lieber via Internet. Dort ist es für alle zugänglich, die sich ihren Informationsanspruch nicht von deutschen Regulierern und Qualitätsjournalisten begrenzen lassen wollen. Was soll also die kindische Rechthaberei? Deutsche Bürokraten führen ihren Kleinkrieg gegen RT DE anscheinend unter Karl Valentins Parole: »Nieder mit dem Verstand – es lebe der Blödsinn!«[27]

* * *

Was dem einen recht ist, ist dem anderen billig. Als in Deutschland der russische Sender RT DE (früher Russia Today) verboten wurde, reagierte Russland und schloss das Moskauer Büro der Deutschen Welle. Schlechte Zeiten für die Pressefreiheit. Aber es naht Entsatz in Gestalt der deutschen Außenministerin. Sie sieht zwar den Splitter im russischen Auge, aber nicht den Balken im westlichen. Sei es drum. Wichtig ist ihr, dass alles schön inszeniert wird, wie der nächste Text zeigt.

Baerbock im deutsch-russischen Porzellanladen

zuerst erschienen am 10.02.2022[2]

Noch keine 100 Tage im Amt, und schon ist die Grünen-Kriegerin bereit, unser Land »einen sehr hohen Preis zahlen« zu lassen

Außenministerin Baerbock gibt den Maas 2.0: voll dabei, die letzten Reste von Sachlichkeit und Zurückhaltung fallen zu lassen und sie mit NATO-typischer Aggressivität und Drohungen zu ersetzen. Den »deutsch-russischen Medienkrieg« – hie der Sender RT DE unter Verbot, dort die Moskauer Dependance der Deutschen Welle geschlossen – hat niemand anderes als das Berliner Außenministerium erklärt. Der deutsche Medien-Chor der Selbstgerechten versucht das zwar zu übertönen. Der Redaktion ARD-aktuell ist jedoch zu bescheinigen, was für viele Propagandisten unseres regierungshörigen öffentlich-rechtlichen Rundfunks gilt: »Wozu noch das journalistische Handwerk bemühen, wenn plumpe Hetze für die beste Sendezeit ausreicht?«[28] Danach fragt kaum einer mehr, wer wie und warum das Übel eigentlich angerichtet hat, obwohl das doch die Voraussetzung für eine rationale Konfliktlösung wäre.

Historische Parallelen werden erst recht nicht gezogen. Zapfenstreich-Deutschland hat reiche Erfahrung mit der Gleichschaltung der Presse und der Hetze gegen seine Nachbarn. Der Versuch, hierzulande kritische Gegenstimmen auszuschalten, dient ja obendrein dem Ausbau des repressiven Staates.[29] Eine typische Entwicklung in Zeiten der provozierten Kriegsangst und Kassandra-Rufe.

Am 3. Februar reagierte die russische Regierung und schloss das Moskauer Büro der Deutschen Welle, verbot den Sender und entzog seinen 21 Mitarbeitern die Akkreditierung. Im Eifer des Nachrichten-Gefechts ließ die Tagesschau die Maske fallen: Mit dem Sendeverbot gegen die

---

2   https://publikumskonferenz.de/blog/2022/02/10/baerbock-im-deutsch-russischen-porzellanladen

Deutsche Welle»… reagiert Moskau offenkundig auf das Ausstrahlungsverbot des deutschsprachigen Ablegers seines Staatssenders RT. Zentraler Vorwurf der deutschen Behörden war, RT DE verbreite im Auftrag Moskaus Verschwörungstheorien und Desinformationen.«[30]

Hoppla, so viel hemmungslose Offenheit über den tatsächlichen Verbotsgrund war dann aber wohl doch nicht im Sinne der Redaktionsleitung und ihrer Gönner in Berlin. Die wiederholte beweislose Bezichtigung, RT DE verbreite im Auftrag Moskaus Falschinformationen, wirkte außerdem gar zu fadenscheinig. Nur zwei Stunden später stülpte denn auch Atlantik-Brücken-Moderator Zamperoni der verräterischen und dürftigen Begründung die Tarnkappe eines legalen Behördenbescheids über: Das Verbot sei unumgänglich gewesen, weil RT DE keine Sendelizenz habe.[31]

Unterm Scheinheiligenschein

Auf dieser Argumentationsbasis ließ sich auch besser behaupten, die russische Retourkutsche gegen die Deutsche Welle sei rechtswidrig und unverhältnismäßig. Im Talar eines Hohepriesters der Rundfunkfreiheit versuchte Zamperoni daher, den Eindruck zu verwischen, dass es bei der Kampagne gegen RT DE um die Unterdrückung unerwünschter Meinungen und unangenehmer Informationen gegangen war.

Baden-Württembergs Bevollmächtigter beim Bund, der Staatssekretär für Medienpolitik Rudi Hoogvliet, goss in Amtsdeutsch, was die Bundesregierung uns weismachen will:»Die Landesmedienanstalten der Länder haben dem russischen Sender RT DE aus ›konkreten, objektiv nachvollziehbaren Gründen, nämlich aufgrund des Fehlens einer gültigen Sendelizenz‹, die Veranstaltung und Verbreitung in Deutschland untersagt.«[32]

Diese Behauptung wird nun gebetsmühlenartig wiederholt und über alle verfügbaren Rohre verbreitet, auch über die Tagesschau. Unsere Qualitätsjournalisten verhehlten in schöner Einigkeit mit ihren politischen Gönnern einfach, dass das von Moskau aus sendende RT DE zwar keine deutsche, wohl aber eine in Europa – und damit auch in

Deutschland – gültige serbische Sendelizenz hat. Sie wurde, wie vielmals dargelegt, von der Regierung in Belgrad im Rahmen der europäischen »Übereinkunft für das grenzüberschreitende Fernsehen«[33] erteilt.

Dass Serbien das Recht zur Lizenzvergabe hat, lässt sich nicht bestreiten. Deshalb griffen die Beamten der deutschen Landesmedienanstalten in die juristische Trickkiste, um dennoch gegen RT DE losschlagen zu können: Sie entschieden eigenmächtig, die medienrechtliche Verantwortung für die RT-DE-Sendungen liege nicht beim Antragsteller RT in Moskau, sondern in Berlin-Adlershof. Absurder kann man kaum daherreden. Vergleichbar abwegig wäre die Behauptung, die redaktionelle Verantwortung für Beiträge des ARD-Studios in Moskau liege bei dessen Leiter in Russland und nicht beim Chefredakteur ARD-aktuell in Hamburg.

Die deutschen Medienbehörden biegen sich die Argumente zurecht, um den Russen eins auszuwischen.[34] Dabei tun sie so, als sei ihr Schlag gegen RT DE ohne enge Abstimmung mit der Bundesregierung erfolgt, speziell ohne Beteiligung des Außenministeriums. Als seien Verbotsverfügungen gegen einen ausländischen Sender das tägliche Brot deutscher Amtsstubenbewohner.[35] Das Außenministerium gibt sich gleich vollends als unzuständiger Unbeteiligter:»Für RT DE gelten dieselben Regeln wie für alle anderen Sender – auch was den Aspekt der Staatsferne angeht. Die Bundesregierung kann und darf auf das Verfahren keinen Einfluss nehmen.«[36]

Was für ein Schmierentheater!

Unter Außenpolitik ist die Gesamtheit der politischen, militärischen und wirtschaftlichen Maßnahmen gegenüber anderen Staaten und internationalen Organisationen zu verstehen, der Umgang mit ausländischen Rundfunksendern inklusive. Für Außenpolitik ist allein die Bundesregierung zuständig. Die Behauptung, Beamte kleiner Landesmedienanstalten hätten die Kompetenz zu weitreichenden außenpolitischen Entscheidungen, bestätigt das Niveau der im unaufrichtigen und ahnungslosen Daherreden sehr geübten Grünen Baerbock. Tagesschau-Redakteure mögen ihr das vielleicht abkaufen. Der Bürger mit intaktem Politikverständnis sicher nicht.

... dass sich die Balken biegen

Seit Adenauers Zeiten wissen wir, dass es die Wahrheit gibt, die reine Wahrheit und nichts als die Wahrheit. Analog dazu gibt es die Lüge, die blanke Lüge und die nur noch saudumme Lüge. Mit einer solchen haben wir es hier zu tun. Schließlich ist weitgehend bekannt (und nie dementiert worden), dass die Bundesregierung (und das Bundesamt für Verfassungsschutz) die Finger drin hatten, als Luxemburg den ersten RT-DE-Lizenzantrag für Europa abwies.[37]

Logisch, dass die federführende Medienanstalt Berlin-Brandenburg, MABB, jetzt nicht einräumt, auf Weisung aus dem Ministerium gehandelt zu haben. Dessen Herrschaften wollten unbedingt auf unbeteiligt machen. Der Schein (landes-)medienrechtlicher Legalität sollte gewahrt werden. Die Begründung, weshalb sich die MABB jedoch weigert, Akteneinsicht zu gewähren, lässt das genaue Gegenteil erkennen: »... das Bekanntwerden des Inhalts der Verfahrensakte würde dem Wohle des Bundes schwerwiegende Nachteile bereiten. Es ist wahrscheinlich, dass eine Veröffentlichung des Inhalts der Verfahrensakte zu gewichtigen diplomatischen Spannungen zwischen der Bundesrepublik Deutschland und Russland führen würde.«[38]

Die Nachteile waren da bereits eingehandelt (Schließung des Moskauer Büros des Staatssenders DW) und die diplomatischen Spannungen längst (von Berlin) verstärkt worden. Wäre das Verbotsverfahren der MABB rechtlich einwandfrei begründet und methodisch sauber ausgeführt, dann könnte die Behörde ihre Akten selbstverständlich einsehen lassen. Stattdessen wird weiter gehetzt, was das Zeug hält: »Die Propagandastationen wirken auf die Meinungsbildung in den Ländern des Westens ein, in der EU insbesondere. Sie verharmlosen Putins Kriegstreiberei, verbreiten seine Lügen, stellen die Legitimität demokratisch gewählter Regierungen infrage und hofieren extreme Gruppen wie die von rechts außen bis links außen reichende Corona-Leugner-Front.«[39]

Was Wahrheit ist, bestimmen wir. »Der Russe« lügt nur. Und wie! »Darüber hinaus stellten russische Akteure – wie in den vergangenen Jahren – die NATO und die USA als Bedrohung für Russland und den

Weltfrieden dar. … Ziele aller russischen Bemühungen sind die Diskreditierung der Bundesregierung, die polarisierende Zuspitzung des politischen Diskurses und das Untergraben des Vertrauens in staatliche Stellen.«[40] Das geht gar nicht. Die NATO ist doch bloß für Folklore zuständig und die USA sind sogar friedlicher als der Windsbacher Knabenchor.

Wehrhafte Werte-Demokraten

Damit das alles so bleiben kann, muss ein in Deutschland tätiger russischer Sender auch vom Verfassungsschutz überwacht und stigmatisiert werden. Unbedingt. Der Verfassungsschutz ist nur eine amtliche Erscheinungsform unserer wehrhaften Demokratie. Die kommt leider ohne Geheime Gesinnungspolizei nicht aus. Die kostbarsten Güter unserer »Wertegemeinschaft«, nämlich »Freiheit« und vor allem »Toleranz«, müssen schließlich geschützt werden (während man sie immer weniger werden lässt).

Dafür, dass das demokratische Mäntelchen der staatlich geschützten Meinungsmacher nicht bekleckert wird, sorgt unser ebenso aufgeblähtes wie ineffektives Parlament. Dessen Abgeordnete lassen sich bei Kleinen Anfragen von der Bundesregierung schon mal mit Antworten abspeisen, die nach Propaganda statt nach Fakten schmecken: Bei RT DE handle es sich um »einen der maßgeblichen Akteure eines komplexen Netzwerkes, das im Auftrag staatlicher russischer Stellen deren Narrative« verbreite, um den »politischen Willensprozess in Deutschland zu beeinflussen«.[41]

Böse Netzwerker sind demnach die anderen, speziell die Russen. Die Bundesregierung ist hingegen Mitglied im Kaffeekränzchen EU East StratCom, und falls wirklich jemand behauptet, dass das ein Netzwerk sei, dann ist es immerhin ein gutes, das unsere Demokratie verteidigt und dem Ausland sogar was von unseren freiheitlichen Informationen abgibt. Es wurde deshalb schon vor sieben Jahren gegründet, gleich nach dem aus Washington gesteuerten und finanzierten Staatsstreich in der Ukraine und dem Ausbruch der Maidan-

Freiheit. Aufgabe: Es soll als Gegengewicht zu offiziellen russischen Mitteilungen fungieren.[42]

Die EU East StratCom Task Force, so der vollständige Name dieser Einsatzgruppe, soll nach eigener Definition »kreative Informationen« im Gebiet der EU-geführten Östlichen Partnerschaft verbreiten und dafür »neue Strategien und Methoden« entwickeln.[43] Die Task Force ist demnach für die antirussische AgitProp der EU bei den Anrainerstaaten Russlands zuständig.

Wer meint, die EU sei die Koppel von Unschuldslämmern, irrt gewaltig. Die Bürger und Bürgerinnen unserer westlichen Fassadendemokratien sind trotz vermeintlicher Pressefreiheit nicht einmal vor der Propaganda und Desinformation seitens der eigenen Vorleute geschützt. Einflussnahme und Meinungsmache erfolgen hier allenfalls etwas subtiler. In Berlin ist dafür das Presse- und Informationsamt der Bundesregierung zuständig. Es beschäftigt jede Menge professionelle Rosstäuscher.[44]

Fiese Meinungsmache

Auch in der EU East StratCom Task Force sind Giftköche am Werk. Sie schaffen es sogar, die simpelsten, vielmals bestätigten Tatsachen zu leugnen, zum Beispiel diese: »Die NATO und der Westen sind schuld an der aktuellen Krise. Hätten sie sich an ihre Versprechen gehalten, die Allianz nicht zu erweitern, würde Russland sich nicht bedroht fühlen.«[45]

Das Versprechen des vormaligen US-Außenministers James Baker ist nicht nur von ihm selbst und vom sowjetischen Staatspräsidenten Gorbatschow bezeugt, sondern von mehreren Teilnehmern an den Zwei-plus-Vier-Verhandlungen zur Herstellung der deutschen Einheit.[46] Erst kürzlich hat der Hamburger Rechtswissenschaftler Norman Paech die Gegebenheiten wieder ausführlich dargelegt.[47]

Wer selber Propagandakompanien wie die EU East StratCom Task Force finanziell unterstützt, kann keine Glaubwürdigkeit beanspruchen, wenn er russische Medien wie RT DE der Propagandamache bezichtigt. Die Bundesregierung ist kein Gralshüter der Wahrheit. Annalenchen Baerbock schon gar nicht, wie wir seit dem jüngsten Wahlkampf wissen.

Ihre ideologischen Unterstützer geben sich aber größte Mühe. Ein Vertreter des CIA-gesponserten Clubs Reporter ohne Grenzen[48] behauptete sogar, die Deutschen Welle habe »einen Beitrag zur unabhängigen Information in einem autoritären Umfeld geleistet«.

Das wird allerdings auch nicht dadurch wahr, dass er es in einer Tagesthemen-Sendung vorbringen durfte.[49]

Die Deutsche Welle ist exakt das, was man gemeinhin unter Staatsfunk versteht: Der weitaus überwiegende Anteil ihres Haushaltes von 400 Millionen Euro wird vom Bundesfinanzminister aus Steuermitteln bereitgestellt und der DW von Kulturstaatsministerin Roth angewiesen. Der Sender ist zwar formal eine öffentlich-rechtliche Anstalt, wird aber faktisch vom Staat kontrolliert, trotz aller Vorgaben des Bundesverfassungsgerichts, die das verbieten. Nach dessen Urteil dürfen den Aufsichtsgremien der öffentlich-rechtlichen Rundfunkanstalten zwar noch einige staatliche oder staatsnahe Vertreter angehören, allerdings liegt deren Quorum bei höchstens einem Drittel. Bei der Deutschen Welle sitzen im siebenköpfigen Verwaltungsrat drei Staatsrepräsentanten (jeweils ein Vertreter des Bundestages, des Bundesrates und der Bundesregierung). Im DW-Rundfunkrat geht die Regelüberschreitung sogar noch weiter: Sieben der 17 Mitglieder werden von Bundestag (zwei), Bundesregierung (drei) und Bundesrat (zwei) benannt. Nur von fünf Mitgliedern lässt sich zweifelsfrei sagen, dass sie zumindest formal nichts mit dem Staat oder mit seinen Kirchen zu schaffen haben.[50] Die DW ist de facto ein Staatssender.

Dessen ungeachtet behauptet die Grüne Claudia Roth:

»Die DW ist zudem staatsfern organisiert. Das heißt, anders als bei RT DE nimmt der deutsche Staat keinen Einfluss auf die Programmgestaltung.«[51]

Die Frau kann nichts dafür. *Contradictio in adiecto*: Sie ist Kulturstaatsministerin. Das würzt die absolut lächerlichste Bundesregierung, die wir je hatten.

Intendant in Springer-Stiefeln

Dass Russland mit dem Verbot der Deutschen Welle unverhältnismäßig reagiert habe, ist ein weiterer Irreführungsversuch, dem auch die Tagesschau Vorschub leistet. Wieder wird der böse Russe abgemalt: »Unabhängiger Journalismus wird in Russland immer weiter zurückgedrängt«[52], behauptet Demian van Osten, ein in Moskau aktiver ARD-Korrespondent. Es gehört schon eine Menge Dreistigkeit dazu, das russische Programm der Deutschen Welle als Ausdruck von Unabhängigkeit auszugeben. Intendant Peter Limbourg, vormals NATO-Korrespondent und erfahrener russophober Feindbildpfleger, hatte bereits anno 2014, als er vom Springer-Konzern kommend gerade sein Amt als DW-Intendant angetreten hatte, unter dem Beifall von CDU-Abgeordneten geprahlt, er werde die Deutsche Welle zum »Anti-Putin-Sender« ausrichten.[53]

Es liegt ganz auf der transatlantischen AgitProp-Linie, RT DE als »Putins Propagandasender« verächtlich zu machen, obwohl er zwar (wie die Deutsche Welle) aus Steuermitteln finanziert wird, aber als Privatkonzern organisiert ist. Es ist bezeichnend unredlich, ihm Desinformation und Falschnachrichten (»fäjk njuhs«) vorzuwerfen, ohne dafür handfeste Nachweise zu führen. Oder Verfassungsschutz-Spitzel auf ihn anzusetzen und damit zu unterstreichen, welch geringen Wert unsere Regierung dem Recht auf abweichende Meinung und dem Anspruch auf Zugang zu umfassender Information beimisst.

Dass umgekehrt die Deutsche Welle keinen professionellen Journalismus pflegt, sondern sich ähnlich wie das ARD-aktuell-Studio in Moskau auf Missionsreise im Auftrag des verkommenen »Wertewestens« befindet, machen nicht nur Limbourgs Kraftsprüche deutlich. Es ist für die kritische deutsche Öffentlichkeit längst kein Geheimnis mehr. Auch nicht in der anglophonen Welt.[54]

In Russland kam ein parlamentarischer Untersuchungsausschuss zu dem Ergebnis, dass die Deutsche Welle im Sommer 2019 ihr russisches Publikum zur Teilnahme an nicht genehmigten Protesten und illegalen Aktionen zur Störung der Wahlen aufgerufen habe. Schon damals war im Gespräch, die DW wegen ihrer Einmischung in die inneren Angelegenheiten Russlands rauszuwerfen. Wider Erwarten wahrte die Regierung ihre erstaunliche Langmut.[55]

Zweifellos gilt: Wer ausländische Sender abschalten will, setzt sich meistens selbst ins Unrecht. Es ist allerdings ganz und gar nicht egal, wer aus welchen Gründen in einem bilateralen Konfliktfall damit angefangen hat. Das waren diesmal unsere böswilligen Berlin Politdarsteller. Ihr ebenso widerrechtliches[56] wie wirkungsloses[57] und deshalb stupides Verbot des Senders RT DE zeigt, dass mindestens zwei ihrer drei Fraktionen an der deutschen Krankheit leiden, lustvoll-heldisch auf die Schnauze zu fliegen.

* * *

Aber wehe, dem öffentlich-rechtlichen Rundfunk schlägt mal Gegenwind ins Gesicht, und sei es auch nur in Form des Protests eines Demonstrationsteilnehmers, der auf Respektierung seiner Persönlichkeitsrechte pocht. Dann ist lauthals Jammer angesagt, die Pressefreiheit werde angegriffen (als ob nicht auch der öffentlich-rechtliche Rundfunk an geltendes Recht gebunden wäre und fremde Persönlichkeitsrechte zu achten hätte). Dem Himmel sei gedankt, dass die göttliche damalige Kanzlerin Merkel zur Stelle war und sich schützend vor das arme, von einem Dresdner und der dortigen Polizei in seiner Pressefreiheit so lebensbedrohlich beschnittene ZDF stellte (und dafür eine faktische Einschränkung des Demonstrationsrechts vertrat).

Empörungsjournalismus mit Qualitätsprädikat: Zerrspiegel Tagesschau

zuerst erschienen am 26.08.2018 [3]

ARD und ZDF nahmen den Zoff eines Kamerateams mit Dresdner Polizisten wichtiger als die Ermordung von 22 Kindern im Jemen

Tagesschau-Aufmacher (!) am 23. August: ein angeblicher Eingriff sächsischer Polizisten in die Rundfunkfreiheit. Grund für den Sirenenalarm: Ein Mitarbeiter des sächsischen Landeskriminalamts, privatim Teilnehmer an einer Pegida-Demonstration gegen den Dresden-Besuch der Kanzlerin Merkel am 16. August, hatte sich pöbelnd dagegen verwahrt, danach von einem ZDF-Team gefilmt zu werden. Polizisten, die schließlich eingriffen, hätten die Fernsehleute 45 Minuten lang an ihrer Arbeit gehindert. Untermalt mit Stellungnahmen der Kanzlerin Merkel und der Justizministerin Barley, zelebrierte der öffentlich-rechtliche Rundfunk Empörungsjournalismus mit Qualitätsprädikat. [58]

Der ausfällige Kamerafeind war nicht im Dienst, sondern hatte als Urlauber an der Demo teilgenommen. Offensichtlich wegen seiner nationalfarbigen Bekleidung hatte das ZDF-Team die Kamera auf ihn gerichtet, wogegen er sich lautstark pöbelnd verwahrt hatte. Er soll dann auch gegen die Kamera geschlagen haben.

Eine Einschränkung der Pressefreiheit sei nun darin zu sehen, dass das ZDF-Team 45 Minuten lang in eine Auseinandersetzung mit Polizisten verwickelt wurde, die schließlich eingeschritten waren. Personalienfeststellung und Ermittlung des Sachverhalts hatten sich allerdings auch deshalb hingezogen, weil die ZDF-Kollegen sehr selbstbewusst auftraten und von den Beamten Begründung und Rechtfertigungen für deren Eingreifen verlangten. Das war späteren Filmberichten über den Vorfall klar zu entnehmen.

---

3   https://publikumskonferenz.de/blog/2018/08/26/empoerungsjournalismus-mit-qualitaetspraedikat-zerrspiegel-tagesschau/

Der Demonstrant konnte sich bei seinem Protest gegen das Gefilmtwerden auf sein gesetzlich geschütztes Recht am eigenen Bild berufen. LKA-Mitarbeiter hin oder Pegida-Mann her: Niemand muss es sich gefallen lassen, ungefragt von einer TV-Kamera herausgezoomt zu werden. Auch Journalisten ist es grundsätzlich untersagt, ihre Mitmenschen gegen deren Willen zu filmen, sofern die nicht »Persönlichkeiten der Zeitgeschichte« sind, also Prominente aus Politik, Wirtschaft, Kultur, Sport und gesellschaftlichem Leben.

Gem. § 22 des »Gesetzes betreffend das Urheberrecht an Werken der bildenden Künste und der Photographie« (KunstUrhG, neben der neuen EU-Datenschutzverordnung weiter in Kraft) dürfen Abbildungen von Personen grundsätzlich nur dann verbreitet werden, wenn deren Einwilligung dazu vorliegt. Bei Demonstrationen, Versammlungen oder anderen öffentlichen Ereignissen ist allerdings keine solche Zustimmung erforderlich, soweit eine gefilmte Person nur als Teil einer Menschenmenge figuriert.

Der Dresdener Pegida-Demonstrant wurde aber nicht nur in einer Bildtotalen zusammen mit vielen anderen, sondern herausgelöst und in Nahaufnahme gefilmt, wie später in den Sendungen von ARD und ZDF gezeigt. Was war vorgefallen? Hat der Mann sich tatsächlich von Anfang an selbst ins Bild gedrängt, sich zum Mittelpunkt der Filmaufnahme gemacht und damit seinen Unterlassungsanspruch verloren? Hatte er wirklich gegen die Kamera geschlagen und sich strafbar gemacht? Oder ist der Verdacht begründbar, dass zuerst das ZDF-Team gegen das KunstUrhG verstoßen hatte? Da solche Verstöße allesamt schadensersatzpflichtig machen und strafbar sind, war es nicht zu beanstanden, dass herbeigerufene Polizeibeamte sich mit dem Fall befassten.

Dass sie für die Feststellung der Personalien und die Aufnahme von Zeugenaussagen 45 Minuten benötigten, derweil die ZDF-Leute nicht weiterfilmen konnten, reichte den Nachrichtenredakteuren von ARD-aktuell und ZDF-heute aus, einen Eingriff in die Pressefreiheit zu behaupten. Beziehen konnten die Qualitätsjournalisten sich bei ihrer außergerichtlichen Wahrheitsfindung auf volltönende Erklärungen echter »Persönlichkeiten der Zeitgeschichte«. Kanzlerin Merkel fühlte sich während ihres Staatsbesuchs in Georgien zu folgendem Allgemeinplatz angeregt:

»Das Demonstrationsrecht muss umfassend gewährleistet werden. Wer auf eine Demonstration geht, muss damit rechnen, dass er dabei auch durch Medien aufgenommen und auch beobachtet wird, also muss es eine freie Arbeit der Journalisten geben.«[59]

Das war nicht nur als Parteinahme für die ZDF-Mitarbeiter zu verstehen, sondern vermutlich auch als solche gemeint. Merkel zeigte, wie wichtig ihr das Rudel der Hofberichterstatter ist und wie wenig ihr demgegenüber das individuelle Recht eines einzelnen Bürgers gilt. In Berlin meinte die Justizministerin das Sommerloch mit der Forderung füllen zu müssen, die Vorgänge in Sachsen seien »äußerst beunruhigend« und dringend aufzuklären.

Was eigentlich in Dresden Sache war, kann letztlich nur ein Gericht ermitteln und entscheiden. Rechtsstaatliche Gesinnung und die Bereitschaft, sich deshalb mit eigenen Bewertungen zurückzuhalten, ließen hier jedoch alle vermissen: die Politiker ebenso wie die Journalisten.

Am 19. August hieß es vorverurteilend auf tagesschau.de:

Das Ganze habe etwa 45 Minuten (Personalienfeststellung) gedauert. Polizeibeamte hätten sich damit »zur Exekutive der ›Pegida‹-Bewegung« gemacht.[60]

Damit unterschlug tagesschau.de allerdings den Blickwinkel der Gescholtenen. Die Gewerkschaft der Polizei, GdP, erklärte beispielsweise nachvollziehbar:

»Die Überprüfung des Fernsehteams hat 45 Minuten gedauert; nicht, weil die Polizei das so wollte, sondern weil die Journalisten und Kameraleute das in die Länge gezogen und sich nicht kooperativ gezeigt haben.«[61]

Obwohl der Vorfall sich bereits fast eine Woche zuvor zugetragen hatte, kam ein Zwei-Minuten-Bericht darüber am 23.8.2018 auf den jeweiligen Spitzenplatz der Nachrichtensendungen von Tagesschau und Tagesthemen.

»Polizeieinsatz gegen TV-Team«, hieß es, und das suggerierte staatliche Repression gegen Journalisten. War sie erwiesen? War den Polizisten begründbar ein rechtswidriges oder gar zu nassforsches Vorgehen vorzuwerfen? Nach bis dahin gesicherten Fakten hatten sie nur eine Personalienfeststellung vorgenommen, die gewöhnlich jeder Bürger bei Verdacht von Rechtsverletzungen hinnehmen muss. Auch ZDF-Leute bilden insoweit keine Ausnahme. Trotzdem kommentierte ARD-aktuell:»Es geht auch um die Pressefreiheit.«[62]

So wurde ein lokaler Zwischenfall zum Aufmacher in einer 20-Uhr-Tagesschau aufgeblasen, der Hauptausgabe der ARD-aktuell. In eitler Selbstüberhöhung – und unter Verzicht auf jedes vernünftige Maß. Denn am selben Tage hatten Jagdflugzeuge der transatlantisch-saudi-arabischen Koalition im Jemen einen Kleinbus angegriffen und 22 Flüchtlingskinder sowie vier Frauen in den Tod gebombt.[63] Darüber schwieg die Tagesschau.

Es war in diesem Monat bereits das dritte derartige Kriegsverbrechen der USA-geführten westlichen Werte-Gemeinschaft WWG und ihrer saudischen Blutsäufer. Die Tagesschau aber hatte auch die beiden vorhergehenden verschwiegen. Sie unterschlägt ja eh die allermeisten Nachrichten über die furchtbaren Kriegsverbrechen der westlichen Allianz.

Der öffentlich-rechtliche Gesinnungsjournalismus zeigt immer wieder sein hässliches Gesicht. Chefredakteur Dr. Gniffke und seinesgleichen sind längst die Maßstäbe des seriösen Journalismus abhandengekommen, sofern sie jemals solche hatten.

Wo ist die Pressefreiheit hierzulande tatsächlich in Gefahr?

In der Ukraine beispielsweise kann von ihr längst nicht mehr die Rede sein. Beleg unter vielen anderen: der Umgang der Machthaber in Kiew mit dem Journalisten Wyschinsky und seinen Kollegen. Der Generalsekretär der Europäischen Journalisten-Föderation (EJF), Ricardo Gutierrez, erklärte dazu erst jüngst:

»Man wirft ihnen vor, über ein Referendum auf der Krim geschrieben zu haben. Aber das ist die Arbeit jedes Journalisten, der sich selbst respektiert. Die Antwort zeigt, dass die Tätigkeit von Wyschinsky den ukrainischen Behörden nicht passte. Deshalb haben sie versucht, ihn des Hochverrats verantwortlich zu machen, und ihn verhaftet.«[64]

Kein Wort darüber in der Tagesschau. Ist die Pressefreiheit nur in Deutschland verteidigenswert? Wird sie nicht vielmehr von innen heraus preisgegeben, Missbrauch und Schindluder mit ihr getrieben?

Wie anders ist eine »Redaktionslinie« einzuschätzen, die ausdrücklich die nicht ins transatlantische Weltbild passenden Informationen ablehnt und deren Quellen als unseriös abtut?

Gelten die Individualrechte eines pöbelnden, skurril in den Nationalfarben ausstaffierten Pegida-Sympathisanten weniger als der Anspruch eines ZDF-Kamerateams, ungehindert seiner Arbeit nachgehen zu können? Spielt es eine Rolle, ob der Pegida-Unterstützer von Beruf LKA-Mitarbeiter, Koch oder Hausmeister eines Nachtklubs ist? Ist es eines Landesinnenministers würdig, sich öffentlich und gefügig beim ZDF für das Vorgehen seiner Polizisten zu entschuldigen, noch ehe von Rechts wegen feststeht, ob denen überhaupt etwas vorzuwerfen war?

Übrigens: Ist ein verletzender Umgang mit der Meinungsäußerungsfreiheit des Einzelnen nicht auch dann schon gegeben, wenn die Redaktion des öffentlich-rechtlichen Internetauftritts tagesschau.de bei unliebsamen Themen die Kommentarfunktion blockiert?

Nach welchen Kriterien lässt ARD-aktuell-Chefredakteur Dr. Gniffke die Themen für die Berichterstattung auswählen? In seiner Antwort auf ungezählte Beschwerden über den Tendenzjournalismus der Tagesschau behauptet dieser Mann ohne jegliches Anzeichen von Scham:

»Ob und in welchem Umfang über ein Thema berichtet wird, hängt auch davon ab, was sich an dem jeweiligen Tag noch alles ereignet hat. ... Die Relevanz eines Themas ist gewissermaßen relativ und kann nur im Zusammenhang mit anderen tagesaktuellen Themen bewertet werden.«[65]

Die Beschwerden eines ZDF-Kamerateams, das sich in Dresden von Polizisten vorübergehend an seiner Arbeit gehindert sah, hatten für ARD-aktuell am 23. August »relative Relevanz«, das Kriegsverbrechen an 22 Kindern und vier Frauen im Jemen nicht.

So sieht er aus, der deutsche öffentlich-rechtliche Qualitätsjournalismus.

* * *

Dabei hätte die ARD genug darüber zu berichten, dass Behörden und Konzerne immer häufiger und nachdrücklicher auf unsere Daten zugreifen und sie – auch mittels KI – auswerten.

Zensur ist gemäß Duden definiert als »... von zuständiger, besonders staatlicher Stelle vorgenommene Kontrolle, Überprüfung von Briefen, Druckwerken, Filmen o. Ä., besonders auf politische, gesetzliche, sittliche oder religiöse Konformität«. Mit einer inzwischen flächendeckenden Technik zur Überwachung der Individual- und der Massenkommunikation, speziell der Äußerungen im Netz, ist schon die erforderliche Infrastruktur verfügbar, die Zensur-Maßnahmen ermöglicht. Umfassende Zensur könnte damit jederzeit praktiziert werden. Und wer weiß, vielleicht wird sie mit subtilen Methoden wie Reichweiteneinschränkung ja auch schon vorgenommen. Was sagen die öffentlich-rechtlichen Rundfunkanstalten, die sich doch sonst stets als Garanten der Freiheit ausgeben? Am liebsten nichts ...

Ungebrochen: die häusliche Gewalt der Tagesschau

zuerst erschienen am 15.11. 2020 [4]

Die Freiheit der Berichterstattung wurde längst parteipolitischen Interessen geopfert

Ohne Wenn und Aber:»Die Pressefreiheit und die Freiheit der Berichterstattung durch Rundfunk und Film werden gewährleistet. Eine Zensur findet nicht statt«, heißt es im Grundgesetz-Artikel 5. Inwieweit das für das Informationsangebot unserer weitestgehend gleichgeschalteten Leitmedien noch von Belang ist, steht auf einem anderen Blatt. Auch die Rückfrage, wozu es das Zensurverbot im Grundgesetz eigentlich braucht, da doch die qualitätsjournalistische Selbstzensur prächtig funktioniert.

---

4 https://publikumskonferenz.de/blog/2020/11/15/ungebrochen-die-haeusliche-gewalt-der-tagesschau/

Ein simpler Zahlenvergleich macht das effiziente Zusammenspiel von Politik und Medien sichtbar: Im Verlauf der Covid-19-Pandemie starben in der Volksrepublik China 4 748 Menschen am oder mit dem SARS-CoV-2-Virus.[66] Im gleichen Zeitraum schieden in Deutschland 11 352 Covid-19-Patienten aus dem Leben.[67] Pro eine Million Einwohner heißt das: 3,3 tote Chinesen, 136 tote Deutsche. Die deutsche Quote an Pandemie-Opfern ist 41-mal höher als die chinesische. Aber unsere politische Elite und ihre Empörungsjournalisten werden nicht müde, unisono die Wahrung der Menschenrechte in der Volksrepublik China einzufordern. Als ob das Recht auf Leben und Schutz der Gesundheit nicht das wichtigste aller Menschenrechte wäre. Noch ein Vergleich, zur Abrundung: Am 9. November wurden in Deutschland 13 300 Neuinfektionen gemeldet. In der Volksrepublik 47.[68]

Haben die Nachrichtenredaktionen unserer Leit- und Konzernmedien uns je mit obigem Zahlenmaterial versorgt und darüber informiert, wie schräg die Bundesregierung in der Politik zur Pandemiebekämpfung liegt – und in ihrer Politik gegenüber China? Haben sie uns wissen lassen, dass viele fernöstliche Staaten ähnlich positive Statistiken wie die sozialistische VR China aufzuweisen haben und auch Demokratien wie Südkorea, Taiwan, Malaysia, Neuseeland und Japan bei der Pandemie-Bekämpfung objektiv weit mehr Erfolg hatten als der »Werte-Westen«? Dass sie größeres Verantwortungsbewusstsein und weit mehr Kompetenz bewiesen haben als Merkels Küchenkabinett?

Nein? Warum nicht? Unsere Massenmedien, der öffentlich-rechtliche Rundfunk voran, ließen diese Erkenntnisse absichtlich nicht ins öffentliche Bewusstsein sickern. Sie hielten die fraglichen Informationen vorsätzlich zurück. Mit auf den täglichen Datensalat des Robert Koch-Instituts verengtem Blick vermittelten unsere regierungsfrommen Propagandisten stattdessen den Eindruck, Deutschland handle beim Schutz seiner Bürger vor der Pandemie geradezu vorbildlich.

Unsere konformistischen Staatsfunker versuchten sogar aktiv, Beijings Maßnahmen zur Bekämpfung der Pandemie zu diskreditieren, und lehnten sich dafür ganz weit aus dem Fenster:»Denn es ist zum großen Teil die Schuld der chinesischen Regierung, dass sich die Epidemie überhaupt so stark ausbreiten konnte.«[69]

Die üblen Bezichtigungen lenkten davon ab, dass Gesundheitsminister Jens Spahn die Pandemiegefahr wochenlang geleugnet und ihre Entwicklung in Deutschland verharmlost hatte, derweil Kanzlerin Merkel zunächst mit Untätigkeit glänzte und dann ganz abtauchte. Dieses unbestreitbare Regierungsversagen ist einer der Gründe für die Vielzahl der Todesopfer in Deutschland! Ein besonders beliebtes Narrativ zur Abwertung der chinesischen Erfolge und der Rechtfertigung der eigenen ignoranten Fahrlässigkeit:

»Im autoritär regierten China haben die Behörden Kontroll- und Durchgriffsmöglichkeiten, die in westlichen Demokratien undenkbar wären. Persönliche Freiheitsrechte oder Datenschutz spielen dabei keine Rolle – etwa bei der Nachverfolgung von Kontakten.«[70]

Bei uns »undenkbare« Kontroll- und Durchgriffsmöglichkeiten? War in westlichen Demokratien tatsächlich nicht machbar, was im sozialistischen China Menschenleben rettete? Unterscheidet sich westliche Bürgerfreiheit in dieser Weise von derjenigen Chinas?

Kontrolliert und gegeneinander ausgespielt

Seit Jahrzehnten lassen die transatlantisch orientierten Regierungen ihre Staatsvölker zunehmend strikter und nachhaltiger überwachen. Kontrolle und Gängelung seitens staatlicher und kommerzieller Akteure nehmen zu. Das fängt nicht erst bei der elektronischen Überwachung der Werktätigen an und endet nicht beim Versuch, das Bargeld abzuschaffen. Internet-Konzernriesen dürfen unsere Daten massenhaft abgreifen und damit Persönlichkeitsprofile erstellen.[71] Banken und Schnüffeldienste wie die Schufa[72] bedienen sich ebenfalls großzügig. Die Bundesregierung treibt gerade über die EU die angeblich anonymisierte Speicherung und Nutzung sogenannter »Industriedaten« voran, wozu ausdrücklich die Gesundheitsdaten zählen.[73]

Die neuesten Hits: Künftig sollen nicht nur die Polizeien von Bund und Ländern in das Privatleben des Bundesbürgers eindringen dürfen, sondern auch die 19 Geheimdienste mit ihren rund 12 000 Mitarbeitern befugt sein, unsere privaten Gedanken- und Informationsaustausch mit elektronischen Schnüffelprogrammen auszuforschen, mit sogenannten Staatstrojanern.[74] Außerdem wurde der digitalisierte Fingerabdruck im Personalausweis zur Pflicht gemacht.[75]

Haben ARD-Tagesschau oder ZDF-heute die zunehmende Polizeistaatlichkeit jemals thematisiert und gar kritisiert? Haben sie nicht.

Werfen wir kurz einen Blick auf in Deutschland längst ganz selbstverständlich genutzte »Kontroll- und Durchgriffsmöglichkeiten«. Zum Beispiel auf das umfassende, weitgehend klaglos hingenommene Netz von Leistungs- und Verhaltenskontrollen in der Arbeitswelt. Eine Studie der Hans-Böckler-Stiftung belegt, wie weit und wie arbeitnehmerfeindlich die Kontrollen in den Alltag von Beschäftigten eingreifen.[76]

Behörden überwachen öffentliche Räume: In Berlin beispielsweise sind bereits mehr als 40 000 Kontrollkameras installiert.[77] Kamera-Überwachung dieser Art gilt längst als Selbstverständlichkeit, obwohl sich die Experten sicher sind, dass »mehr Videoüberwachung nicht automatisch zu mehr Sicherheit führt«.[78]

Seit Jahren behaupten Politik und Massenmedien trotzdem, die Videoüberwachung im öffentlichen Raum diene ausschließlich der Sicherheit des Bürgers, es sei deshalb gerechtfertigt, sie auszudehnen und zu intensivieren. Innenminister Horst Seehofer (CSU) will Techniken der elektronischen Gesichtserkennung installieren lassen. Die somit erfassten biometrischen Daten können mit den digitalisierten Passfotos abgeglichen werden, die bei der Meldebehörde gespeichert sind. An der Erprobungsphase für dieses Vorhaben sind vorerst »nur« 130 Bahnhöfe und einige Flughäfen beteiligt,[79] doch dabei bleiben wird es nicht.

Die elektronische Erfassung, Speicherung und Auswertung biometrischer Daten (Gesichtserkennung) sind in einer rechtlichen Grauzone längst üblich. So sammelte die Hamburger Polizei bei den Demonstrationen gegen den G-20-Gipfel mehr als 30 000 Fotos und Videos und wertete sie mit einer Software zur Gesichtserkennung für die europaweite Fahndung nach Demonstrationsteilnehmern aus.[80]

Im Schatten der Pandemie

Der Überwachungsstaat entwickelt sich ungeniert weiter. Seine Befürworter und Aktivisten machen sich zunutze, dass der Endlosfilm über die Covid-19-Pandemie Sichtschutz bietet und Ablenkung schafft und dass die verächtlich machenden Nachrichten über das Anti-Pandemie-Regime in der Volksrepublik China den kritischen Blick der deutschen Öffentlichkeit auf ihre eigenen Missverhältnisse trüben.

Die bereits gesetzlich verankerte Fingerabdruck-Pflicht stellt nach Ansicht von Experten alle Bürger unter Generalverdacht. Erfasst werden hochsensible Körpermerkmale (das Gesetz regelt ja auch die Verfahrensweise bei der elektronischen Anfertigung des Porträtfotos bis ins Detail). Die Daten sollen von der gesamten Bevölkerung erhoben werden, also von einer überwältigenden Mehrheit rechtstreuer Menschen.[81]

Bald werden alle Deutschen nicht mehr überblicken können, wer wo welche ihrer persönlichen Daten speichert, sie verknüpfen kann und wie und wozu er sie verwendet. Ein Albtraum.

Die eingangs bereits erwähnte Ermächtigung der bundesdeutschen Geheimdienste zur umfassenden Ausforschung der Kommunikation der Bürger per WhatsApp, Signal, Threema, E-Mail oder Internet-Telefonat und Video-Anruf per Skype wurde kürzlich von der CDU/CSU-SPD-Regierung auf den Weg gebracht. Falls der Gesetzentwurf eine parlamentarische Mehrheit findet, ist die Schallmauer zum Überwachungsstaat durchbrochen.[82]

Bisher war nur die Polizei zu solcher heimlichen Ermittlung befugt, und das auch nur mit richterlicher Erlaubnis; der Bürger konnte dagegen klagen. Ist das gewünschte Gesetz erst in Kraft, dann dürfen elektronische Späher und Lauscher einfach so in private Computer gepflanzt werden und jeden laufenden Informationsaustausch mitverfolgen. Sie werden dann auch auf Daten zugreifen können, die dort bereits gespeichert sind. Das soll zwar im geplanten Gesetz ausdrücklich nicht vorgesehen sein, wird aber die geheimen Schnüffler kaum bremsen. Eine parlamentarische Überwachung ihrer Aktivitäten ist angesichts deren Vielzahl und Komplexität sowieso ausgeschlossen.

»Es besteht die Gefahr, dass das Ausmaß der staatlichen Überwachung in der praktischen Anwendung das für eine Demokratie erträgliche Maß übersteigt«, warnte der Bundesdatenschutzbeauftragte Ulrich Kelber, SPD.[83] Das kümmerte die Große Koalition jedoch nicht die Bohne.

Entgegen dem Mehrheitswillen

Ignoriert wird, wie so oft und in vielen existenziellen Fragen unseres Gemeinwesens, die Mehrheitsmeinung der Bevölkerung: Durchschnittlich 59 Prozent der Teilnehmer an einer weltweiten Umfrage von Amnesty International sprachen sich gegen die Überwachung ihrer Internet- und Mobilfunknutzung durch staatliche Instanzen aus. Am größten ist die Ablehnung in Deutschland: 69 Prozent, mehr als zwei Drittel, sind dagegen.[84]

Alle von Konzerngiganten wie Google, Apple, Facebook & Co. gesammelten Daten sind den deutschen Geheimdiensten schon jetzt zugänglich, gegebenenfalls mithilfe der US-Spionage. Hinzu kommen alle Erkenntnisse, die sich unsere Geheimpolizei und die anderen Geheimdienste aus eigener Kompetenz, aber nicht immer legal verschaffen.

ARD-Tagesschau, ZDF-heute und Deutschlandradio informieren allenfalls marginal über das immer enger gezogene Überwachungsnetz. Dem »Trojaner«-Projekt widmete ARD-aktuell gerade mal drei Sätze.[85] Über Fingerabdruckspeicherung in der neuen Kennkarte (zugleich abgespeichert im Zentralregister der Einwohnermeldebehörde) fiel gar nur ein einziger Satz in einem Beitrag über den perfektionierten »Zehn-Jahres-Personalausweis«. Relativ umfangreich war zwar die Berichterstattung über die elektronische »Gesichtserkennung«, ausgesprochen kritische Positionen wurden dabei jedoch nicht bezogen.[86]

Der öffentlich-rechtliche Rundfunk übt keine demokratieschützende, kontrollierende »vierte Gewalt« im Staate aus, sondern dient sich ihm als desinformatives Gewaltinstrument an. Selbst für den Einsatz im privathäuslichen Raum.

Schnüffelstaat: Aversion und Akzeptanz

Die unkritische, konformistische Nachrichtenpraxis der öffentlich-rechtlichen Sender divergiert beim Thema Schnüffelstaat besonders krass mit dem Bürgerwillen: 61 Prozent der Deutschen sind besorgt, dass der Staat sie zu weitgehend überwacht. 49 Prozent befürchten, die Gefahr exzessiver staatlicher Überwachung werde weiter zunehmen.[87] Die Sorge vor übertriebener Kontrolle hat in der Corona-Krise zunächst etwas abgenommen. Anordnung und Überwachung behördlicher Hygienevorschriften wurden mehrheitlich nicht als Angriff auf individuelle Freiheit, sondern als zweckdienlich zum Schutz der Gesundheit erachtet. In einer Umfrage des Meinungsforschungsinstituts YouGov im Auftrag der Deutschen Presse-Agentur sagten im März 50 Prozent der Interviewten, sie hielten Ermittlung und Ortung der Kontaktpersonen von Infizierten anhand der Mobiltelefondaten für sinnvoll. Nur 38 Prozent fanden sie unangemessen, 12 Prozent machten keine Angaben.[88]

In einer neueren Meinungsumfrage kurz vor dem zweiten, milderen »Lockdown« hat die Gegnerschaft jedoch wieder zugenommen. Nur noch 37 Prozent der Bundesbürger wollten eine Pflicht zur Installation der Corona-Warn-App gutheißen. Eine deutliche Mehrheit von 58 Prozent lehnte eine solche Pflicht laut einer Forsa-Umfrage im Auftrag der RTL/n-tv-Redaktion hingegen ab.[89]

Vom wissenschaftlichen Standpunkt her wäre es folgerichtig, auch elektronische Überwachungsmittel zur Beendigung der gefährlichen Virus-Pandemie zu nutzen, meint (nicht nur) der Philosoph Julian Nida-Rümelin, Kulturstaatsminister a. D.[90] Also genau das, was die fernöstlichen Länder mit so überragendem Erfolg praktizierten, um Infektionsquellen zu ermitteln und Infektionsketten zu stoppen.

Begründbarer Verdacht

Nicht von ungefähr kommt der Verdacht, die Einschränkungen und Kontrollen dienten zu mehr als bloß der Verbesserung des Gesundheitsschutzes, nämlich zum Ausspähen in sachfremder, polizeistaatlicher Absicht.

Ein aktueller Vorgang bestärkt die Besorgnis: Vor dem Hintergrund der Terrorismus-Hysterie nach dem Anschlag auf die Zwillingstürme in New York anno 2001 hatte auch der deutsche Gesetzgeber umfassende Rechtsgrundlagen zur Herausgabe und Speicherung von personenbezogenen Informationen geschaffen, zum Beispiel zur Feststellung von mobilen Telefonnummern. Die entsprechenden Gesetze erweiterten bedingt die Erlaubnis zu staatlicher Überwachung und waren zudem nur befristet gültig. Jetzt allerdings fällt alle Zurückhaltung: Trotz schwerwiegender Bedenken der Sachverständigen wurden die Befristungen aufgehoben. Was damals nur mit Vorsicht und sparsam gehandhabt werden durfte, kann jetzt in aller Breite angewendet werden.[91]

Aufgabe der Medien – insbesondere der öffentlich-rechtlichen Rundfunkanstalten – wäre es, dieser hochproblematischen Entwicklung entgegenzutreten und ihre Protagonisten anzuprangern. Doch nichts dergleichen geschieht.

»Wir sind Deutschlands Nachrichtenmarke Nr. 1, und Sie haben einen Anspruch darauf, auf jedem Ausspielweg das beste Nachrichtenprodukt zu bekommen«[92], behauptet die Chefredaktion der ARD-aktuell. Dass sie es wagt, sich und ihre Mannschaft als Lieferant des »besten Nachrichtenprodukts« zu empfehlen, beweist ihren dringenden Bedarf an einem Impfstoff gegen Arroganz und Realitätsverlust.

Quellcode der Fehlentwicklung

ARD-aktuell verstößt mit seiner Nachrichtengestaltung permanent gegen die in den Staatsverträgen festgelegten Programmrichtlinien. Stichworte: Verpflichtung zur Objektivität, zur Vollständigkeit, zur Förderung des Friedens, zur Trennung von Nachricht und Meinung, zur Unparteilichkeit, zur Wahrung »anerkannter journalistischer Grundsätze«, zur Wahrhaftigkeit ... Wirksame Schritte gegen den normenverletzenden, gesetzwidrigen, agitatorisch- propagandistischen »Qualitätsjournalismus« werden jedoch nicht unternommen.

Dazu verpflichtet und dafür zuständig wäre unter anderem der Rundfunkrat des NDR, bestehend aus Mitgliedern »gesellschaftlich relevanter Gruppen«. Jahrelange Erfahrung mit diesen Mitgliedern (ein paar Ausnahmen bestätigen die Regel) zeigt jedoch, dass sie weder willens noch fähig sind, ihre Kontrollfunktion effektiv wahrzunehmen. Daran wird sich auf absehbare Zeit nichts Wesentliches ändern. In der gerade jetzt anstehenden Novellierung des NDR-Staatsvertrags – der NDR ist Veranstalter der Nachrichtensendungen der ARD-aktuell – sind zwar ein paar Verbesserungen vorgesehen: Die Sitzungen des Rundfunkrates werden öffentlich sein; die Amtszeiten von Intendanten und Gremienmitgliedern werden begrenzt; die Rechnungshöfe dürfen künftig auch das Finanzgebaren der kommerziellen NDR-Tochtergesellschaften prüfen, zum Beispiel das der »Studio Hamburg« GmbH. Am wichtigsten aber, an der fehlenden demokratischen Legitimation der Gremien, wird nichts verbessert. Welche Gruppe »gesellschaftlich relevant« ist und Entsenderechte in den Rundfunkrat erhält, wird weiterhin in den Staatskanzleien der Bundesländer ausgekungelt, zwischen Hamburg, Hannover, Kiel und Schwerin.

Auch in Zukunft wird kein Rundfunkrat in freier und allgemeiner Wahl bestellt. Parteien, Kirchen, Interessenverbände der Wirtschaft und der Gewerkschaften, Mini-Clubs wie die Vereinigung der Opfer des Stalinismus und die Umwelttruppe Robin Wood dürfen weiterhin ihre Laiendarsteller in die Rundfunkaufsichtsgremien entsenden. Dort schließen sie sich den »Freundeskreisen« von CDU-Nahen oder SPD-Orientierten an. Und daraus folgt, dass im Rundfunkrat statt demokratisch legitimierter Programmkontrolle konspirative Hochämter für parteipolitische Interessen stattfinden.

Damit steht fest, dass der NDR mit seinen Programmangeboten auch in Zukunft nicht gegen den Stachel löckt, sondern sich den Vorgaben unserer Parteien-Oligarchie anpasst. Peter Scholl-Latours Verdikt bleibt gültig: »Wir leben in einem Zeitalter der Massenverblödung, besonders der medialen Massenverblödung.«[93] Der große alte Mann des Journalismus wusste, wovon er sprach.

III Sagen, was ist

Damit der Journalist seine Aufgabe adäquat wahrnehmen kann, erscheint es unabdingbar, dass er seine Texte über Sachverhalte möglichst neutral und aus vielen Perspektiven verfasst. Dabei sollte er unvoreingenommen an die Sache herangehen und viele Blickwinkel und Meinungen anhören, ohne sie abschließend zu bewerten. Diese sind nicht selektiv auszuwählen, je nachdem, welche eigene Position der Autor vertritt. Also muss er gründlich und in alle Richtungen recherchieren, wobei die Verlässlichkeit, die Richtigkeit, aber auch die Tendenziösität der Quellen zu prüfen sind. Darüber hinaus ist ebenfalls eine Thematik kontextbezogen abzubilden, also ein Ereignis nicht nur für sich zu betrachten.

Es geht demzufolge grundsätzlich bei der journalistischen Arbeit darum, dem Publikum ein breit gefächertes Bild eines Sachverhalts widerzugeben, sodass sich der Leser/Zuhörer davon ein eigenes Bild machen kann, also zu »sagen, was ist und nicht wie es sein soll oder wie der Journalist es gerne hätte«.

Natürlich darf ein Journalist auch seine eigene Meinung haben, schließlich ist er gewissermaßen ebenfalls ein Adressat seiner Recherchen und sein erster Konsument. Wenn er aber seine Meinung dazu äußert, was ihm natürlich freisteht, muss das klar kenntlich gemacht werden und nicht mit der Berichterstattung verwoben sein.

Wie wir gleich bei einigen ausgewählten Beispielen aufzeigen, ist das im Journalismus immer weniger der Fall, und das vor allem im öffentlich-rechtlichen Rundfunk, der sich aber im Vergleich zu den anderen Medien wie Zeitungen noch am wenigsten der marktwirtschaftlichen Logik unterwerfen muss.

Massive Verstöße gegen die »anerkannten journalistischen Grundsätze« (eine Formulierung im Medienstaatsvertrag, der gesetzlichen Grundlage des öffentlich-rechtlichen Rundfunks) zeigt unser Artikel über die Berichterstattung der ARD betreffend den Konflikt zwischen Taiwan und der Volksrepublik China. Hier wurde eine Meldung einfach aufgebauscht und nicht geprüft, ob der Vorgang überhaupt eine Nachricht wert war. So ist der öffentlich-rechtliche Rundfunk kaum vom Boulevard-Journalismus zu unterscheiden.

Wie die Tagesschau gegen China hetzt

zuerst erschienen am 10.01.2021[5]

BILD-Zeitungs-Niveau statt eigener Recherche und seriöser Nachrichtengestaltung

Vergleichen wir mal eine ARD-aktuell-Leistung mit einem typischen BILD-Zeitungs-Angebot:»Verteidigungszone Taiwans / China provoziert mit Kampfjets«,[1] titelte die Internet-Seite Tagesschau.de am 3. Oktober. »China fliegt mit 39 Kampfjets über Taiwan«[2], behauptete das Berliner Käseblatt am selben Tag. Beide Alarmmeldungen bestanden hauptsächlich aus heißer Luft. Auch ARD-aktuell ist Wiederholungstäter: »China schickt Kampfjets Richtung Taiwan«[3], meldete die Redaktion fälschlich bereits am 16. Juni und befolgte am Samstag, 9. Oktober, ein Da Capo: »… hatte Peking mehrfach (sic!) dutzende Militärflugzeuge in den taiwanesischen Luftraum geschickt.«[4] Das kommt davon, wenn man sich ausschließlich auf transatlantisch genormte Nachrichtenagenturen wie Reuters und AP stützt, deren Quellenmaterial und die geografischen Daten nicht überprüft.

5   https://publikumskonferenz.de/blog/2021/10/10/wie-die-tagesschau-gegen-china-hetzt/

Dass die Herrschaften sich korrigieren, sich bei ihrem Publikum für ihre Fehlleistungen entschuldigen und dann auch andere als die US-hörigen Agenturen in ihr Redaktionssystem einspeisen, ist – wir wissen es längst – nicht zu erwarten. Es wäre geradezu revolutionär.

Bleiben wir also noch beim Zitieren aus den hier angesprochenen Falschnachrichten. Man muss sich den bösen Text schon mal auf der Netzhaut zergehen lassen und zumindest auszugsweise im Wortlaut lesen, was die Könner von ARD-aktuell und BILD sich dank Reuters- und AP-Dröhnung zurechtfantasierten.

Tagesschau.de: »**Erneut haben chinesische Kampfjets für Aufregung in Taiwan gesorgt. 39 Maschinen drangen nach taiwanischen Angaben in die Luftverteidigungszone ein** ... nahe den Pratas-Inseln ... teilte das Verteidigungsministerium in Taipeh mit. Es habe sich zumeist um Maschinen vom Typ J-17 und SU-30 gehandelt. Taiwanische Kampfflugzeuge seien in zwei Wellen aufgestiegen, um die chinesischen Flugzeuge zu vertreiben. Zudem seien Flugabwehrsysteme zur Überwachung aktiviert worden, so das Ministerium.«[5]

Was es mit den Pratas-Inseln, Taiwans »Luftverteidigungszone« und der Mitteilung des taiwanischen Ministeriums auf sich hat, klären wir gleich. Zunächst noch die Version des Springer-Blatts von der US-amerikanischen Propagandaplatte. BILD-Zeitung:

»Die Spannungen zwischen China und Taiwan verschärfen sich zusehends. Die Volksrepublik sieht den Inselstaat als Teil ihres Staatsgebiets, den es zurückzuerobern gilt. Und das mit aller Macht! Die chinesische Luftwaffe ist am Samstag mit Kampfflugzeugen wieder in den Luftraum Taiwans eingedrungen. Das taiwanische Verteidigungsministerium teilte mit, zuerst seien 20 chinesische Kampfflugzeuge in der Nähe der Pratas-Inseln aufgetaucht. ... Mit insgesamt 39 Kampfflugzeugen habe das Aufgebot an Maschinen die bisherige Höchstzahl vom Freitag noch übertroffen.«[6]

Ein erster Blick in den Atlas (der den ARD-aktuell-Redakteuren durchaus zuzumuten gewesen wäre): Die Pratas-Inseln – ihr chinesischer Name ist »Dong sha qun dao« und bedeutet »Östliche Sandinseln« – liegen im Südchinesischen Meer, südlich des chinesischen Festlands. Taiwan hingegen liegt östlich davon, im Ostchinesischen

Meer. Nicht nur der Tagesschau-Titel »China schickt Kampfjets Richtung Taiwan«[7] und erst recht die BILD-Schlagzeile »China fliegt mit 39 Kampfjets über Taiwan«[8] sind allein deshalb purer Unsinn. Die Pratas-Inseln sind vom chinesischen Festland gut 250 Kilometer entfernt, von Taiwan jedoch 400 Kilometer, wie man mittels Google Maps leicht nachmessen kann.[9] Der Zankapfel: Beijing beansprucht die Inselgruppe für sich, aber Taiwan übt nach wie vor die Kontrolle darüber aus[10] und unterhält eine Marinebasis mit Flugplatz auf dem winzigen, knapp zehn mal zehn Kilometer bedeckenden Atoll,[11] es hat einen Überwasser-Anteil von nur 1,7 Quadratkilometern, der Rest ist Lagune. Von rund 200 taiwanischen Marinesoldaten abgesehen ist das Atoll unbewohnt und für Zivilisten unzugänglich. Einen anderen als rein militärischen »Nutzen« hat es nicht. Die Unterhaltskosten des Stützpunkts stehen in keinem wirtschaftlichen Verhältnis zu seinem Gebrauchswert. Der liegt nur im politischen Prestige und in seiner strategisch interessanten Lage.

Kleiner feiner Unterschied

Was hat es nun mit »Taiwans Luftverteidigungszone« auf sich, deren Verletzung sowohl im Tagesschau-Text als auch in der *Bild* hervorgehoben wird? Beide Medienerzeugnisse berufen sich auf Mitteilungen des Verteidigungsministeriums in Taipeh.[12] Das darin verwendete Kürzel ADIZ steht für den englischen Begriff *Air Defense (and) Identification Zone*[13]. Nach üblichem Verständnis ist damit ein Luftraum gemeint, in dem sich alle, auch zivile Flugzeuge im Interesse der nationalen Sicherheit des fraglichen Landes orten und identifizieren lassen (sollen), und zwar lange bevor sie in dessen tatsächliches Hoheitsgebiet einfliegen. Eine ADIZ ist also meist wesentlich größer und keineswegs identisch mit dem völkerrechtlich konkret definierten Lufthoheitsraum über einem souveränen Staat.[14]

Das Konzept der ADIZ ist vielmehr recht willkürlich, in keinem internationalen Vertrag geregelt und wird von keinem internationalen Gremium verwaltet und angewandt.[15] Eine über das staatliche Hoheitsgebiet hinausreichende ADIZ dient auch lediglich dazu, der fraglichen Regierung mehr Zeit zu geben, auf die Annäherung möglicherweise feindlicher Flugzeuge zu reagieren. Nur einige, bei Weitem nicht alle Länder haben einseitig eine ADIZ deklariert und fordern jedes dort einfliegende Flugzeug auf, sich zu identifizieren. Diese Aufforderungen werden häufig und folgenlos ignoriert, weil hinter der unverbindlichen ADIZ kein einklagbares Hoheitsrecht steht. Üblicherweise überlappt eine ADIZ aber auch kein fremdes Hoheitsgebiet.

US-typisch großmäulig

Die ersten ADIZ wurden von den USA während des Koreakrieges und nach imperialistischer Manier deklariert.[16] Auch Taiwans ADIZ ist eine US-Schöpfung aus jener Epoche. Entsprechend herrschsüchtig und anmaßend fiel sie aus. Sie ragt weit ins chinesische Festland hinein, ins unbestreitbare Hoheitsgebiet der Volksrepublik China: in die Provinzen Fujian, Zhejiang und Jiangxi sowie in einen Teil des Ostchinesischen Meeres.[17] Nur ein Teil der ADIZ Taiwans umfasst dessen »Ausschließliche Wirtschaftszone«.[18] Selbst die steht völkerrechtlich infrage, weil Taiwan nun einmal kein international anerkannter und bei den UN als Mitglied vertretener Staat ist. Nur 19 Länder, alle von der Größenordnung Paraguay, Swasiland und drunter, unterhalten noch reguläre diplomatische Beziehungen zu Taipeh; der Vatikanstaat ist unter ihnen das einzige europäische Land.[19] Auch die USA nutzen Taiwan lediglich als handelspolitisch sowie geostrategisch bedeutenden Posten unmittelbar vor der Ostküste Chinas.[20]

Ungeniert zeigt das Ministerium in Taipeh mit einer Landkarte die Dreistigkeit seines ADIZ-Anspruchs auf Gebiete der Volksrepublik.[21]

Eine bezüglich der Grenzziehung identische Karte erscheint auch auf der Internetseite der neuseeländischen »Global Security«[22]. Sie weist ebenfalls die ADIZ Chinas, Südkoreas, Japans und Taiwans aus und zeigt, dass sich außer der südkoreanischen alle Zonen überschneiden, jedoch nur die taiwanische obendrein auf fremdes, nämlich das chinesische Hoheitsgebiet übergreift.[23]

Das taiwanische Verteidigungsministerium macht übrigens kein Hehl daraus, dass es die Überflüge der volksrepublikanischen Kampfjets über den Südwestzipfel seiner weitgezogenen ADIZ keineswegs für dramatisch oder gar für existenziell gefährlich hält; sie werden als lästig, aber im Wortsinne alltäglich betrachtet.[24] Am 1. Oktober, dem Nationalfeiertag der Volksrepublik China, gab es lediglich eine Extraportion dieser militärischen Übungsflüge über das Atoll.

Militärische Übungsflüge

Hätten sich unsere Qualitätsjournalisten die Mühe gemacht, erst einmal die Grundlagen der aufbauschenden Agenturmeldungen der kanadischen Thomson-Reuters »China begeht seinen Nationalfeiertag mit massiven Luftangriffen in der Nähe von Taiwan«[25] und der US-amerikanischen Associated Press »Spannungen durch verstärkte chinesische Flüge in der Nähe von Taiwan«[26] zu untersuchen, dann wäre ihnen die irreführende Zielsetzung dieser Propagandisten aufgefallen. Ob die Tagesschau-Größen dann darauf verzichtet hätten, den vergiftenden Unfug zu senden, ist leider eine andere Frage.

Nicht einmal das Verteidigungsministerium in Taipeh verstieg sich zu der Behauptung, VR-chinesische Kampfjets hätten den Lufthoheitsraum über Taiwan verletzt oder gar die Insel selbst angegriffen. Das anzudeuten blieb den Reuters- und AP-Hetzern vorbehalten. Sie verfälschten militärische Übungsflüge der VR China über das südliche Pratas-Atoll in einen Aggressionsakt auf den östlichen Nachbarn Taiwan. Und die Tagesschau betete die AgitProp-Texte nach.

Dazu musste das *begnadete* journalistische Fachpersonal allerdings die Augen schließen und das Denken gänzlich einstellen, denn Logik hätte nur gestört: Wenn wirklich chinesische Kampfjets in die Hoheitszone Taiwans eindrängen, würde dessen Flugabwehr mit dem Abschuss von Boden Luft Raketen reagieren. Die USA würden ihre nächstgelegene Flugzeugträgerflotte in Marsch setzen, der Krieg mit China würde beginnen. Von entsprechend substanzieller Verletzung des Luftraums über Taiwan konnte hier aber keine Rede sein. Nur von

»Luftaktivitäten in der südwestlichen ADIZ«[27]. Beim Pratas-Atoll also, gut 400 Kilometer von Taiwan entfernt.

Angemessen vorsichtig war denn auch die Mitteilung des taiwanischen Verteidigungsministeriums: Die eigenen Kampfflugzeuge seien aufgestiegen, Funkwarnungen geschickt und Luftabwehrraketen abschussbereit gemacht worden, »um die Aktivitäten zu überwachen« (engl. Originaltext: »… to monitor the activity«).[28] Dass die chinesischen Jagdbomber zum Abdrehen gezwungen worden seien, wie von der Tagesschau angedeutet,[29] wurde nicht behauptet. Es gab auch sonst keine Berichte über »gefährliche Annäherungen« oder gar von Warnschüssen. Solche irrigen Vorstellungen legten nur Reuters, AP und die Tagesschau nahe.

Blind für das Widersprüchliche

Bei halbwegs korrekter journalistischer Arbeitsweise wäre den ARD-aktuell-Redakteuren eine Besonderheit aufgefallen: Die AgitProp-Meldung »China marks national day with mass air incursion near Taiwan«[30] (»China begeht den Nationalfeiertag mit massenhaften Überflügen nahe Taiwans«, Übers. d. Verf.) erschien bei Thomson-Reuters am 1. Oktober um 1.30 Uhr (Ortszeit), wurde acht Stunden danach von AP übernommen und noch am Abend desselben Tages von der in Hongkong erscheinenden *South China Morning Post* gebracht. Hier unter dem Titel: »38 Chinese warplanes enter Taiwan's air defense zone«[31] (»38 chinesische Kampfflugzeuge dringen in Taiwans Luftverteidigungszone ein«, Übers. d. Verf.).

Zum Nachschmecken: Die *South China Morning Post* ist eine in Hongkong gedruckte und dort verbreitete Tageszeitung. Dass auch sie offensichtlich so viel Pressefreiheit genießt, einen reichlich Beijing-feindlichen AgitProp-Artikel US-amerikanischer und kanadischer Nachrichtenagenturen zu veröffentlichen, fiel unseren Könnern in der ARD-aktuell-Redaktion nicht als bemerkenswert auf, obwohl doch die Behauptung, Beijing unterdrücke die Pressefreiheit, zum transatlantisch-deutschen Glaubensbekenntnis gehört.

Steigbügelhalter

Wir Deutsche gut, Chinesen böse. Die USA postulieren das Feindbild China, und ihr Aberglaube soll sich auch bei uns wieder festsetzen und gepflegt werden, wie zu Kaiser Willems Zeiten. Dazu leisten die Meinungsmacher der Tagesschau verdienstvolle Beiträge. Nach Art des Hauses inzwischen schon auf demselben primitiven Niveau wie Springers journalistische Krawallbrüder. Die ARD-aktuell hat den Baerbocks, Habecks, Göring-Eckarts und Bütikofers die Steigbügel zum Regierungseintritt gehalten. Jetzt übernimmt sie in vorauseilendem Gehorsam der kommenden Koalitionsregierung gegenüber die grün-aggressive, chinafeindliche Schaumschlägerei in die Regelberichterstattung der Tagesschau.

Schon die abgewählte schwarz-rote Koalition konnte sich gegenüber Deutschlands wichtigstem Handelspartner China allerhand Maulheldentum erlauben, ohne eine distanziert-kritische Berichterstattung der Tagesschau fürchten zu müssen. Auf Anordnung der Verteidigungsministerin Kramp-Karrenbauer durchfuhr die Fregatte »Bayern« das Südchinesische Meer,[32] eine lachhafte maritime Aufschneiderei. Erklärtermaßen nahm die »Bayern« allerdings nicht, wie ursprünglich beabsichtigt, an dem dortigen US-geführten Dauer-Manöver »Operation Freiheit der Seefahrt« (»*Freedom of Navigation Operation, FONOP*«) teil.[33]

Von diesem Manöver einer riesigen multinationalen Flotte geht weit größere Gefahr für den Weltfrieden aus als von den paar chinesischen Demonstrationsflügen über den Pratas-Inseln. Dutzende, vorwiegend US-amerikanische und britische Kriegsschiffe toben sich im FONOP-Rahmen aus, weniger der »Freiheit der Seefahrt« wegen als vielmehr zwecks Provokation der Volksrepublik China.[34] Übrigens: Außenminister Maas hatte – man fasst es nicht – in Beijing anfragen lassen,[35] ob unsere Fregatte »Bayern« auch zu einem Hafenbesuch in Schanghai eingeladen werde (nach Vorbeimarschfahrt an Taiwan. Hasch mich, ich bin der Frühling). Uns' Heiko. Der größte Außenminister aller Zeiten. Bald ist auch er Geschichte.

Noch dümmer und schlimmer geht's aber immer – bei ARD-aktuell, *BILD-Zeitung* & Co.

* * *

Ein besonders eklatantes Beispiel, wie man Berichte am besten nicht schreiben sollte, haben wir in dem Artikel »Folter in Syrien unter US-Schirmherrschaft« beschrieben. Gerade der Krieg gegen Syrien wäre ein Ereignis, bei dessen Berichterstattung sich guter Journalismus beweisen könnte. Ein sehr komplexes Thema mit ethischen, humanitären, historischen, machtpolitischen, völkerrechtlichen und vielen tagesaktuellen Aspekten. Was wir aber darüber von der ARD erfahren, ist irgendwie anders: parteiisch, voreingenommen, unterkomplex, bewusst weglassend, anderslautende Stellungnahmen unterdrückend, verzerrend ...

Folter in Syrien unter US-Schirmherrschaft

zuerst erschienen am 17.01.2022[6]

Wer erinnert sich eigentlich noch an die Zeit, bevor Baschar al Assad in den Augen westlicher Staaten und ihrer Handlanger in Konzern-Presse und Rundfunkanstalten vom modernen Reformer zum »Schlächter von Damaskus« mutierte?[36]

Es war diese Zeit, als die Vorzeige-Syrien-Expertin Kristin Helberg noch wohlwollend über die »vorbildlichen« Reformanstrengungen der syrischen Staatsführung und die Vorzeigeprojekte berichtete, die in Syrien gemeinsam mit europäischen Unternehmen auf den Weg gebracht wurden. Als die EU im Rahmen ihrer strategischen und expansiven europäischen Nachbarschaftspolitik (ENP)[37] Assoziationsabkommen mit Ländern des südlichen und östlichen Mittelmeerraumes verabredete, glichen sich die jeweiligen Ziele wie

---

6   https://publikumskonferenz.de/blog/2022/01/17/folter-in-syrien-unter-us-schirm herrschaft/

ein Ei dem anderen: Integration des jeweiligen Nachbarlandes in die europäische Wirtschaftszone, also in den europäischen Binnenmarkt, komplette neoliberale Öffnung, Freihandel, bei gleichzeitiger Nichtmitgliedschaft und damit Nichtmitsprache in der Europäischen Union.

Auch das säkulare Syrien unter Assad war ein heißer Kandidat für ein solches Assoziationsabkommen mit der EU, das 2004 schlussendlich unterschriftsreif war, jedoch nie unterzeichnet wurde. Syrien befand sich bereits in der Verhandlungsphase unter enormem Druck seitens der sich seit 9/11 verstärkt auf dem Kriegspfad befindlichen USA, die Syrien faktisch in die »Achse des Bösen« integriert und damit als mögliches weiteres Angriffsziel im »Krieg gegen den Terror« markiert hatten. Deshalb sah Assad in dem Assoziationsabkommen trotz radikal-neoliberaler Knebelparagrafen eine Möglichkeit, seine Beziehungen zum Westen zu verbessern. Die ursprüngliche »Achse des Bösen« wurde in einer Rede des damaligen US-Präsidenten George W. Bush im Januar 2002 definiert und umfasste den Irak, Nordkorea und den Iran. Anfang Mai 2002 erweiterte der damalige Staatssekretär im Außenministerium, John Bolton, besagte Achse um Libyen, Syrien und Kuba und drohte diesen Ländern ebenfalls mit militärischen Angriffen.[38] Die Europäische Union verweigerte schließlich die Ratifizierung des Abkommens, nachdem Syrien beschuldigt worden war, an der Ermordung des ehemaligen libanesischen Ministerpräsidenten Rafiq al-Hariri am 14. Februar 2005 beteiligt gewesen zu sein.[39]

Nichtsdestotrotz setzte Assad seinen wirtschaftsliberalen Kurs fort und produzierte neben den aus europäischer Sicht mit Wohlwollen registrierten verbesserten Investitionsbedingungen – durch Mittel wie Subventionsabbau, Abschaffung der Preisbindung auf Bedarfsgüter et cetera – eben auch Verlierer in veritabler Anzahl innerhalb seines eigenen Volkes. Viele Initiatoren des Aufstandes waren Verlierer der westlich orientierten Reformpolitik Assads.[40] Trotz der Tatsache, dass sich Syrien auf einem – nach westlichen Maßstäben – »guten Weg« befand, schwenkte der Westen bald um auf einen tatkräftigen Anti-Assad-Kurs, in dessen Verlauf eine Militarisierung der Proteste einherging, während gleichzeitig eine Opposition unterstützt wurde, von der man sich »nach Assad« eine stringente Fortsetzung des neoliberalen, prowestlichen Kurses versprach.

Die sogenannten »Freunde Syriens«, zusammengesetzt aus etwa 70 Staaten, die sich für einen Regimewechsel in Syrien einsetzen, hatten sich als Ansprechpartner den vorwiegend aus Exilanten zusammengesetzten »Syrischen Nationalrat« (SNC) auserkoren. Die Leitfiguren des von den Muslimbrüdern dominierten SNC verfügten über hervorragende Kontakte zu US-Institutionen und entsprechenden Geldgebern. Bereits seit Januar 2012 bot die regierungsnahe deutsche Stiftung Wissenschaft und Politik (SWP) unter dem Namen »The day after: Supporting a democratic transition in Syria« zahlreichen Oppositionellen Raum und Mittel, um den Umsturz in Syrien sowohl logistisch und finanziell als auch mit Rat und Tat zu begleiten. Mit an Bord war das »US Institute for Peace«, ein Ableger des US-Außenministeriums. Alle Arbeiten gründeten auf der festen Überzeugung, dass Assad stürzen werde.

Die Tagesschau bemüht des Öfteren Vertreter der SWP (Markus Kaim, Volker Perthes, Guido Steinberg unter anderem) vor die Kamera, um dem Publikum die »aktuelle Lage in Syrien« aus »Expertensicht« einzuordnen. Aus Sicht des »Experten« Markus Kaim dürfe sich ein Desaster wie die deutsche Nicht-Beteiligung am Libyen-Krieg unter keinen Umständen in Syrien wiederholen.[41]

Die öffentlich kolportierte Befürwortung eines völkerrechtswidrigen Angriffskriegs (unzutreffend als Bürgerkrieg verbrämt) durch Regierungspersonal erreicht dank Tagesschau & Co. ein Millionenpublikum, wogegen die wesentlich brisantere, gegenläufige Einschätzung des Wissenschaftlichen Dienstes des Deutschen Bundestags kurzerhand unterschlagen und dem Publikum vorenthalten wird. So funktioniert Meinungsbildung aus dem Flaggschiff der deutschen Nachrichtengebung.

Gegen die neuerliche Nachrichten-Entstellung in den Tagesthemen protestierten wir einmal mehr beim NDR-Rundfunkrat. Folgenlos natürlich, wie schon so viele Male zuvor:

Programmbeschwerde / Tagesthemen   13.01.2022

https://www.tagesschau.de/multimedia/sendung/tt-8763.html

Die Anmoderation des Aufmachers der Tagesthemen-Sendung enthält mehrere grobe Verstöße gegen Programmauftrag und Programmgrundsätze des NDR-Staatsvertrags sowie des allgemeinen Medienstaatsvertrags. Sie wirft grundsätzliche Fragen auf.

Caren-Miosga-Wortlaut (Hervorhebungen d. Verf.):

»… Heute erging in Deutschland ein Urteil, das diese Welt ein wenig gerechter macht. **Diktatoren** [sic!] wie Syriens **Machthaber** [sic!] Assad sind immer noch an der Macht. Ihre Verbrechen können dennoch gesühnt werden. Die Fotos dieser Verschollenen erinnern daran. Im syrischen **Bürgerkrieg** [sic!] sollen fast 15 000 Menschen zu Tode gefoltert worden sein, 100 000 gelten als vermisst. Das Weltrechtsprinzip macht es möglich. Egal, wo auf der Welt **Verbrechen gegen die Menschlichkeit** [sic!] begangen werden: Sie können aufgeklärt und die **Täter vor** [sic!] **einem Gericht bestraft** werden. Das ist jetzt in Deutschland zum ersten Mal geschehen.«

Auch für die Anmoderation einer Nachricht gelten die »anerkannten journalistischen Grundsätze« (§ 8, Abs. [2], NDR-Staatsvertrag): Verpflichtend sind bekanntlich Sachlichkeit, weltanschauliche Unabhängigkeit und so weiter und so fort. Nachrichten und Anmoderation sollen beim Einordnen der Informationen helfen und dazu beitragen, dass der Zuschauer sich ein fundiertes eigenständiges Urteil bilden kann. Versuche, ihn zur Unterstützung der »*Regime change*«-Politik des West-Imperiums zu agitieren, sind hingegen in den Staatsverträgen nicht vorgesehen.

Foltern im Auftrag des Westens

Zwingend hätte daher in diesen Moderationstext die Grundinformation gehört, dass Syriens Baschir al Assad bis zum Beginn des

US-gesteuerten und -finanzierten Umsturzversuchs[42] terroristischer Insurgenten und angeheuerter ausländischer Söldner im Jahr 2011 – fälschlich: Bürgerkrieg[43] – ein Liebling des Westens war. Er wurde als Reformer belobigt,[44] weil er die Ein-Parteien-Diktatur seines Vaters Hafiz al Assad beendete, demokratische Parlamentswahlen herbeiführte und sein Land dem westlichen Einfluss öffnete.

Bis zu jenem Zeitpunkt wurde Baschir al Assad auch deshalb geschätzt, weil er gut bezahlte Aufträge der US-Geheimdienste (vorwiegend CIA, aber auch NSA und DIA) annahm und deren Gefangene in seinen Kerkern foltern ließ.[45]

Zum Verständnis des Zuschauers hätten Tagesschau und Tagesthemen darüber informieren müssen, dass die USA quasi die Schirmherrschaft über Assads Folterpraxis hatten und ihren Vorteil daraus zogen. Es wäre hilfreich gewesen – Namen sind Nachrichten! –, ausdrücklich zu erwähnen, dass sich kriminelle Sadisten wie der vormalige US-Vizepräsident »Dick« Cheney und der inzwischen gestorbene US-Kriegsminister Donald Rumsfeld (mit Billigung ihres Präsidenten George W. Bush[46]) höchstselbst der Mitwirkung Assads beim Totquälen ihrer Opfer versicherten. Sie wagten nicht, sich innerhalb der USA auszutoben, und hatten deshalb ein weitgespanntes Netz für geheime Gefangenen-Transportflüge – »*extraordinary rendition*« – eingerichtet.[47]

Deutsche Komplizen

Zur Vollständigkeit der Moderation/Nachricht hätten Einlassungen darüber gehört, dass der deutsche Bundesnachrichtendienst, BND, seinerzeit Beamte nach Damaskus entsandte, die an den Folterungen passiv beteiligt waren und über ihre Erfahrungen nach Deutschland berichteten.[48] Wahrscheinliche Mitwisser waren auch Beamte des Verfassungsschutzes, BfV, sowie des Bundeskriminalamtes, BKA.[49]

Vor diesem Hintergrund rechtfertigt es sich nicht, Deutschland als Avantgarde einer weltumspannenden justiziellen Redlichkeit herauszustreichen (Miosga: »Weltrecht ... heute in Deutschland erstmals ...«). Nicht mal indirekt. Unvertretbar ist das schon deshalb, weil der seinerzeitige Innenminister Wolfgang Schäuble, CDU, sich ausdrücklich dazu bekannte, aus Folter gewonnene »Erkenntnisse« im Rahmen seiner ministeriellen Befugnisse auszuwerten.[50]

Der deutsche »Verfassungsminister« setzte sich damit ideell über unser Grundgesetz und über die Ächtung der Folter seitens der Vereinten Nationen hinweg. Weder erinnerte ihn Kanzlerin Merkel an deutsche Staatsräson noch erwies sich die Tagesschau seinerzeit als öffentliche Kontroll- und Protestinstanz.

Auf weitere Hindernisse für deutsche Selbstgerechtigkeit, zum Beispiel die schäbige Rolle des vormaligen Kanzleramtsministers und heutigen Bundespräsidenten Frank-Walter Steinmeier (Affären: Kurnaz! Zammar! el Masri!) sowie auf deutsche Gleichgültigkeit gegenüber der US-Foltertradition (Guantanamo, zahlreiche »Black Sites«, unter anderem in Deutschland, Polen, Italien, Rumänien, Afghanistan) soll hier gar nicht erst im Detail eingegangen werden.

Man mag zu Herrn Baschir al Assad stehen, wie man will; man mag seine Wiederwahl unter Kriegs- und sonstigen einschränkenden Bedingungen[51] für undemokratisch und fingiert halten und seine Amtsführung für kriminell: Er ist gegenwärtig der Einzige, der seinem Land ein multireligiöses und multiethnisches Zusammenleben dank laizistischer Regierungspraxis ermöglicht und das auch beibehalten will – im Unterschied zu dem islamistischen Terroristen-Geschmeiß, das ihn unter Oberhoheit der USA und ihrer Vasallen ersetzen soll.

Im Umsturzfalle würde dieses Pack ein neuerliches Blutbad unter den Minderheiten in Syrien anrichten und das Land in einen islamistischen Gottesstaat verwandeln – der Allgemeinen Menschenrechts-Charta zum Hohn. Aus ebendiesem Grund »stehen noch viele Syrer hinter Assad«[52]. Auch seine Rehabilitation in der arabischen Welt hat längst begonnen.[53] Ohne ihn ist eine friedliche Lösung in und für Syrien auf absehbare Zeit nicht denkbar.[54]

Moderierte Desinformation

Das alles hätte eine gute, einordnende Anmoderation berücksichtigt – und Entsprechendes hätten eine Barbara Dickmann oder ein Hanns-Joachim Friedrichs geboten, und zwar in astreinem Deutsch. Frau Miosga beschränkt sich hingegen grundsätzlich auf die Vorwegnahme (in anderen Worten) dessen, was in der anschließenden Filmreportage noch mal kommt.

Laut Staatsvertrag sollen die Nachrichtensendungen der ARD-aktuell »zur Völkerverständigung beitragen«. Den Auftrag verfehlen Tagesschau und Tagesthemen gründlich, weil sie die transatlantische Hetzpropaganda assoziierend in ihre Moderationstexte, Reportagen, Nachrichten und Kommentare übernehmen. TS und TT liefern besonders üble Tendenzberichterstattung, wenn Informationen über Syrien und damit in Zusammenhang Stehendes gegeben werden sollen. (Nachrichten über die massenmörderische Wirkung der völkerrechtswidrigen deutschen (EU-)Sanktionen sowie die Finanzierung von Weißhelm- und anderen Terroristen in Syrien verschweigt ARD-aktuell grundsätzlich).

Qualitätsjournalismus

Dass Frau Miosga eine Meisterin der kruden Vergleiche, verhunzten Sprachbilder und verkorksten Sätze ist, soll hier nur der Vollständigkeit halber noch angemerkt werden. Dergleichen Qualität ist eben ein Nachweis dafür, dass das Peter-Prinzip[55] auch in der redaktionellen Hierarchie der ARD-aktuell gilt.

Man hat der Moderatorin wohl beigebracht, kurze Sätze zu formulieren zwecks besserer Verständlichkeit. Das kriegt sie auch hin, und wie! Ihr zufolge werden »die Täter **vor** Gericht **bestraft**«.

Das ist neu. Bisher wurden mutmaßliche Täter hierzulande **vor** Gericht **gestellt** und **von** selbigem zu einer Strafe verurteilt. **Bestraft** wurden sie erst in einem nachfolgenden Akt, in den extra dafür vorgesehenen Vollzugsanstalten. Sprachliche Genauigkeit setzt gedankliche Genauigkeit voraus, und bekanntlich gibt nur ein Schelm mehr, als er hat.

Dass Frau Miosga die Formel »Verbrechen gegen die Menschlichkeit« verwendet, rundet den Gesamteindruck von ihren knapp neun Zeilen Kappes ab. Zum wiederholten Mal sei daran erinnert: Das gemeinte Verbrechen wurde erstmals (nach der Befreiung Deutschlands von der NS-Diktatur und unmittelbar vor Beginn der Nürnberger Prozesse) im Jahr 1946 zu einem gesonderten, eigenständigen Straftatbestand gemacht: in englischer/amerikanischer Sprache als »crime against humanity«, auf Französisch »crimes contre l'humanité« und auf Russisch »Преступления против человечества«. Das rechtfertigt es aber nicht, diese Nomenklatur der Weltkrieg-II-Alliierten wörtlich und in deshalb versautes Deutsch zu übersetzen – und dessen langjähriger Gebrauch wiederum rechtfertigt nicht, bei der sinnwidrigen Gewohnheit zu bleiben.

In unserer Sprache, nach unserem Verständnis werden Verbrechen eben nicht »gegen« jemanden (respektive »gegen« etwas) begangen beziehungsweise verübt, sondern »an« jemandem. Für die mehrdeutigen fremdsprachigen »humanity«, »l'humanité« und »Человечество« stehen im Deutschen zwei Wörter mit sehr unterschiedlicher Bedeutung: »Menschheit« (real) und »Menschlichkeit« (ideell). Weil man gemäß deutschem Denken ein Verbrechen an Menschen verüben kann, nicht aber gegen ein Ideal, muss es im hier besprochenen Fall selbstverständlich »Verbrechen an der Menschheit« heißen.

Moderatorinnen und Moderatoren, die ihren Kopf außer zur Haarpflege auch zum Denken verwenden, wissen das alles selbstverständlich.

Der NDR-Rundfunkrat ist dazu da, die Erfüllung des Programmauftrags und die Beachtung der Programmgrundsätze sowie der Programmrichtlinien zu überwachen und gegebenenfalls durchzusetzen. Er sollte die sich häufenden audiovisuellen Angriffe der ARD-aktuell auf die intellektuelle Integrität ihres Publikums endlich stoppen und ihre als Nachrichtensendung getarnte Kränkung des gesunden Menschenverstands unterbinden. Die ARD-aktuell-»Verbrechen gegen die Menschlichkeit« sind Weiße Folter.[56] Die ist aber in Deutschland verboten.

Höflich grüßen

Friedhelm Klinkhammer, Volker Bräutigam

* * *

Ursula von der Leyen ist zweifelsohne eine der schillerndsten politischen Figuren in Deutschland und Europa. Bei den epochalen Themen – Corona und Ukraine-Krieg – spielte sie natürlich eine herausragende Rolle, dies aber gewiss nicht im besten Sinne. Da müsste man als Journalist doch das Bedürfnis haben, nachzuforschen und zu beschreiben, wer denn diese Frau von der Leyen eigentlich ist ... aber weit gefehlt. Von ihren Verstrickungen und Verfehlungen wird kaum berichtet, dafür aber über ein Pony ...

Die Tiefschattenseite der EU-Sonnenkönigin von der Leyen

zuerst erschienen am 29.01.2023 [7]

Ukronazi-Freundin. Kriegstreiberin. An die Spitze gehievt, nicht gewählt. Eine westeuropäische Groteske

Ursula von der Leyen, Präsidentin der EU-Kommission, ohne Charisma und mit Spitznamen (in Deutschland) »Flinten-Uschi«, ist unheilbar »krank«. Das Kriegsfieber hat sie gepackt, ein bösartiges Symptom der russophoben Hirnhautreizung. Gegen die politische Enzephalitis gibt es keine Therapie. Zur Begrenzung der Ansteckungsgefahr wären Amtsenthebung und strikte Quarantäne erforderlich. Könnte Westeuropas Bevölkerung direkt wählen, wäre das möglich. Die EU laboriert aber nun an einer US-affinen Kommissionspräsidentin, die das höchste westeuropäische Amt gerne zur Verfolgung Washingtoner und persönlicher Anliegen missbraucht. Ein Musterfall von ideeller (und materieller?) Ruchlosigkeit.

Als Vorspeise eine kleine, nur leicht anrüchige Geschichte, kennzeichnend Madame. Sie besitzt neben anderen Immobilien ein herrschaftliches Landgut im niedersächsischen Beinhorn bei Celle. Es ist mit standesgemäßer Viecherei ausgestattet, ein Pony gehörte einst auch dazu. Jetzt nicht mehr, denn im September wurde das arme Luxustier von einem Wolf gerissen.[57] Der Böse treibt seit Langem sein Unwesen in der Region. Wölfe stehen jedoch unter Naturschutz.

Uns' Uschi setzte alle Hebel in Bewegung. Zuvorderst eine veterinäramtliche DNA-Untersuchung am privaten Pony zwecks Feststellung der »Täterschaft«. Mündend in die Einschaltung »ihrer« EU-Kommission: »Ich habe die Dienststellen der Kommission angewiesen, eine eingehende Analyse der Daten durchzuführen.«[58]

---

7   https://publikumskonferenz.de/blog/2023/01/29/die-tiefschattenseite-der-eu-sonnenkoenigin-v-d-leyen/

»L'État, c'est moi!«, »Der Staat, das bin ich!«, behauptete der französische Sonnenkönig Ludwig XIV. So auch das selbstherrliche Auftreten von der Leyens: *Europa, das bin ich!* Die EU-Kommission habe »angesichts der steigenden Zahl von Wolfsrudeln in Deutschland und Europa« zu prüfen, ob der Status für die bislang streng geschützten Wölfe gelockert und die Tiere zügiger zum Abschuss freigegeben werden könnten.

Fürsorge für alle Weidetierhalter – oder bloß das persönliche, emotionale Verlangen nach Genugtuung für den schmerzlichen Verlust? »Die ganze Familie ist fürchterlich mitgenommen«[59], hatte von der Leyen nach dem Tod des Ponys bekundet. Da musste natürlich die EU-Kommission ran, es trauerten ja nicht Hinz und Kunz. Klar?

Auf einem anderen Blatt

Weniger mitgenommen zeigt sich vdL, wenn ukrainische Menschenleben gewaltsam, oft auf grauenhafte Weise, beendet werden. Dann kann »Flintenuschi« schon mal perverses Wohlgefallen äußern.

»Es ist beeindruckend, wie sie unsere Werte verteidigen, mit allem, was sie haben, bis zu ihrem Leben«,[60] schwärmte sie über ihre ukrainischen Neonazi-Freunde in Kiew. 100 000 ukrainische Soldaten seien nach ihren Angaben bereits gefallen,[61] eine Äußerung, die sie wegen der Verärgerung des Selenskyj-Regimes sogleich zurücknahm und in der schriftlichen EU-Veröffentlichung löschen ließ.[62] Gleichviel, inzwischen gibt es ohnehin Expertenaussagen über weit höhere Zahlen von ukrainischen Gefallenen: »… derzeit 150 000, und es ist klar, dass ihre Bestände an Artillerierohren, Granaten und gepanzerten Fahrzeugen weitgehend erschöpft sind.«[63]

Ohnehin ungenannt blieben die bisher 6 630 getöteten und 10 577 verletzten Zivilisten[64] – und die unbekannte Zahl der russischen Gefallenen.

Kommissionspräsidentin von der Leyen ist Bannerträgerin der transatlantischen Drahtzieher und Kriegsgewinnler, die kurz nach Beginn der »Schlacht« die Ukrainer von eigenständigen Friedensverhandlungen abgebracht und das Motto ausgegeben hatten:»Kämpfen bis zum letzten Ukrainer.«Ihre grausamen Menschenopfer dienen nicht der Freiheit einer demokratischen Ukraine (von Freiheit und Demokratie kann dort ohnehin keine Rede sein). Es passt in den Rahmen des propagandistischen Feindbildes, das diese Plutokraten-Dynastie und ihre politischen Erfüllungsgehilfen brauchen, um von inneren Schwierigkeiten ihres Herrschaftssystems und seinem Demokratiedefizit abzulenken.[65]

Die Kriegsfurie

Ursula von der Leyen:»Unsere unerschütterliche Unterstützung für die Ukraine wird nicht nachlassen ...«[66]

Panzerlieferungen inklusive.[67]

Kein Wort darüber, wie dieser Krieg am Verhandlungstisch beendet werden könnte. Unter der stahlhelmgleichen Betonfrisur ist kein Platz für Nachdenklichkeit und Suche nach friedlichen Lösungen. Mögen doch weiterhin Menschen verrecken, solange nur andere, vorzugsweise die aus von der Leyens gesellschaftlicher Klasse, sich daran dumm und dämlich verdienen.

Notabene: Der EU-Außenbeauftragte Borell gab die Tageslosung aus:»Wir werden der Ukraine bis zum Sieg helfen.«[68]

Verlogen und voller Demagogie unterstützen diese Figuren den Krieg:»Die Ukrainer verteidigten nicht nur ihr Land, sondern auch die Grundprinzipien der Charta der Vereinten Nationen, der Grundrechte und des Völkerrechts.«[69]

Klar doch. Wenn die Ukrainer das nicht machten, stünde»der Russe« an der Atlantikküste und hätte längst alle westeuropäischen Frauen zwischen 13 und 73 vergewaltigt. Auf dieser Linie agitieren ganz wie einst die deutschen Monopolmedien, voran der öffentlich-rechtliche Bezahlrundfunk und die Büchsenspanner von ARD-aktuell:

»Wenn Deutschland will, dass dieser Freiheitskampf erfolgreich bleibt, dann muss es jetzt – abgestimmt mit den Bündnispartnern – schneller schweres Gerät liefern. Und eben auch: Kampfpanzer.«[70]

Freiheit ist eben immer die Freiheit der Gleichgeschalteten, das hat die Journaille verinnerlicht. Das Flaschenlager der ARD in Hamburg-Lokstedt bildet keine Ausnahme.

Vorgeblich will vdL das dem EU-Steuerzahler abgenommene Geld »gegen Korruption und für den Aufbau von Rechtsstaatlichkeit«[71] in der Ukraine einsetzen, genauer: es zur Stabilisierung des bis ins Mark korrupten Staates und seines dito Präsidenten Selenskyj veruntreuen. Es handelt sich demnächst um einen Gesamtbetrag von 18 Milliarden Euro. Dass ausgerechnet von der Leyen das Wort »Korruption« in den Mund nehmen kann, ohne dass bei ihr der Blitz einschlägt, beweist: Es gibt keine Gerechtigkeit, weder im Himmel noch auf Erden.

Bevor sie dank Angela Merkels Mogeleien mit Unterstützung von Ungarns Viktor Orbán aus Berlin nach Brüssel wegbefördert wurde, hatte vdL als Verteidigungsministerin unter schwerem Korruptionsverdacht gestanden. Ihre Gegenstrategie: Totalamnesie und Löschung aller verräterischen Daten auf ihrem Diensttelefon.

Uschis Sündenregister

2016 wurde bekannt, dass der Konzern McKinsey auf Veranlassung der Ministerin mit Beraterverträgen in Millionenhöhe gesalbt worden war, ohne vorherige Prüfung der Wirtschaftlichkeit, fallweise sogar ohne Ausschreibung.[72] Die Rede war von 208 Millionen Euro.[73] Typisch für von der Leyens unseriösen Stil: Sie machte die vormalige McKinsey-Managerin Katrin Suder zu ihrer Staatssekretärin.[74]

David von der Leyen, ältester Sohn der EU-Chefin, war von 2015 bis 2019 als Associate der McKinsey & Company am Gewinn des Unternehmens beteiligt.[75] Behauptet wird, dass der 36-jährige Sprössling nun über ein persönliches Vermögen von drei Millionen Euro verfügte.[76] *Mamma mia.*

Obwohl die Verstöße bei Vergabe der Beraterverträge erwiesen sind, blieb von der Leyen ungeschoren. Auch seitens der ARD-aktuell. Fatalistischer Tagesschau-Text: »Eins steht fest: Die Daten sind futsch.«[77]

Trotz der mutmaßlich kriminellen Datenlöschung[78] gingen die ARD-aktuell-Regierungsfunker nicht auf kritische Distanz. Was Wunder.

Der Apfel fällt nicht weit vom Pferde

Europas Gesicht und Stimme? Armes Europa. Ursula von der Leyen dagegen stammt aus vermögendem, einflussreichem Elternhaus. Es hat sie nachhaltig geprägt. Vater Ernst Albrecht war lange Zeit Niedersachsens Ministerpräsident, berüchtigter Lobbyist der Einführung kommerzieller Medien,[79] eifernder Unterstützer einer Zerschlagung der seinerzeitigen Drei-Länder-Anstalt Norddeutscher Rundfunk, Befürworter von staatlicher Folter[80] und schweigender Mitwisser des Sprengstoffanschlags auf das Celler Gefängnis im Jahr 1978, ein vom Verfassungsschutz selbst als vorgeblicher RAF-Terrorakt inszeniertes Verbrechen.[81]

Einfluss und Vermögen ihres Vaters erlaubten es dem Töchterlein, wiederholt das Studienfach zu wechseln und schließlich als »Langzeitstudentin« nach elf Jahren ein Medizinstudium zu beenden, das sie später mit einer wissenschaftlich anspruchslosen, dürftige 62 Seiten umfassenden und zu 43,5 Prozent abgeschriebenen Doktorarbeit »krönte«. Obwohl die Universität die Plagiate bestätigte, beließ sie der einflussreichen Abschreiberin den Doktortitel. Fadenscheinige Begründung des Uni-Senats: Die Plagiate seien nur ein »minderschwerer Fall«.[82] Der Namensgeber der Universität Hannover, Gottfried Wilhelm Leibniz[83], dürfte seither im Grab rotieren.

Reden wir lieber über die ungeahndeten Geldskandale der in den Hochadel eingeheirateten »Flintenuschi«.

Alle von der EU eingesammelten Gelder für den weltweiten Kampf gegen Covid-19 – wir reden von 9,8 Milliarden Euro – gingen an Bill Gates beziehungsweise an Organisationen seines Einflussbereichs;[84] eine überzeugende Begründung dafür fehlt.

Die EU hat allein bei BioNTech-Pfizer mindestens 2,4 Milliarden Dosen Impfstoff gekauft.[85] Der Preis wird offiziell nicht genannt, doch gibt es Hinweise: 20 Dollar pro Dosis,[86] insgesamt demnach 48 Milliarden

Euro. Den Deal hat von der Leyen in persönlichen SMS mit Pfizer-Chef Albert Bourla eingefädelt.[87]

Das EU-Parlament verlangte Einsichtnahme in diesen SMS-Verkehr. Kaltschnäuzig erklärte von der Leyens Behörde jedoch, solche digitalen Dokumente würden nicht archiviert.[88] Inzwischen liegt der Fall bei der EU-Staatsanwaltschaft.[89] Doch keiner ihrer Ermittler dürfte der Präsidentin wirklich heftig auf die Zehen steigen und sie zwingen können, ihre gezinkten Karten auf den Tisch zu legen.

Politisch unverwundbar

Der Fall ist noch nicht abgeschlossen, aber auch dieser Kelch wird an der First Lady vorübergehen. Das Meinungsoligopol, Tagesschau & Co. inbegriffen, berichtet eh nur halbherzig über den skandalös kriminellen Vorgang. Anders die bewussten, kritischen Medien. Sie informierten umfassend.[90] Aber eine Deutungshoheit wie der Mainstream haben sie eben nicht. Das wird systematisch verhindert, sie werden verfassungswidriger Zensur unterworfen.[91] Mit steuerrechtlichen Tricks schikaniert,[92] administrativ unter Druck gesetzt[93] und von Staats wegen ausgespäht.[94] So wird die breite Öffentlichkeit an einer freien, eigenständigen Meinungsbildung gehindert.

Ursula von der Leyen muss keine kritische Kontrolle seitens ARD-aktuell und des restlichen öffentlich-rechtlichen Rundfunks fürchten. Sie ist bestens vernetzt mit den Mächtigen dieser Welt. Der Atlantic Council zeichnete sie anno 2021 aus.[95] Beim Milliardärs-Geheimclub der »Bilderberger«[96] und beim Weltwirtschaftsforum WEF[97] ist sie begehrter Gast.

Der Arzt und Mikrobiologe Peter Piot ist ihr Duzfreund. Seit Beginn der Corona-Pandemie auch ihr Berater, der nach ihren Worten »... bei globalen Gesundheitsthemen alle relevanten Stakeholder kennt – die meisten persönlich. Sein Netzwerk von Wissenschaftlern bis hin zu Politikern, von den Chefs großer Pharmakonzerne bis hin zu führenden NGO-Aktivisten sucht seinesgleichen. Das macht seine Ratschläge für die Politik besonders wertvoll.«[98]

Verständlich (aber trotzdem ihre Informationspflicht verletzend) ist, dass sich die Mainstream-Journaille mit Einflussreichen von solchem Kaliber nicht anlegt. Das ist karrieredienlicher.

Bezeichnend für von der Leyens Empfänglichkeit ist ihre Brüsseler »Umbauaffäre«:[99] Für die Präsidentin war im zentralen Verwaltungsgebäude der Brüsseler Behörde ein luxuriöser Wohnschlafraum mit Bad hergerichtet worden, Kosten: 72 000 Euro. Für eine private Unterkunft in Brüssel stehen einer Präsidentin 4 185 Euro monatliche Zulage zu. »Großmütig« verzichtete von der Leyen mit Blick auf ihren amtlichen Wohnschlafraum auf 1 500 Euro und streicht »nur« 2 685 Euro Zulage zu ihrem knappen Salär von über 30 000 Euro ein.

Dieser Frau ist nichts zu peinlich. Auch nicht die Inanspruchnahme eines Privatjets zur Bewältigung eines Katzensprungs von nur 50 Kilometern.[100]

Madame sitzt im Glashaus und wirft trotzdem mit Steinen. Über die neueste Korruptionsaffäre im EU-Parlament klagte sie im Deutschlandfunk-Interview scheinheilig, es sei »... unendlich schmerzhaft, dass einige Abgeordnete sich offensichtlich mit krimineller Energie korrumpieren ließen«.[101]

Dass ein DLF-Journalist zu von der Leyens offensichtlicher Schamlosigkeit nichts anmerkte, versteht sich von selbst. Wegschauen können ist Befähigungsnachweis für Hofberichterstatter des beitragsfinanzierten Rundfunks.

Ein Kübel Gift

Das DLF-Gespräch hatte es in jeder Hinsicht »in sich«. Ein ordentlicher Happen Russenhass war auch dabei: »Putin hat versucht, uns brutal zu erpressen auf dem Thema Energie.«[102]

Beim »minderschweren Fall« von Betrugsversuch mit einer abgekupferten Doktorarbeit verlor von der Leyen nur ihre Ehre und beschädigte das Ansehen eines Uni-Senats. Als EU-Kommissionspräsidentin den russischen Präsidenten fälschlich der »Erpressung« zu bezichtigen, schadet hingegen Millionen EU-Bürgern. Darauf, dass jetzt aus Russland kein Gas mehr kommt, hatten es von der Leyen und EU-Kommission bereits vor zwei Jahren angelegt. Es passte ihnen nicht, dass Putin günstige und langfristige Lieferverträge anbot, was zu Preisrückgängen auf dem Gas-Markt geführt hatte.[103]

Die EU-Führung plante ein Verbot langfristiger Verträge mit Russland.[104] Putin warnte:»Wir haben mit … der Europäischen Kommission gesprochen, und alle ihre Aktivitäten zielten darauf ab, die sogenannten langfristigen Verträge auslaufen zu lassen. Es ging ihr um den Übergang zum Spot-Gashandel. Und wie sich heute herausgestellt hat, ist es offensichtlich, dass diese Praxis ein Fehler ist.«[105]

Die EU-Führung aber wollte die russische Gazprom unbedingt drücken und westlichen Gasanbietern Marktanteile zuschustern. Die Gazprom hatte es seit zwei Jahren kommen sehen.[106] Dass die EU-Politik auf dem Spotmarkt wahre Mondpreise für Flüssiggas aus USA[107] einbringen würde, war marktzwangsläufig.

Russland bot trotz aller Spannungen weiter langfristige, günstige Lieferverträge an. Ungarn nutzte die Chance.[108] Das passte der EU natürlich nicht.[109] Das Angebot widerlegte von der Leyens giftige Behauptung, Putin manipuliere und erpresse. EU-Präsidentin von der Leyen will damit verschleiern, dass ihre vollkommen missratene Energiepolitik uferlose Schäden verursacht und bezichtigt deshalb Putin:»Die Preise sind natürlich durch diese Manipulation von Putin exorbitant gestiegen, waren im August am höchsten Punkt. Heute sind sie über 80 Prozent gefallen, im Vergleich zum August.« [110]

Methode:»Haltet den Dieb!«

Der Einkaufspreis für Gas ist zwar gefallen, aber die Nachlässe werden nicht weitergegeben. Der Verbraucherpreis im Vorjahr, mit 25 Cent auf absolutem Höchststand, liegt jetzt bei 14 Cent, noch immer um 100 Prozent über dem Vorkriegsniveau von 7 Cent.[111]

»Unfähig und ein bisschen kriminell«

Ein Fazit. Gleichgültig, ob es ihre persönlichen Machenschaften, die Führung ihrer Amtsgeschäfte oder externe politische Vorgänge betrifft, Frau von der Leyen lügt wie gedruckt, wenn es ihr und ihrer politischen und persönlichen Corona in den Kram passt. Der Journalist, Satiriker und EU-Parlamentarier Martin Sonneborn knöpfte sich die Präsidentin gründlich vor:

»Als Sie Ihren Dienst hier antraten, dachte ich, Sie seien lediglich unfähig und ein bisschen kriminell. Inzwischen weiß ich, dass Sie auch beeindruckend moralfrei sind. An den Außengrenzen sterben täglich Flüchtlinge, Fracking-Gas und Atomkraft sind nachhaltig, und Sie löschen Ihre SMS zu den Milliarden-Zahlungen an Pfizer. Mir fällt zur EU nichts mehr ein. Außer: Wir sollten Europa nicht den Leyen überlassen!«[112]

Stimmt.

Ursula von der Leyen und ihre Gesinnungsfreunde repräsentieren den transatlantischen Ungeist, seine tragische, auszehrende Wirkung auf die gute Substanz und die Zukunft des Alten Europa. Diese Albtraum-EU-Präsidentin, mitverantwortlich für die Verlängerung des Ukraine-Krieges, gäbe es nicht [113] – wahrscheinlich auch das ganze undemokratische, pompöse, aggressive, scheußliche EU-Konstrukt nicht –, wenn die Völker Westeuropas nach transparenten Meinungsbildungsprozessen, frei vom Einfluss der USA, in direkter Wahl über ihr Schicksal hätten entscheiden dürfen. [114] So darf und wird es auf Dauer nicht bleiben.

* * *

Ähnlich zahm wie mit von der Leyen gehen die Öffentlich-Rechtlichen mit Habeck und Baerbock um. Dabei wäre über sie so viel zu sagen und es lägen auch viele fundierte Kritiken vor ... nur wahrgenommen werden sie nicht. Anstatt darüber zu informieren, welche fatalen Auswirkungen die Politik dieser Grünen hat, bietet man ihnen eine Bühne. Von Vetternwirtschaft oder Inkompetenz ist dort natürlich keine Rede.

NATO-oliv-Habeck wird Deutschland ruinieren

zuerst erschienen am 15.05.2022[8]

Der untauglichste Wirtschaftsminister aller Zeiten erweist sich nur als »nützlicher Idiot« der USA – und treibt Deutschland in die Armut

»Ich will Sie nicht vergackeiern«, schleimt Robert Habeck vor 100 Raffinerie-Arbeitern im brandenburgischen Schwedt. Beflissen berichtet die Tagesschau,[115] wie der Grüne Minister für Wirtschaft und Umweltschutz hier einen auf ehrliche Haut macht. Selbstverständlich – wir leben schließlich in einer Informationsdiktatur – schweigt sich die wichtigste TV-Nachrichtensendung der Republik jedoch darüber aus, dass Habeck im Auftrag des »Paten« in Washington das Gegenteil von dem tut, was er sagt: Er verkauft seine Zuhörer für dumm. Er drängt die deutsche Wirtschaft in den Abgrund. Von charakterlosen Journalisten hochgejubelt, besticht der »Superminister« leider nur mit fachlicher Ahnungslosigkeit und großer Klappe. Ein anonym gebliebener Parteifreund:»Er hält sich für Gottes Geschenk an die Menschheit.«[116] Ja dann …! Dann ist unser reicher und mächtiger Wohlfahrtsstaat wohl bald beim Teufel.

Der ehemalige Schweizer Geheimdienstoffizier und NATO-Berater Jacques Baud erachtet regierende Politiker vom Schlage Habecks als ein in Kriegszeiten schwerwiegendes Problem des »Wertewestens«: »… ich glaube, an dem Beispiel der Ukrainekrise sieht man, dass die europäische Führungsebene nicht besser ist als das, was wir in den USA haben. Wahrscheinlich eher noch schlimmer … dass wir Leute haben, die ohne jede Grundlage Entscheidungen treffen, und das ist extrem gefährlich.«[117]

Tagesschau-Journalismus und Ehrgefühl schließen sich mittlerweile aus. Die ARD-aktuell-Redakteure bringen Gossen-Propaganda. Andere

---

8   https://publikumskonferenz.de/blog/2022/05/13/nato-oliv-habeck-wird-deutschland-ruinieren/

Blickrichtungen aufs Weltgeschehen als die Washington und Berlin genehmen werden nicht geduldet. Daher unser Begriff »Informations-diktatur«. Nicht Experten wie Baud kommen zu Wort, auch kein Willy Wimmer (CDU), vormals Staatssekretär im Kabinett Kohl: »Erreicht wurde zugunsten der USA eine Reduzierung des EU-Potenzials als Konkurrenz, vor allem bei Deutschland, das verarmen wird.«[118]

Auch die Altersweisheit eines Klaus von Dohnanyi schafft es nicht in die Tagesschau-Nachrichten: »Für Kriege gibt es immer Geld … Alles begann Ende Dezember 2013 mit dem Besuch der US-Außenpolitike-rin Victoria Nuland auf dem Maidan in Kiew. Damit drohte der Ukraine das Schicksal von Jugoslawien, Irak, Libyen, Syrien, Afghanistan: blu-tige Machtergreifung, Zerstörung, Krieg.«[119]

Jederzeit hingegen finden faschistoide Russenhasser und Kriegshet-zer wie der ukrainische Botschafter Andrij Melnyk mediale Aufmerk-samkeit, eine Knallcharge, die wegen ihrer gülletriefenden Beschimp-fung deutscher Politiker[120] längst hätte heimgeschickt werden müssen. Die Tagesschau wittert Gemeinsamkeiten und hält ihm eilends das Mikrofon hin. In der verworrenen Gedankenwelt dieser Marktschreier wird gegen alle Erfahrung und Vernunft argumentiert und gehandelt. Die andere Seite, die Vladimir Putins oder Gerhard Schröders, sind zu entmenschlichen und zu beseitigen. Weil »Russland diesen Krieg nicht gewinnen darf«. Ein Naturgesetz? Wo steht das geschrieben? In den Programmrichtlinien der öffentlich-rechtlichen-Rundfunkanstalten jedenfalls nicht.

Ethikfreie Gesinnungstäter

Habeck, Baerbock, Strack-Zimmermann und Kanzler Scholz liefern sich einen Wettstreit um die dümmste und gefährlichste politische Aufwartung. Sie versuchen, Deutschland im Auftrag Washingtons zumindest ökonomisch Selbstmord begehen zu lassen. Dem Mario-netten-Regime in Kiew Waffen zur Verlängerung des Krieges liefern ist okay, Öl und Gas aus Russland kaufen ist nicht okay. Nach diesem neudeutschen Glaubenssatz gelten weder ukrainische Menschenleben etwas noch die vitalen Interessen der deutschen Bevölkerung.[121] Von der friedenspolitischen Tradition, keine Rüstungsgüter in Spannungsgebiete zu liefern, schon gar nicht an Kriegsparteien, haben wir uns zu verabschieden. Habeck und Konsorten wollen es so. Das »Geschenk Gottes an die Menschheit« sagt unverblümt, was seine ethikfreie Sache ist:

»Mit den Waffen, die auch ich, Robert Habeck, in die Ukraine geschickt habe, werden also höchstwahrscheinlich Menschen getötet. Die Entscheidung war trotzdem, gemessen an den Alternativen, notwendig.«[122]

Seit Kindesbeinen haben wir gelernt, dass Konflikte nicht mit Schlägereien gelöst werden. Habeck aber behauptet, Töten sei »notwendig«. Der Gedanke, dass es sich bei den meisten Getöteten um »befreundete« und längst erschöpfte ukrainische Soldaten handelt,[123] bewegt ihn offenbar nicht. Parole: Weitersterben! Und wie es ohne Gas und Öl aus Russland in Deutschland weitergehen soll, muss er uns auch nicht verraten, wo er doch selbst keinen blassen Schimmer davon hat.[124]

Habeck, der NATO-oliv-Grüne, zeigt sich immerhin leidensfähig: Er meint, nicht ins Gehör, sondern in eine rückwärtige, weiter südlich gelegene Körperöffnung seines amerikanischen Kriegsherrn hineinkriechen zu müssen. Tief! Tiefer! Das kommentiert er bei einem USA-Besuch so: »… Je stärker Deutschland dient, umso größer ist seine Rolle.«[125]

Und wenn der Dienst in servilen Kriegsdienst entartet, dann findet Habeck das eben alternativlos. Mitte März hatte er noch erklärt: »Wir können nicht in einen Krieg mit Russland ziehen. Wir können keinen Dritten Weltkrieg riskieren.«[126]

Anfang Mai dann seine verbale Volte: »Ich habe keine Angst vor einem Dritten Weltkrieg.«[127]

Wir glauben ihm. Angst vor dem Weltkrieg wäre ein Nachweis von Intelligenz und Empathie. Man möchte auf den Einwurf seines Parteigenossen Fischer zurückgreifen: »Mit Verlaub, Sie sind ein …« Habeck ist ein unappetitlicher Aufschneider, unfähig, durchdachte und verantwortungsbewusste Entscheidungen in angespannten Krisenzeiten zu fällen. Der Dritte Weltkrieg – Schlachtfeld Mitteleuropa – wäre eine Menschheitskatastrophe. Sogar US-amerikanische Experten warnen in ihren Analysen des Ukraine-Konflikts: »USA und NATO haben … in großem Maße dazu beigetragen, eine Krise auszulösen … die zum Dritten Weltkrieg führen könnte. Das wäre das Ende der Welt, wie wir sie kennen. Und wenn die Menschen nicht anfangen, sich auch der Diplomatie zu bedienen, werden wir in den Dritten Weltkrieg stolpern …«[128]

Habeck und seine Grünen-Entourage propagieren statt Frieden die Eskalation der Gewalt, gegen die Interessen breiter Teile der Bevölkerung.

Fatale Fehlbesetzung

Habeck, der waffenschiebende US-Lakai, ist auch als »Superminister« fatal. Er wollte partout das Doppelamt eines Wirtschafts- und Klimaschutz-Ministers – und hat sich übernommen. Maulheldentum, fehlende ökonomische Kompetenz, Mangel an selbstkritischem Bewusstsein plus Vetterleswirtschaft prägen seinen Regierungsstil. Kaum im Amt, versorgte er zum Beispiel seine Kumpel mit lukrativen Pöstchen. Typisch dafür: die Schwippschwager-Affäre »Graichen/Kellner«.[129]

Kurz vor der Bundestagswahl 2021 sagte Habeck zur ungewöhnlichen Inflationsrate von damals immerhin schon 4,1 Prozent: »Die Preissteigerungen liegen im Rahmen des Erwartbaren.«[130]

Als soziale Gegenmaßnahme versprach Habeck eine »sofortige« Erhöhung des Mindestlohnes und eine Erhöhung der Hartz-IV-Regelsätze mit einem Sofortzuschlag von 100 Euro.[131] Das war vor der Wahl. Nach der Wahl reichte es nur noch für eine mickrige Mindestlohn-Erhöhung um 1,25 auf 12 Euro, jedoch erst ab Oktober 2022; die Hartz-IV-Regelsätze dagegen blieben unverändert.

Die Ärmsten der Gesellschaft leiden aber am meisten unter der Inflation. Die beträgt durchschnittlich bereits 7,5 Prozent, bei Lebensmitteln 8,6 Prozent und bei Energie sogar 35,3 Prozent.[132] Sozialhilfe-Empfänger sollen zwar eine Einmalzahlung von 200 Euro bekommen, allerdings erst am 1. Juli. Aufs Jahr gerechnet sind das monatlich nur rund 17 Euro. Damit lässt sich nicht einmal die Hälfte der Preissteigerungen für Lebensmittel auffangen, der Preisauftrieb geht aber weiter.

Schon jetzt muss der Sozialhilfebezieher mit fünf Euro täglich für drei Mahlzeiten auskommen.[133]

Dazu schweigt der werte Wirtschaftsminister Habeck. Es macht halt mehr Spaß, im gepanzerten First-Class-Dienstwagen zu Aufschneider-Partys zu gondeln, als sich um Bedürftige zu kümmern.[134] »Ich schwöre, dass ich meine Kraft dem Wohle des deutschen Volkes widmen, seinen Nutzen mehren (und) Schaden von ihm wenden … werde.«

Auch Habeck hat zu diesem Spruch die Hand gehoben. Der Amtseid hat allerdings nur deklamatorischen Wert. Ihn zu brechen, ist nicht strafbar.[135]

Die EU hat bisher 770 Sanktionen über Russland verfügt, die USA mehr als 1 000.[136] Für einen erklecklichen Teil hat auch Habeck gestimmt. Als Folge dieses Sanktionsregimes werden wir gigantische volkswirtschaftliche Schäden hinnehmen müssen. Habeck stört das nicht. »Es ist viel Mühe darauf verwendet worden, die Sanktionen so zu formatieren, dass sie möglichst scharf in Russland wirkten und möglichst wenig die deutsche Wirtschaft treffen … ein gewisser Schaden wird natürlich immer bleiben«,[137] tönte er am 23. Februar 2022.

Zweieinhalb Monate später sehen wir, was aus den großmäuligen Ansagen geworden ist. Russland zeigt sich von den Sanktionen unbeeindruckt, der Rubel hat an Wert gewonnen. Die russische Wirtschaft wird nicht »ruiniert« (Baerbock), sie wird vielmehr zielstrebig konvertiert und auf eine Zukunft außerhalb des schrumpfenden Einflussbereichs der USA ausgerichtet. Hingegen ist mehr als ein Drittel der ukrainischen Infrastruktur bereits zerstört (Brücken, Eisenbahnlinien, Straßen, Tanklager); der Wiederaufbau des Staates wird mindestens 600 Milliarden Euro kosten. Nicht die ukrainischen Oligarchen werden diese Unsumme aufbringen, sondern die EU soll/will dafür einstehen[138], konkret: hauptsächlich der deutsche Steuerzahler.

Massenflucht und Folgekosten

Der grüne Doppelminister Habeck lag mit seiner Einschätzung von Anbeginn daneben: Es bleibt nicht nur bei einem »gewissen Schaden für uns«, sondern wir steuern auf eine Katastrophe zu. In der Ukraine hat bereits fast ein Drittel der Erwerbstätigen ihre Arbeitsplätze verloren.[139] Fünf Millionen Ukrainer sind schon geflüchtet, 600 000 nach Deutschland. Die Zahlen werden steigen. Und sie steigen, je länger sich der Krieg dank der westlichen Waffenlieferungen und Milliardengeschenke noch hinzieht.

Eine Schätzung der Kosten für die Grundversorgung aller geflüchteten Ukrainer beläuft sich auf 30 Milliarden US-Dollar pro Jahr. Für Deutschland werden circa 3 Milliarden Euro erwartet. Die Bundesländer rechnen allerdings bereits mit 10 Milliarden Euro.[140] Das Ende ist damit noch längst nicht erreicht. Wegen des Bruchs einiger Lieferketten und des Wegfalls wichtiger Rohstoffe aus Russland sowie wegen der drastischen Kostensteigerungen für Energie werden Stützungsmaßnahmen unumgänglich: mindestens 100 Milliarden Euro, wenn nicht reihenweise Unternehmen pleite und Hunderttausende Arbeitsplätze verloren gehen sollen.

Was fällt dem fürs wirtschaftliche Wohlergehen zuständigen Superminister Habeck dazu ein?

Dieses:»Wir werden uns aber natürlich selbst schaden. Das ist ja völlig klar. **Der Sinn von Sanktionen ist, dass eine Gesellschaft, in diesem Fall die europäische Gesellschaft, Lasten trägt.** Die Wirtschaft, die Verbraucher, die Konsumenten. Alle werden einen Beitrag leisten müssen.«[141]

»Ja da legst di nieder und stehst nimmer auf«, sagt der Bayer. Das kommt davon, wenn man Grüne wählt und zu Ministern macht. Schauen wir mal, was Habeck zu den Sanktionsfolgen noch zu sagen wusste:»Richtig ist selbstverständlich, dass höhere Verbraucherpreise und gerade auch höhere Preise an der Zapfsäule die Menschen sehr unterschiedlich belasten. Menschen, die weniger Geld haben, werden proportional stärker belastet, es sei denn, man gleicht das politisch aus.«[142]

Tja. *Es sei denn.* Es war bloß bisher nicht. Die Kraftstoff-Preise sind um weitere 70 Prozent gestiegen. Für»politischen Ausgleich« zu sorgen hatte Herr Minister leider noch keine Zeit. Zu regeln wären im Schnitt 700 Euro Mehrkosten pro Haushalt.[143] Vorgesehen ist zwar eine einmalige Energiekosten-Hilfe von 300 Euro für Arbeitnehmer, die soll aber versteuert werden. Leer ausgehen werden die Rentner, obwohl sie mehrheitlich – Stichwort »Altersarmut« – eine Energiekosten-Unterstützung besonders dringend bräuchten. Bomben und Panzer für die Ukraine haben demgegenüber Vorrang. Man kann halt nicht alles auf einmal finanzieren.

Viele Mitmenschen heizen ihre Wohnungen noch mit Öl und sind überhaupt nicht in der Lage, von jetzt auf gleich auf Wärmepumpe umzustellen. Für einen Vier-Personen-Haushalt und bescheidene 2000 Liter Ölverbrauch entstehen jährlich schon jetzt weitere Mehrkosten von 2000 Euro, Tendenz rasant steigend. Kommt das von Habeck und Baerbock unterstützte Ölembargo der EU gegen Russland tatsächlich zustande, dann werden die Preise geradezu explodieren.

Dabei ist es erst wenige Wochen her, dass Habeck die Idee mit dem Ölembargo noch überhaupt nicht witzig fand. Sein Durchblick reichte allerdings nicht weit. Der EU-Boykott von russischem Öl könne bewirken, »dass die europäische Wirtschaft wankt, richtig eine schwere Rezession erleidet, und wir damit die anderen Sanktionen gar nicht mehr durchhalten können«.[144]

Schwere soziale Schäden einer Rezession? Egal. Aber wegen »richtig schwerer Rezession« die Sanktionspolitik gegen Russland nicht mehr durchhalten können, das geht gar nicht. Ist der Mann noch bei Trost?

Seine Besorgnis, die EU würde nach einem Schuss ins eigene Knie Russland nicht mehr richtig triezen können, hat Habeck inzwischen überwunden. Auch er ist jetzt für den EU-Ölboykott. Und das, obwohl er weiß, dass trotz der drastischen Verteuerung des Öls der Gaspreis weiter daran gekoppelt bleibt, sich Gas also ebenfalls exorbitant verteuert und dann Matthäi am Letzten ist. Und obwohl er wissen müsste, dass Russland aufgrund des EU-Boykotts zwar etwas weniger Öl exportieren wird, dafür aber höhere Preise verlangen kann. Russland dürfte laut dem US-Informationsdienstleister Bloomberg schon jetzt sogar Rekordeinnahmen mit seinen reduzierten Energieexporten erzielen.[145] Ein echtes »Win-Win« für Moskau, wie der gebildete Ostfriese sagt. Das russische Öl ist nicht per EU-Boykott aus dem Markt zu werfen:

»Es ist unmöglich, die Herkunft von Rohöl, einschließlich des russischen, zu identifizieren, wenn es anderswo raffiniert und als ein Produkt aus diesem Land weiterverkauft wird«, sagte Shell-Chef Ben van Beurden.[146] Träumt der Grüne Habeck also nur den Traum seiner Parteifreunde weiter,[147] mittels einschneidender Verteuerung des Ölpreises den CO_2-Ausstoß zugunsten des Klimaschutzes zu verringern? Träumt er das unter der Daunendecke »Freiheit für die Ukraine«?

Mach 'nen Diener, Robert

»Bückling für Deutschland« machen, das kann er. Im Golf-Scheichtum Katar suchte Habeck nach teurem Flüssiggas als Ersatz für das wesentlich billigere und ökologisch bessere »Russengas« aus der Pipeline. Vor dem Emir Al Thani, einem Sklavenhalter und Menschenrechtsverächter der Extraklasse, machte er einen so tiefen Diener, dass sein Kopf fast auf Ebene des Hinterns lag. Der Videoclip mit dieser Szene ist eine arge Peinlichkeit. Doch auf die ARD-aktuell war Verlass: Sie zeigte nicht die originalen Zappelbilder, sondern nur eine überarbeite Version, in der Habeck dem allmächtigen Herrscher noch aufs Kinn sieht und nicht schon auf die Füße.[148]

Aus der »Energiepartnerschaft« zwischen Katar und Deutschland wird wahrscheinlich aber nichts, der gewünschte Vertragsabschluss droht zu platzen.[149] Habeck kann seinen Tunnelblick weiterhin auf das Null-Gas-/Null-Öl-/Null-Kohle-Ziel richten. Bis es erreicht ist, will er die deutsche Energielücke mit dem teureren, schmutzigeren und kalorienärmeren Fracking-Gas aus den USA füllen lassen: »Alle Schritte, die wir gehen, verlangen eine enorme gemeinsame Kraftanstrengung aller Akteure und sie bedeuten auch Kosten, die sowohl die Wirtschaft wie auch die Verbraucher spüren. Aber sie sind notwendig, wenn wir nicht länger von Russland erpressbar sein wollen.«[150]

Das freut den Ami. Denn für den wollen wir gerne erpressbar sein. Der importierte im April eine Extraportion russisches Öl[151] und freut sich darüber, wie stumpfsinnig die Berliner Polit-Mollusken ihm trotzdem parieren und selber Sanktionsdisziplin wahren.

Russland ist jetzt auch auf den Geschmack gekommen, sanktioniert nun seinerseits deutsche Gasversorger und schickt kein Gas mehr durch Polen nach Deutschland.[152] Wir brauchen füglich neue Gaslieferverträge, und die werden garantiert noch teurer als alle bisherigen. Durchhalteminister Habeck hat's geschnallt: »Damit diese Preise erbracht werden können, braucht es finanzielle Garantien, und die werden wir geben.«

Schön, schön. Bloß, dass man Gas mit Geld bezahlt und nicht mit Garantien. Neuerdings in Rubel, weil die Russen nicht noch einmal ihre Auslandskonten beklauen lassen wollen. Habeck-Minister gibt es in Moskau nämlich nicht. Solche Typen sitzen dort höchstens in der Poststelle.

* * *

Früher wurden die ARD und vor allem ihr NDR und ihr WDR als Rotfunk angegriffen. Da war noch keine Rede von den Interessen und (Bio-Schnaps-)Ideen der hippen Upper-Class, und an bizarre Sprach- und Filmverbote dachte noch kein Mensch. Damals wurden vielmehr klassische soziale Themen wie Armut und Rente kritisch beleuchtet. Nicht fundamentalkritisch, aber immerhin ... Heute nicht mehr, heute wird *geraffelhüschelt!*

ARD-aktuell, die Armut und die Zukunftsangst

zuerst erschienen am 23.10.2021 [9]

Politiker und Journalisten täuschen die Öffentlichkeit / Blick auf Ampel-Leuchten und Pöstchenjäger

Langsam, aber stetig geht es abwärts. Jeder, der nicht mit einem goldenen Löffel im Mund geboren wurde (oder aus weniger harm-

---

9 https://publikumskonferenz.de/blog/2021/10/23/politiker-und-journalisten-taeuschen-die-oeffentlichkeit-blick-auf-ampel-leuchten-und-poestchenjaeger/

losen Gründen zur Millionärskaste gehört), spürt es schon: Inflationäre Preisentwicklung für Waren und Dienstleistungen des Alltagsbedarfs lassen unsere materiellen Lebensgrundlagen erodieren. Der Trend zur Altersarmut nimmt zu, das Gefälle zwischen Arm und Reich wird immer krasser. Unser Gemeinwesen passt damit vorzüglich in die »Westliche Wertegemeinschaft«. Dass deren »Werte« börsennotiert sind, versteht sich von selbst.

Der Problemkreis »Soziales« steht zwar weit oben auf Platz drei im Katalog der wichtigsten Informationsbedürfnisse des Bundesbürgers.[153] Die Tagesschau geht trotzdem nur luschig mit dessen Sorgen um, ohne jegliches Engagement. Das lässt sich auf ihrer Internetseite per Suchfunktion mit dem Stichwort »Lebenshaltungskosten« beispielhaft ablesen.[154] Selbst mäßig anspruchsvolle Kabarettsendungen sind diesbezüglich informativer als die Angebote der ARD-aktuell: »Obst ist 15,1 Prozent teurer geworden. Der Lebensmittel-Tagessatz für Hartz-IV-Empfänger beträgt 5,07 Euro. Ab 2022 gibt es 0,76 Prozent mehr Hartz – bei fast 5 Prozent Inflationsrate. Finden Sie den Fehler!«[155]

Beschlossen sind von Januar 2022 an monatlich drei (!) Euro mehr für die Ärmsten unter uns.[156] Die nächste Erhöhung soll zwei Jahre später kommen. Das Hartz-IV-Geld wird aber von der kommenden Regierungsmehrheit vielleicht schon vorher in ein »Bürgergeld« umgewandelt. Auf dieser Wassersuppe werden letztlich zwar nicht mehr Fettaugen schwimmen. Jedoch lässt sie sich unter dem neuen Namen besser als soziale Wohltat ausgeben. Er klingt fast so schön wie die Behauptung, Kanzler-Anwärter Scholz habe eine schneeweiße Weste, Lindner sei sozial gesinnt und Annalena habe mehr intellektuellen Anspruch, als den Baerbock der Woche zu schießen.

»Inflationsrate fünf Prozent« ist keine satirische Übertreibung. Der Rücktritt des Bundesbankpräsidenten Jens Weidmann wird als böses Vorzeichen einer erheblich größeren Geldentwertung erachtet.[157] Nur hat die Tagesschau das bisher nicht aufgegriffen.

Es stimmt, noch rangiert das Thema »Corona« im Informationsbedürfnis der Bürger höher als die Sozialdaten. Allerdings wird es von ARD-aktuell nur mit schwerer Schlagseite abgehandelt. Da wird gegen

Impfgegner zu Felde gezogen, als seien die ernstlich eine gesellschaftliche Gefahr. Entsprechend stark die regierungshörige Wortwahl gegen Kritik am Impfprogramm: »Fake News«, »Verschwörungstheoretiker«, »Angstmacher«, »Rechtsextreme« und so weiter. Die miese Form der Meinungsmache kommt bei der ARD auch noch im Gewand seriöser Erkenntnissuche daher, als Tagesschau-»Faktenfinder«.[158]

Absurde Schieflage

Andere Themen, die das tatsächliche Interesse der Bevölkerungsmehrheit und ihre Lage betreffen, werden entsprechend vernachlässigt oder nur verkürzt behandelt. Somit werden sie systematisch der öffentlichen Aufmerksamkeit und der notwendigen gesellschaftlichen Debatte entzogen – als böten Grafiken über faule Covid-19-Inzidenz-Statistiken einen tauglichen Ersatz für umfassende Informationen über die angegriffenen Standards unseres Sozialstaats. Die Schieflage des Diskurses ist geradezu absurd.

Gebetsmühlenartig wird in den Tagesschau-Börsenberichten behauptet, die gegenwärtige Inflation sei wahrscheinlich nur vorübergehend, im kommenden Jahr werde sich alles wieder aufs gewohnt niedrige Maß einpendeln. Wer's glaubt … In Verbindung mit fortschreitender Armut, Mini-Renten, Wohnungsnot, Mietpreisexplosion, statistisch absichtlich ignorierter Arbeitslosigkeit und gravierenden Strukturveränderungen auf dem Arbeitsmarkt[159] erzeugt die Preissteigerung Unsicherheit und Zukunftsängste.[160] Diese Problematik endlich und gemäß mehrheitlichem Zuschauerbedürfnis ins Zentrum informativer Berichterstattung zu stellen hieße für die Tagesschau jedoch, sich mit den politischen und wirtschaftlichen Entscheidungsträgern anzulegen. Mit den »Eliten« der Politik und den Geld-Mächtigen unserer »freien Marktwirtschaft«. Die wünschen keine Schlaglichter auf die Trümmerhaufen des einstigen Wohlfahrtsstaates. Es gilt das Bild von den blühenden Landschaften, basta.

Sozialkritische, aufklärerische Informationsarbeit will und schafft die ARD-aktuell nicht (mehr). Die nach wie vor wichtigste deutsche

Nachrichtenredaktion ist meilenweit davon entfernt, sich – auftragsgemäß – als Anwalt der Öffentlichkeit gegenüber Politik und Wirtschaft zu verstehen. Vor einem Dreivierteljahrhundert forderte der BBC-Journalist Hugh Carleton Greene von den deutschen Nachkriegs-Journalisten noch Aufklärungsarbeit, Zivilcourage und Respektlosigkeit gegenüber den Regierenden:»Glaubt nie, was sie sagen!«[161]

Dieses grundsätzliche journalistische Konzept ist dem kollektiven Gedächtnis jedoch längst entwunden. An Greene, den von der britischen Militärregierung eingesetzten ersten Generaldirektor des Nordwestdeutschen Rundfunks, NWDR, erinnert heute nur noch der Straßenname an der Einfahrt zum Gelände des NDR-Fernsehens in Hamburg-Lokstedt. Dort liegen auch die Büros und Studios der Tagesschau.

Postenjäger statt Sachwalter

Dass ARD-aktuell nichts, aber auch gar nichts von Greenes Empfehlungen befolgt, zeigte sich kürzlich wieder in den Nachrichten über die Sondierungsgespräche der »Ampel«-Leuchten, obszön unverhüllt: Die Möchtegern-Koalitionäre hatten sich während ihrer Posten-Pirsch auch über die Rentensicherung ausgetauscht. Auf ihrem antisozialen Propaganda-Niveau rapportierte die ARD-aktuell:

»So wie es ist, kann es nicht bleiben – in Anlehnung an einen Wahlkampfslogan der FDP könnte man das über die Rente sagen ... Denn die Bevölkerungsentwicklung ist eindeutig: Wegen der steigenden Lebenserwartung wird die Finanzierung der gesetzlichen Rentenversicherung immer schwieriger ...«[162]

Dass über andere Beitragsmodelle zur Finanzierung der gesetzlichen Rente (beispielsweise ohne Beitragsbemessungsgrenzen und unter Berücksichtigung aller Einkünfte, nicht bloß der Arbeitseinkommen) offenkundig überhaupt nicht diskutiert worden war, wurde verschwiegen. Die ARD-aktuell-Journalisten bliesen lieber gleich in das Horn derjenigen, denen gleichgültig ist, dass Millionen Mitmenschen kein sozial abgesichertes Leben im Alter führen können.

Unsere Spitzenjournalisten konfrontieren die politischen Rosstäuscher und Trickser nicht mit gegenläufigen Rentenkonzepten, auch nicht mit solchen, die sich im europäischen Ausland als erfolgreich erwiesen haben. Sie plappern nur den einfallslosen Spruch nach, dass künftig immer weniger junge Arbeitnehmer immer mehr und älter werdende Rentner zu finanzieren hätten und die öffentlichen Kassen mit dem Sozialausgleich bald überfordert seien. Damit rechtfertigen sie indirekt die Beutetour, auf der sich die Renten-Privatisierer gerade wieder befinden.

Der Publizist Albrecht Müller, zu Regierungszeiten Willy Brandts und Helmut Schmidts Leiter des Planungsstabes in Bundeskanzleramt und heute Herausgeber der NachDenkSeiten, hat kürzlich zu den fälschlichen und desinformativen Verlautbarungen angemerkt:

»Nichts von den Behauptungen zur demografischen Entwicklung und zur Altersvorsorge ist wahr. Sie haben sich allein deshalb durchgesetzt, weil sie ständig wiederholt werden und aus verschiedenen Ecken auf uns eindringen. Es sind Musterbeispiele für die Möglichkeit totaler Meinungsmache und für die politische und finanzielle Wirksamkeit einer solchen Meinungsmache.«[163]

ARD-aktuell, Inhaber der Deutungshoheit in der Nachrichtenwelt, ignoriert solche Feststellungen, anstatt sich sachlich damit auseinanderzusetzen, sie mit den Statements der Parteipolitiker und der »Sachverständigen« abzugleichen, dieser der Versicherungswirtschaft innig verbundenen Gutachter und Lobbyisten.

Geraffelhüscht statt informiert

Ein offener Diskurs über Wege zur gesicherten Altersversorgung findet nicht statt. ARD-aktuell trägt vielmehr dazu dabei, dass Scheinargumente die bewusst verengte Debatte beherrschen. Sie lässt parteiische, voreingenommene Berater wie Bernd Raffelhüschen zu Wort kommen. Dem Herrn Professor beliebt, als unabhängiger Experte aufzutreten, ohne seine sehr geldwerte Verbindung zur Versicherungswirtschaft erkennen zu lassen. Typisch seine demagogische »Entweder-oder«-Sichtweise, die keine Alternativen oder Kompromisse wahrzunehmen erlaubt: Wenn das Renteneintrittsalter nicht weiter erhöht werde, müsse die Bundesregierung »entweder die Beitragssätze für die Rentenkasse auf fast 28 Prozent anheben oder den Bundeszuschuss aus Steuermitteln extrem erhöhen«.[164]

Mit Verlaub: Verarschen kann sich Otto Normalverbraucher selbst, auch ohne professorale Handreichung. Die Verpflichtung der Tagesschau zu »sachlicher, vollständiger und umfassender Berichterstattung« nach »anerkannten journalistischen Grundsätzen«[165] wird mit solchen demagogischen Exzessen missachtet. Die Tagesschau informiert zudem nicht umfassend und fortlaufend über die besser finanzierten und sozialer ausgestalteten Rentensysteme in anderen Ländern (Schweiz, Österreich). Deshalb können die Abbrucharbeiten an unserem System der umlagefinanzierten gesetzlichen Rente weitgehend ungestört fortgesetzt werden.

Die österreichischen Sozialversicherungsbeiträge sind beispielsweise – trotz des etwas höheren Rentenbeitrags – insgesamt niedriger als die deutschen, wegen der günstigen Krankenversicherungskosten und nicht erforderlicher Pflegeversicherungsbeiträge. Im Nachrichtenangebot des mdr kann man es nachlesen, von der Tagesschau erfährt man es nicht, was in unserem südlichen Nachbarland an Sozialstaatlichkeit geschaffen wurde:

»Der Beitragssatz liegt seit 1988 unverändert bei 22,8 Prozent, wobei die Arbeitgeber für 12,55 Prozent aufkommen, die Arbeitnehmer für 10,25 Prozent. Die durchschnittliche Bruttorente liegt in Österreich bei 2 214,73 Euro ... In Deutschland kommt der Standard-Rentner nach 45 Beitragsjahren nur auf 1 418,80 Euro, rund 800 Euro im Monat weniger. ... Das Rentenniveau (nach 45 Beitragsjahren) liegt in Österreich bei **80** Prozent, in Deutschland bei **48,2** Prozent.«[166]

Bemerkenswert: Die Arbeitgeber haben einen 2,3 Prozent höheren Rentenbeitrag zu zahlen als die Arbeitnehmer. Trotzdem ist die österreichische Wirtschaft nicht untergegangen. Ergänzend sei noch angemerkt, dass in unserem südlichen Nachbarland das Renteneintrittsalter mit 65 Jahren niedriger als bei uns ist. Von »Rente ab 70« wagt dort keiner zu reden.

Die schiere Heuchelei

Die letzte für den lehrreichen Vergleich halbwegs brauchbare Information über das österreichische Rentenmodell erschien auf tagesschau. de vor mehr als fünf Jahren.[167] Dabei ist nicht nur der Fachwelt durchaus klar, dass leistungsstarke öffentliche Rentensysteme gut finanzierbar sind, aber die privatwirtschaftliche Rentenfinanzierung letztlich in eine Sackgasse führt und bisher immer im Desaster endete.[168]

Den Bundespolitikern scheint das Wohlergehen der Rentnergeneration trotz aller Heucheleien relativ gleichgültig zu sein. Besonders deutlich manifestiert sich das in der nun schon 30 Jahre dauernden Benachteiligung der ostdeutschen Rentnerinnen und Rentner. Das ungleiche Rentenniveau in Ost und West ist, wenn man die per Treuhand-Enteignungen abgesahnten DDR-Milliardenwerte bedenkt, objektiv nie begründbar gewesen. Besonders drastisch ist die fortwährende Benachteiligung geschiedener Frauen.[169] Aber es zeichnet sich bereits ab, dass auch die Gender-Grünen daran nichts ändern werden.

Unverdrossen heucheln die Bauernfänger der in Aussicht genommenen »Ampel«-Koalition soziales Engagement für die Altersversorgung. Die Tagesschau macht daraus »Nachrichten«, ohne jeden Hinweis auf die Konsequenzen der »neuen« Finanzierungsidee für die gesetzliche Rente: »Wir werden die gesetzliche Rente stärken und das Mindestrentenniveau von 48 Prozent sichern. Es wird ... keine Anhebung des gesetzlichen Renteneintrittsalters geben. Um diese Zusage generationengerecht abzusichern, werden wir ... in eine teilweise Kapitaldeckung der gesetzlichen Rentenversicherung einsteigen. ... Wir werden der Deutschen Rentenversicherung auch ermöglichen, ihre Reserven am Kapitalmarkt reguliert anzulegen.«[170]

Rentenrücklage als Spekulationsmasse

Mit anderen Worten: Die Rentenversicherung soll aufgefordert werden, mit Beitragsgeldern aus ihrer Rücklage an der Börse zu zocken. Das ist ein sozialethischer Offenbarungseid. Die aus der neoliberalen

Kloake abgefischte Idee hatte der Bochumer Soziologe Martin Werding im Auftrag der FDP in einem ihr gefälligen Gutachten ausgebreitet. Es ist nur noch vergleichbar mit dem von Friedrich Merz (CDU) propagierten Vorschlag, die Bürger sollten nach US-Vorbild ihre Altersversorgung gefälligst selbst regeln, mittels Aktienanlagen.

Dass hier ein rentenpolitisches Vabanquespiel eröffnet wird, verschweigt die Tagesschau sträflich.[171] Die Öffentlichkeit soll sich nicht beunruhigen. Politiker und ihre akademischen Wasserträger genießen unbefristete Schonzeit.

Statt eigenständiger kritischer Analyse möglicher Rentenfinanzierungsmodelle und ganz im Sinne von Merz & Co. macht die Tagesschau Propaganda für die »Aktienrente«.[172] Wenn die Arbeitnehmer zwei Prozent ihres Bruttoeinkommens in einen Aktienfonds investierten, könne das bei langjährig versicherten Durchschnittsverdienern die Renten um bis zu 30 Prozent erhöhen. Dem Publikum wird ein Déjà-vu mit Gerhard Schröders »Agenda 2010« verpasst, mit Riesters Rentenbeschiss und Rürups »Basisrente«-Einseiferei. Und die Tagesschau spielt dazu die Begleitmusik:

»Mehr als ein Viertel des Bundeshaushalts musste 2019 in die Rentenkasse umgeleitet werden, um diese Lücke zu füllen«[173], behauptete ARD-aktuell. Falsch. Der Bund zahlte vor zwei Jahren einen Zuschuss von 72 Milliarden Euro in die Rentenkasse ein, das waren knapp 21 Prozent der Gesamteinnahmen von 343 Milliarden Euro.[174] Dieser Anteil, nur rund ein Fünftel, ist seit 2005 gleichgeblieben, er ist kein Grund zur Aufregung. Der Unterschied zu »mehr als ein Viertel« muss einen Tagesschau-Redakteur aber nicht stören, Hauptsache, der schwimmt brav im neoliberalen Schmetterlingsstil mit.

Die Panikmache wegen angeblich zu teuer werdender Altersversorgung lenkt davon ab, dass unsere Politiker komplett dabei versagt haben, mit angemessener Steuer- und Abgabenpolitik für den sozialen Ausgleich zu sorgen. Von einer Vergleichbarkeit der Lebensverhältnisse kann in Deutschland seit Jahrzehnten keine Rede mehr sein.[175] Unsere gut 100 Multimilliardäre sitzen auf einem Barvermögen von 1,1 Billionen Euro, das ist das Dreifache unseres Staatshaushalts.[176] Neben dem gigantischen Reichtum wohnt bittere Armut.

Trotz gesetzlichen Mindestlohns können mehr als 3,1 Millionen unserer Erwerbstätigen nicht von ihrer Arbeit leben, sie sind armutsgefährdet und auf zusätzliche Sozialhilfe angewiesen.[177] Das ist für die Tagesschau aber nur äußerst selten ein Thema.[178] Wenn überhaupt mal angesprochen, bleibt ein Gesichtspunkt darin zumeist außen vor: Den hauptsächlichen Nutzen in diesem Aufstocker-System haben die Arbeitgeber, der Staat zahlt an ihrer Stelle jährlich rund zehn Milliarden Euro als Lohnzuschuss.[179] Zur Frage der ihnen ersparten Lohnaufwendungen gibt es bei ARD-aktuell jedoch praktisch nichts. Es könnte ja das Image des Unternehmers als »Leistungsträger« beschädigen. Das riskiert die Redaktion ARD-aktuell natürlich nicht.

Auf der Schleimspur

Statt kritischer Distanz zum Staat und zu seinen Institutionen dienert sich der öffentlich-rechtliche Rundfunk als humanitärer Ersatzdienstleister bei der Erfüllung sozialstaatlicher Pflichten an. Mit Aktionen wie »Hand in Hand in Norddeutschland« tut er Gutes und beölt sich zugleich selbst. NDR-Intendant Knuth plant auf dieser Schleimspur gerade wieder eine Sammelaktion für arme Kinder. Das lässt seinen Scheinheiligenschein erstrahlen und mindert zugleich den Druck auf unsere lieben Gesetzgeber, die gemäß unserer Verfassung dazu verpflichtet sind, die Kinderarmut zu beseitigen.[180]

Grundgesetz-Artikel 14 (2): »Eigentum verpflichtet. Sein Gebrauch soll zugleich dem Wohle der Allgemeinheit dienen.«[181] Es »soll«. Dieser GG-Artikel verpflichtet zu nichts. Seine Nichtbefolgung ist üblich, selbst Zuwiderhandlung bleibt straffrei. Die Tagesschau-Nachrichten entsprechen diesem Ungeist.

Dass das Thema »Armut in Deutschland« in der ARD-aktuell-Berichterstattung übergangen und unterbelichtet bleibt, lässt sich problemlos auf der Internetseite tagesschau.de feststellen. Das Suchwort »Armut« ergibt, dass dieses Phänomen fast ausschließlich im Ausland vorkommt: hauptsächlich in der Volksrepublik China und in Russland, wen wundert's.[182] In Bertolt Brechts »Alfabet« steht dieser schöne Vers:

»Reicher Mann und armer Mann standen da und sah'n sich an. Und der Arme sagte bleich: Wär ich nicht arm, wärst du nicht reich.«[183]

* * *

Man könnte als Journalist vielleicht auch mal auf die Idee kommen, Debatten nicht nur einfach wiederzugeben, sondern breiter zu recherchieren, Experten aufzutun, die Gegen- und Verbesserungsvorschläge unterbreiten oder zeigen, was andere Länder zum Beispiel in ihren Rentensystemen anders und besser machen – und der Frage nachzugehen, was daraus zu lernen wäre.

Dem ist aber *völlig überraschend* nicht so. Alternativlosigkeit heißt das Zauberwort ... man könnte auch von Stillstand, Fantasielosigkeit beziehungsweise Trägheit sprechen. Warum auch nach Änderungen rufen, wo es doch viele gibt, die am Hergebrachten verdienen? Moment mal ... und was ist mit all den anderen, die keine Nutznießer, sondern Leidtragende der systemischen Mängel sind?

Nachbeten über Altersarmut

zuerst erschienen am 03.10.2018 [10]

Österreich, die Schweiz und (beispielsweise) die skandinavischen Länder haben Rentensysteme, die den Bürgern ein weitgehend sorgenfreies Alter sichern. Auch Frankreich steht in dieser Hinsicht gut da. Nur in Deutschland geht angeblich nicht, was unseren Nachbarn möglich ist

Unser System organisiert für Millionen künftige Rentner – Altersarmut. Das ist möglich, weil sich Nachrichten-Anbieter wie die Tagesschau als gossenjournalistische Nachbeter bewähren; sie stellen

10 https://publikumskonferenz.de/blog/2018/10/03/nachbeten-ueber-altersarmut/

nicht infrage, was die Regierung und ihre parlamentarischen Kopf-nicker im Sinne unserer Geldeliten als Zwangsfolge der »Alterspy-ramide« ausgeben. Lieber zehn reaktionäre »Experten« im O-Ton bringen, als einmal eine geistreiche Gegenrecherche zu veranstal-ten, heißt die Devise der ARD-aktuell.

Gemeinhin wird behauptet – und geglaubt –, das Niveau der gesetz-lichen Rente sei nur mühsam bei 48 Prozent des Durchschnittslohns zu halten, mehr sei keinesfalls drin. Der bundesweit bekannte Otto Normal-verbraucher wird füglich mit auf Flaschen gezogenem »Berliner Trost« besoffen gemacht: mit der Abfüllung »Château Scholz-Merkel«. Über-zeugen soll der vollmundige Geschmack nach »Olaf 2040«, im Abgang traniger Nachhall von »Änschii 2025«. Otto Normalverbraucher schluckt und ist froh, dass er sich überhaupt was auf die Lampe gießen kann – in unseren finsteren Zeiten. An seine Rentnerzukunft denkt er lieber nicht.

Preisfrage: Wie nennt man das Talent, das miese Niveau der soge-nannten Standardrente, nämlich 48 Prozent des deutschen Durch-schnittslohns, als sozialen Fortschritt zu verkaufen? Richtig. Diese sozialdemokratische Kunstform nennt man »Schweineborsten weich-quasseln«.

Reden wir vom Rundfunk-Informationsangebot über die Renten-lage. Die Nachrichtenredakteure von ARD, ZDF und Deutschlandradio verweisen bedeutungsschwanger auf das Konstrukt einer Alterspyra-mide im Kopfstand. Sie zelebrieren ein Hochamt auf den Aberglauben, dass unsere demografische Entwicklung dazu zwinge, entweder die Rentenversicherungsbeiträge zu erhöhen oder die Lebensarbeitszeit zu verlängern oder das Rentenniveau abzusenken.

Am besten gleich alles zusammen realisieren, was? Weil einerseits die Deutschen immer länger leben und andererseits der Geburten-rückgang ... Kennen Sie den?

»Immer weniger Erwerbstätige müssen eine wachsende Zahl von Rentnern finanzieren.«

Erkennen Sie die Demagogie in dieser Argumentation? Sie verhin-dert, dass man darüber nachdenkt, welche anderen Finanzierungs-formen möglich wären. Über Finanziers, die neben Arbeitnehmern und Arbeitgebern als Beitragszahler herangezogen werden könnten. Tagesschau, Tagesthemen & Co. kanalisieren und verengen die Diskussion von vornherein. Alternative Rentenmodelle spielen folglich kaum mehr eine Rolle. Im individuellen Denken nicht, im gesellschaftlichen Diskurs nicht ... und in der politischen Praxis erst recht nicht. Tagesschau & Co. veranstalten informationelle Armenspeisung, servieren eine so wässrige und fettarme Gedankensuppe, dass mehr Augen in sie hineinschauen als heraus.

Unser sogenannter »Generationenvertrag« zur Rentenfinanzierung dekretiert in aller Scheingerechtigkeit, dass die Erwerbstätigen und ihre Arbeitgeber je zur Hälfte als Beitrag in die Rentenkassen einzahlen, was an die Alten ausgezahlt wird. Wobei hypothetisch bis zehn Prozent des Arbeitnehmer-Bruttolohns der Arbeitnehmer selbst abdrückt und gleichfalls zehn Prozent der Arbeitgeber. »Paritätische Rentenfinanzierung« wird das genannt, die zusammen 20 Prozent werden als Zumutbarkeitsgrenze ausgegeben.

20 Prozent – derzeit tatsächlich nur 18,6 Prozent – wovon? Von den Brutto-Arbeitslöhnen. Die Einkünfte der Arbeitgeber bleiben bei dieser Berechnungsart schon mal außen vor. Zudem gilt eine willkürlich festgelegte obere Bemessungsgrenze: derzeit 6 500 Euro West- beziehungsweise 5 750 Euro Ost-Monatsgehalt.

Oberhalb davon endet die Solidarität mit der Rentnergeneration.

Der politische Hintergrund ist Ihnen klar? Von den Besserverdienern und von den Arbeitgebern durchgängig den gleichen prozentualen Solidarbeitrag einzuziehen, das vertrüge sich nicht mit unserer kapitalistischen Staatsreligion. Das röche doch nach kommunistischer Gleichmacherei.

Ein Beispiel: Frank Witter, Mitglied des VW-Vorstands, erzielte auf Rang neun in diesem Unternehmen im Jahr 2016 ein Gehalt von 1,1 Millionen Euro. Außerdem einen »Bonus« von 1,9 Millionen Euro.[184] Müssten er und seine Firma VW von diesen 3 Millionen Euro Witter-Jahreseinkommen tatsächlich 18,6 Prozent in die Rentenkasse zahlen, dann wären das 558 000 Euro. Und nicht bloß 14 508 Euro, die Witter und VW je zur Hälfte tatsächlich abdrückten, weil sein Verdienst oberhalb der 78 000 Euro pro Jahr beitragsfrei war.

Schlussfolgerung: Wären die »Beitrags-Bemessungsgrenzen« beseitigt und alle Gehaltsempfänger prozentual gleich beitragspflichtig, dann könnten die Rentenbeiträge wesentlich niedriger als 18,6 Prozent sein, und die »Standardrente« könnte trotzdem weit höher ausfallen als jetzt.

»Leistungsträger« werden jedoch in unserem Gesellschaftssystem nicht stärker als unvermeidlich belastet. Mit diesen Sensibelchen wird taktvoll umgegangen. So halten der Geldadel und seine Erfüllungsgehilfen im Parlament die obere Mittelschicht bei Laune – und das kapitalistische Gesamtsystem am Leben.

Denn: Eine Beitragsobergrenze zum Schutz der *Bestensverdiener* gilt nicht nur hinsichtlich der Rentenversicherung, sondern in vergleichbarer Form auch für Kranken- und Arbeitslosenversicherung. Wir reden hier von zig Milliarden Euro, die den Sozialkassen mittels der Beitragsobergrenze vorenthalten werden. Zum Nachteil unseres guten Otto Normalverbraucher und aller anderen sogenannten kleinen Leute.

Die Tagesschau macht sich kritischer Informationen dazu nicht schuldig. Zu heiß, das Eisen. Erst recht getraut sie sich nicht, die grundsätzliche Schieflage des Rentenbeitragssystems anzusprechen und deren gewollte sozialpolitische Folgeschäden an simplen, fiktiven Beispielen darzustellen. Hier wäre eins:

Die Semmelfabrik A erzielt mit 1 000 Beschäftigten einen Jahresumsatz von 400 Millionen Euro. Sie zahlt daher tausend Einzelbeiträge in die Sozialkassen. Die Versandapotheke B mit vergleichbarer Lohnstruktur kommt ebenfalls auf 400 Millionen Euro Jahresumsatz, hat aber nur 100 Beschäftigte. Sie zahlt deshalb auch nur 100 Beiträge. **Bei völlig gleichem Umsatz zahlt B zehnmal weniger Sozialbeiträge als A.**

Das Kriterium »Anzahl der Arbeitsplätze« im fraglichen Betrieb bestimmt die Höhe von dessen Rentenbeitrag, nicht seine wirtschaftliche Leistungskraft. Die Folge: Je weniger Arbeitsplätze ein Unternehmen hält, desto besser seine Gewinnerwartung. Angestrengter Abbau von Arbeitsplätzen dient dem Unternehmen. Und schadet der Gesellschaft. Das ist kennzeichnend für unser Wirtschaftssystem.

Warum wird der Arbeitgeberanteil von der Zahl der Arbeitsplätze abhängig gemacht – und nicht beispielsweise auf Basis des Jahresumsatzes der Firma berechnet?

Warum ignorieren Tagesschau, Tagesthemen & Co. – im Gleichklang mit dem Interesse des Geldadels und seines Berliner Politpersonals – so krampfhaft das soziale Prinzip »Produktivitätssteigerung erlaubt höhere Renten«?

Gucken wir mal auf das Bruttoinlandsprodukt, abgekürzt BIP, den Wert aller erzeugten Waren und Dienstleistungen. Warum wird dessen rasantes Wachstum nicht im Zusammenhang mit unserer Rentenproblematik diskutiert? Antwort: Weil »Pressefreiheit« in der als Bürgerdemokratie kostümierten Plutokratie nur ein Popanz ist. Je mehr Albernheiten man von den Schwachmaten im Qualitätsjournalisten-Habit serviert bekommt, desto stumpfer wird man. Man steckt immer mehr weg.

Der Politikwissenschaftler Egbert Scheunemann stellt fest, »… dass das deutsche BIP zwischen 1995 und 2015 von knapp 1,9 Billionen Euro auf über 3 Billionen Euro gestiegen ist – also viel schneller als der Anteil der Rentner an der Gesamtgesellschaft oder auch nur in Relation zur Erwerbsbevölkerung …«[185].

Und? Warum sollte das keine positive Wirkung auf das Rentenniveau haben?

Seit Jahren wird der Rentendiskurs von ARD-aktuell und ZDF-heute nur selektiv und unter größter Rücksichtnahme auf neoliberale, neokonservative Interessen begleitet. Damit wird der Informationsanspruch der Rentenbezieher und der Öffentlichkeit insgesamt missachtet. Diese Redaktionslinie steht im deutlichen Widerspruch zu den Vorgaben des Rundfunkstaatsvertrags. Der verpflichtet schließlich zu objektiver und vollständiger Information, die Nachrichtenkonsumenten jedes Bildungsstandes befähigen soll, sich ein sachgerechtes eigenes Urteil zu bilden. Der beitragsfinanzierte Qualitätsjournalismus verweigert die dafür nötige Basisinformation jedoch hartnäckig.

Welch eine Gespensterdebatte: Verengt auf die von der SPD angesprochene Garantie eines Rentenniveaus von 48 Prozent – bei 45 Arbeits- und Beitragsjahren!

48 Prozent sind der erbärmliche Rest, den uns die »Agenda-2010«-Abbruchunternehmer Schröder/Steinmeier/Riester/Fischer von der einstmals auskömmlichen gesetzlichen Rente übrig gelassen haben.[186] Für wie lange soll diese Armseligkeit garantiert werden? Bis zum Jahr 2040? (Finanzminister Scholz). Oder doch nur bis 2025? (Kanzlerin Merkel).

Und danach?

Noch weniger?

Eine infame Scheindebatte. Sie übertüncht zudem, dass vom *Brutto*-Rentenniveau die Rede ist. Das *Netto*-Rentenniveau nimmt unabhängig davon ohnehin laufend weiter ab, weil die Einkommensteuer auf Renten steigt.[187] Dieser Aspekt wird mit größter Sorgfalt aus der Diskussion herausgehalten.

Und an dieser Gaunerei beteiligen sich Spitzen-Qualitätsjournalisten.

Bereits jetzt beträgt der steuerfreie Anteil der Neu-Rente nur noch 24 Prozent. Bis zum Jahr 2025 sinkt er auf 15 Prozent, vom Jahr 2040 an entfällt er ganz. SPD und Unionsparteien handeln in der Garantiezeit-Debatte wie Trickbetrüger. Tagesschau & Co. senden Werbung für falsche Fuffziger statt Aufklärung darüber.

Unbeirrt verbreitet ARD-aktuell das müde Märchen, die demografisch bedingten Finanzierungsprobleme ließen keine günstigere Regelung zu.[188] Die regelmäßige Wiederholung macht das Märchen nicht wahrer.

Im öffentlich-rechtlichen Nachrichtenwesen wird nicht daran erinnert, dass der Abbau der gesetzlichen Rente unter Führung der SPD organisiert wurde, dass sie es war, die den »Generationenvertrag« entwertete und die Teilprivatisierung des Alterssicherungssystems betrieb. Füglich gibt es auch keine Information darüber, dass und wie die grundsätzliche Fehlentwicklung im Rentensystem korrigierbar wäre.

ARD-aktuell äußert sich ohnehin nie eigenständig zur Rententhematik. Ihre Reporter werfen keine neuen Fragen auf. Die Redaktion bietet lediglich opportunen »Experten« ein Forum für frustrierend destruktive, antisoziale Darlegungen. Es sind Neoliberale, die sich hier austoben dürfen, bekannt dafür, dass sie Verschlechterungen im gesetzlichen Rentensystem das Wort reden. Verschlechterungen, die den privaten, kommerziellen Rentenversicherern Kunden zutreiben sollen, ganz im Sinne der Regierungspolitik.

Negativ beeindruckend das tagesschau.de-Interview vom 24. August 2018 mit dem Finanzexperten Professor Jens Boysen-Hohgrefe vom Kieler Institut für Wirtschaftsforschung.[189] Er repräsentiert die Linie der berüchtigten Neocon-»Initiative Neue Soziale Marktwirtschaft«, INSM. Dabei lehnt er nicht nur Rentenverbesserungen ab, sondern sieht auch die Pensionen »explodieren« und kann natürlich der Erhöhung des Spitzensteuersatzes nichts abgewinnen.

Boysen-Hohgrefes und seinesgleichen »Expertisen« in voller Schlagseite zu verbreiten, ist eine beliebte ARD-aktuell-Methode der Meinungsmache. Die vorgeblich absolute Gültigkeit einer doch bloß konformistischen und individuellen Sichtweise soll mittels Berufung auf akademische Autorität unterstrichen werden.

Wenn – wie gezeigt – die Expertenauswahl interessengeleitet erfolgt und wenn gegensätzliche, von anderen Experten stammende Konzeptionen ignoriert werden, dann handelt es sich um blanke Scheinargumentation. Ergänzt wird solch manipulativer Journalismus von Kommentatoren, die sozialfeindliche Absichten zur Rentenverschlechterung unterstützen.[190]

Ein perfider Sprachgebrauch kennzeichnet diese Elaborate, die unter der formal-legitimen Tarnkappe »freie Meinungsäußerung eines Journalisten« dem Publikum zugemutet werden.

»Vorstellung des Rentenpakets, Heils Versprechen«[191] heißt es anzüglich mit Bezug auf den Namen des Bundesarbeitsministers, und seine intellektuell und materiell ohnehin äußerst bescheidenen Verbesserungsvorschläge werden a priori als utopisch und lächerlich abqualifiziert.

Unser Mitleid mit ihm hält sich allerdings in Grenzen. Hubertus Heil hatte als SPD-Bundestagsabgeordneter zusammen mit anderen »Reformern« des Netzwerks Berlin anno 2001 die Abrissbirne auf die angeblich »nicht mehr finanzierbare« gesetzliche Rente fallen lassen: Die Rentenformel wurde umgestellt und die Standardrente amputiert. Als teure Prothese für Selbstzahler wurde die private Riesterrente angeboten.[192] Wir sind daran gewöhnt, dass abweichende Informationen zur Rentengestaltung vom öffentlich-rechtlichen Qualitätsjournalismus so stiefmütterlich behandelt werden, dass sie das Publikum nicht als praktikable Alternative wahrnehmen kann.[193] Viele sachkundige Analysen und Konzepte lässt ARD-aktuell gänzlich außer Betracht, sie werden den Zuschauern systematisch vorenthalten. Albrecht Müller zeigt das regelmäßig in den NachDenkSeiten auf.[194]

Alternative Modelle zur Finanzierung einer guten Rente und einer gerechten, auskömmlichen Versorgung im Alter gibt es nicht nur in Form abgesicherter Konzepte der Sozialwissenschaft, sondern auch als gelebte Praxis. Wir sagten es eingangs schon. Aber: Was erfahren die Nachrichtenkonsumenten, Otto Normalverbraucher und seine Kollegen, schon über die Rentenmodelle unserer Nachbarländer?

Dänemark zum Beispiel: Eine steuerfinanzierte »Volksrente« von derzeit knapp 1 500 Euro monatlich, ergänzt durch eine obligatorische Betriebsrente, auf die mehr als 90 Prozent der Erwerbstätigen Anspruch haben! Wundern Sie sich, dass die Dänen zu den glücklichsten Menschen der Welt zählen – bei einer durchschnittlichen Rentenerwartung von weit mehr als 2 300 Euro monatlich?

Warum kann Österreich sich ein gut 30 Prozent höheres Rentenniveau leisten als Deutschland?

Auf Vorwürfe über die Mitverantwortlichkeit von ARD-aktuell an der weitverbreiteten Unkenntnis erwidert ARD-aktuell-Chefredakteur Dr. Gniffke mit der Behauptung: »... dass ARD-aktuell über die Rentenpolitik und ihre Probleme sowie über Lösungsansätze in den unterschiedlichsten Ausspielwegen auf vielfältige, formatgerechte Art berichtet hat, sowohl aktuell als auch hintergründig. Alle relevanten Positionen sind zu Wort gekommen, die grundlegenden Probleme sind korrekt dargestellt worden.«[195]

So leugnet der Hauptverantwortliche der ARD-aktuell seine idiotologische Auftragslage. Denn was steckt in seiner Behauptung »Alle relevanten Positionen sind zu Wort gekommen«?

Damit wird gesagt, das Publikum sei selbst dran schuld, dass sich das Zerrbild von unserer »zwangsläufigen« Rentennot – Kopfstand der Alterspyramide! – so festgesetzt hat. Es sei das Problem der Zuschauer, dass sie die angeblich vielen alternativen Tagesschau-Informationen einfach nicht bemerkten und kapierten. Motto: Der Nachrichtenempfänger ist vernagelt, nicht der Nachrichtensender.

Wenn Sie sich nicht selber veralbern wollen, dann – das wissen Sie jetzt wenigstens genau – springt dafür zuverlässig die Tagesschau ein und macht das mit Ihnen.

* * *

Gemeinhin gibt sich der öffentlich-rechtliche Rundfunk gerne als Flaggschiff beim Kampf gegen den Klimawandel. Da sollte man meinen, dass wenigstens hier gute Recherche und kritische Berichterstattung bezüglich der angepeilten Maßnahmen das Bild bestimmen. Das ist aber nur ein frommer Wunsch, wie der folgende Beitrag zeigt.

»Klimaschutz«: Die Kleinen Leute bezahlen, die Reichen zocken ab

zuerst erschienen am 19.11.2021[11]

Die Tagesschau fragt nicht, warum eine Minderheit Weltraum-Juxflüge unternehmen kann und Umweltschutzpolitik nur teures »Weiter so!« bewirkt

Von alten Affen darf man keine neuen Grimassen erwarten und von ARD-aktuell keine systemkritischen Nachrichten. Die Redaktion beweist das täglich. Besonders enervierend mit ihren konformistischen Berichten über die schwachbrüstige Politik gegen die Klimakatastrophe: Hilfestellung fürs Publikum, damit es das bisschen Wesentliche im substanzlosen Politiker-Geschwätz entdeckt, gibt

---

11 https://publikumskonferenz.de/blog/2021/11/19/klimaschutz-die-kleinen-leute-bezahlen-die-reichen-zocken-ab/

unser Staatsfunk nicht. Die Dramaturgie der Nachrichtengestaltung pendelt zwischen gelegentlichem Alarmismus und häufiger Lobhudelei:»Seht her, wir sind die Guten! Wir machen es richtig, wir sind Vorbild für die Welt!« Darüber stehen dann Schlagzeilen wie diese: Deutschland hält Klimaziele 2020 ein.[196]

Im Vorspann der hier genannten Nachricht auf Tagesschau.de heißt es:»40,8 Prozent weniger Emissionen im Vergleich zum Jahr 1990 – das übertrifft sogar die im Klimaschutzgesetz vereinbarte Zielmarke leicht.«

»Beschtens!«, sagt da der gebildete Schwabe. Obwohl die Tagesschau einräumt, der Rückgang sei hauptsächlich dem coronabedingten Lockdown zu verdanken. Titel und Text des gesamten Beitrags regen eben nicht dazu an, kritisch zu reflektieren, was das regierende Dilettanten-Ensemble in Berlin als umweltpolitisches Theater aufführt.

ARD-aktuell berichtet über die»Klimapolitik« nichts Unzutreffendes, lässt aber falsche Eindrücke entstehen. Zusammenhänge werden nicht aufgezeigt, an die Wurzeln der Probleme geht man nicht. Manipulative Beschränkung auf ausgewählte und zum Wünschenswerten passende Fakten reicht schon aus, um regierungsdienliche, aber realitätsferne Fantasievorstellungen zu erzeugen. Im konkreten Fall wurde zum Beispiel unterschlagen, was eine von der Bundesregierung selbst in Auftrag gegebene Studie ergeben hatte: Die bis 2020 geplanten und eingeleiteten Maßnahmen genügen zur Verringerung der sogenannten Treibhausgase hinten und vorne nicht.[197]

Die Gutachter gaben nämlich auch heuer wiederum aussagestarke Prognosen ab, die den zuständigen Politikern einen Berufswechsel nahelegen müssten:

Das Ziel der Reduzierung der Treibhausgase in der Energiewirtschaft – der größte Belastungsfaktor – wird mit 58 gegenüber den angestrebten 77 Prozent (im Vergleich zu 1990) bis 2030 deutlich verfehlt werden.[198]

Noch schlechter fällt die Öko-Bilanz der Verkehrspolitik aus. Hier können die bereits beschlossenen Maßnahmen laut»Projektionsbericht der Bundesregierung 2021« noch nicht einmal die Hälfte des anvisierten Emissionsrückgangs bis 2030 erzielen. Das Gesamturteil ist vernichtend:

»Auch, wenn die bisher beschlossenen Klimamaßnahmen vollständig und erfolgreich umgesetzt werden, kann Deutschland seine selbst gesetzten Klimaziele für die nächsten 20 Jahre nicht erreichen.«[199]

Gesäusel statt klarer Ansage

Über diese jüngste Studie berichtete ARD-aktuell zwar, griff aber schon beim Titel der Meldung zum Weichzeichner:»Klimaziele dürften verfehlt werden.«[200]

Wesentliche Aussagen der Untersuchung wurden im Weiteren relativiert und mit regierungsamtlichen, wahlkampfbedingten Anmerkungen entschärft:»… die Aussagekraft der Inhalte sei ›sehr begrenzt‹. … Seit Ende August 2020 habe sich ›beim Klimaschutz so viel getan, dass der Projektionsbericht mit Blick auf 2030 als veraltet angesehen werden kann‹«.[201]

Die Tagesschau verstellt den Blick darauf, dass die Bundesregierung sich von ihrem Versagen zu entlasten versucht, indem sie selbst den von ihr beauftragten Experten über den Mund fährt. Ihr ebenso arrogantes wie substanzloses »Es hat sich viel getan« lullt die Fernsehzuschauer ein, statt sie begreifen zu lassen, was das Gutachten tatsächlich prophezeit: eine unverändert katastrophale Klima-Entwicklung. Ein grundlegendes Verständnis von dem, was ist, und dem, was sein müsste, vermittelt die Tagesschau auf diese Weise nicht.

Statt erkenntnisförderlicher Information bietet ARD-aktuell Nutzloses zum Thema Klimakatastrophe in Hülle und Fülle. Und auch das nur für Tagesschau.de-Leser: Auf der Internet-Seite Tagesschau.de erschienen im Zeitraum zwischen 31. Oktober und 9. November satte 80 diesbezügliche Berichte. Mehr als drei Viertel handelten internationale Aspekte ab: den Gipfel in Glasgow, die Probleme Kanadas, Indiens, der VR China, die Unzulänglichkeiten in Russlands Umweltschutzpolitik (für die russophobe Redaktion natürlich ein Muss) oder die tiefgründigen Genderprobleme in der Westsahara (Titel: »Die Hüterinnen der Saaten«[202]).

Themen von nationalem Interesse waren in der Minderzahl. Die ollen Kamellen, an denen da wieder und wieder gelutscht wurde, waren natürlich gesüßt mit umweltpolitisch neunmalklugen O-Tönen der Kanzlerin Merkel. Der klimapolitische Schwanengesang der vormaligen Umweltministerin im Kabinett Kohl, den sie nun am Ende ihrer 16 eigenen Kanzlerjahre anstimmt, ermutigte die Tagesschau-Redaktion zum Primitivangriff auf den gesunden Menschenverstand:

»Klimakonferenz: Deutschland verbessert sich im Klimaschutz-Index auf Platz 13. …« und: »Deutschland (habe) ehrgeizige Klimaziele formuliert«.[203] Tätää, tätää!

Wo der Hund begraben liegt

Die Tagesschau entwickelt und fördert dergestalt die Mär, dass vollmundige Ankündigungen und vereinzeltes Herumdoktern an Symptomen die Umweltzerstörung schon irgendwie aufhalten werden. Die Redaktion bringt es einfach nicht fertig, zentrale Ursache anzusprechen: die kapitalistische Wirtschaftsweise und deren Wachstumsreligion. Waren und Dienstleistungen werden leider nicht ausschließlich zwecks umsichtiger Bedarfsbefriedigung der Menschheit produziert, sondern auch zur Profitsteigerung der Kapitalbesitzer, ob es der Mitwelt nun dient oder nicht.

Zwangsläufig führt das zu Konkurrenz und Überschussproduktion, nicht nur in der Landwirtschaft oder Lebensmittelindustrie. Je nach Branche müssen 20 Prozent und mehr der Erzeugnisse wieder vernichtet werden. Nach Expertenschätzung beispielsweise 30 Prozent der fabrikneuen Kleidung.[204]

Der Arbeitsaufwand für ihre Herstellung war überflüssig, die Ressourcen wurden verschwendet. Eine geschlossene Kreislaufwirtschaft ist auf keinem Gebiet mehr möglich. Für die erzielten Kapitalüberschüsse ist eine Wiederinvestition in die Realwirtschaft ebenfalls fast ausgeschlossen. Der Staat schöpft sie sowieso nicht ab, obwohl er sie für den dringlichen Ausbau und die Pflege seiner Infrastruktur verwenden könnte. Sie blähen deshalb einen parallelen »Finanzmarkt« auf.

All das geschieht jenseits der Notwendigkeiten unseres kleinen Planeten und seiner vielerorts verelendenden Bevölkerung. Die Hintergründe kann die Tagesschau natürlich nicht in jedem Einzelbeitrag ansprechen. Aber sie ignoriert ihren Informationsauftrag in ihrer Darstellung dieser Thematik.

Sie vermeidet überdies grundsätzlich jede Aussage zu den entscheidenden Fragen: Wer wird die schwersten Lasten zu tragen haben beim Versuch, die Klimakatastrophe noch einzugrenzen? Und wer wird unter den Folgen der nicht verhinderten Umweltschäden tatsächlich leiden?

McKinsey & Company, die in mehr als 60 Staaten vertretene US-amerikanische Unternehmens- und Strategieberatungsfirma, gibt die Problematik als simpel lösbar aus, malt eine schöne neue Welt und wird sich dank solcher Sirenenklänge an vorhersehbaren Folgeaufträgen weiterhin eine goldene Nase verdienen: Sie behauptet, mit dem Aufwand von einer Billion Euro ließen sich der Klimawandel und seine Folgen bewältigen.[205] Das vordergründige Gedröhne findet großen Gefallen, weil jeder Hinweis darauf fehlt, wer die gigantische Rechnung letztlich bezahlen muss.

Nix Neues für Zahlemann und Söhne

BDI-Präsident Siegfried Russwurm macht es für Deutschland um ein paar Milliarden billiger, wird aber zur Frage »Wer zahlt wie viel?« ebenfalls nicht wirklich konkret:

»Das klimaneutrale Industrieland gibt es nicht zum Nulltarif. Die nötigen Mehrinvestitionen von 860 Milliarden Euro verteilen sich auf den Staat, Bürger und Unternehmen ... Für die Unternehmen brauche es noch Anreize.«[206]

Der Staat soll Russwurm zufolge vor allem in die Infrastruktur investieren, was bis 2030 allein 240 Milliarden Euro kosten dürfte – unter anderem für bessere Stromnetze, mehr erneuerbare Energie, Ladesäulen, Wasserstoffkapazitäten und Ausbau der Schienenwege. Immerhin lässt der Mann durchblicken, worauf er hinauswill: Der Steuerzahler soll herhalten, nicht die Unternehmen; die seien, im Gegenteil, noch weitergehend als bisher zu privilegieren. Ja freilich.

Propagandistisch geschickter verfolgt McKinsey eine Akzeptanzstrategie:

»Für die Bürgerinnen und Bürger Europas werden sich die Kosten insgesamt nicht erhöhen: Heizen und Kühlen sowie Mobilität würden günstiger, während die Preise für Lebensmittel und Ferienflüge zunehmen könnten. Haushalte mit geringerem und mittlerem Einkommen werden sogar etwas entlastet, wohlhabende Haushalte etwas stärker belastet sein.«[207]

Das wirkt so wohlwollend-milde wie die Rede von der Landluft, wenn die Abgase eines Güllewagens gemeint sind. Unwillkürlich fragt man sich, wann hinter solchen Sätzen und auf Tagesschau.de endlich die ersten Emojis auftauchen.

Allein die im deutschen Börsen-Index DAX versammelten 30 Unternehmen schütten pro Jahr mehr als 30 Milliarden Euro Dividende aus.[208] Würde dieses Geld in einen Solidarfonds der Unternehmen eingezahlt, ließe sich damit bis zum Jahr 2030 ein Drittel der notwendigen Summe erzielen, die für halbwegs effektiven Klimaschutz vonnöten wäre.

Da wäre noch viel mehr zu holen

Je nach Zählweise gibt es in Deutschland jedoch außer den 30 börsennotierten noch weitere 3,2 Millionen Unternehmen, davon mindestens 18000 Großfirmen.[209] Den naheliegenden Gedanken, auch sie nach Möglichkeit an den Kosten zur Bewältigung der Umweltschäden zu beteiligen, verfolgt die Tagesschau erwartungsgemäß nicht, obwohl das fraglos zu ihrem Informationsauftrag gehörte. Vorbei die Zeiten, als eine weitsichtige sozialliberale Bundesregierung noch forderte (anno 1971):»Jeder, der die Umwelt belastet oder sie schädigt, soll für die Kosten aufkommen.«[210]

Heutzutage bewerben führende Politiker lieber Projekte, die dem selbst gehäkelten Klodeckelbezug gleichen: Sie machen optisch was her, sind zu nichts nutze und auf Dauer unhygienisch.

Für ARD-aktuell keineswegs Anlass zu konfrontativer Befragung der Verantwortlichen: Reiche Umweltfrevler werden geschont, für die Schadenreparatur hat das gemeine Volk zu blechen, die Tagesschau befasst sich damit nicht. Eine Untersuchung der Organisation *Oxfam* zeigt Details:

In Deutschland waren die reichsten 10 Prozent (8,3 Millionen Menschen) im Jahr 2015 für mehr CO_2-Ausstoß verantwortlich als die gesamte ärmere Hälfte der Bevölkerung (41,3 Millionen Menschen). Von den Gesamt-Emissionen seit 1990, für die die deutsche Bevölkerung verantwortlich ist, gehen 26 Prozent auf das Konto der reichsten 10 Prozent; die gesamte ärmere Hälfte der deutschen Bevölkerung ist nur für wenig mehr verantwortlich.[211]

Eine Umweltbelastungssteuer nach Verursacherprinzip und gestaffelt nach Vermeidbarkeitsgrad im jeweiligen Fall gibt es bekanntlich nicht. Oxfam:

»Die katastrophalen Folgen der Klimakrise sind schon heute vielerorts spürbar. Verantwortlich (für die Schäden) ist eine Politik, die auf Konsumanreize setzt, immerwährendes Wachstum verspricht und die Welt ökonomisch in Gewinner und Verlierer spaltet. Für den Konsumrausch einer reichen Minderheit zahlen die Ärmsten den Preis.«[212]

Im Gegensatz zum restlichen deutschen Mainstream hat Tagesschau.de nicht über diese Studie berichtet. Das macht eben den Qualitätsjournalisten aus: Er hält gerade dann das Maul, wenn er's am weitesten aufmachen müsste.

Informations-Placebos

ARD-aktuell ist längst mitverantwortlich dafür, dass es keinen nennenswerten gesellschaftlichen Diskurs über gerechte Lastenverteilung bei der Bekämpfung und Begrenzung der Umweltschädigung gibt. Die Redaktion liefert lieber Informations-Placebos wie die Meldungen über ein bisschen mehr Pendlerpauschale oder ein paar Euro Zuschuss für Bürger, die ihre Heizkosten nicht mehr bezahlen können. Dass das an der strukturellen Ungerechtigkeit nichts ändert, wird nicht vermittelt.

Keine Regel ohne Ausnahme, fairnesshalber sei erwähnt: Die nur noch geschäftsführende Bundeskanzlerin hat kürzlich die Bepreisung von CO_2-Emissionen als ihre Herzenssache beschrieben, sich aber wohlweislich gehütet zuzugeben, wer die Preise bezahlt. Das holte die ARD-aktuell zumindest in ihrer Leser-Nische Tagesschau.de nach: »Tatsächlich bezahlen eine CO_2-Bepreisung am Ende die Verbraucher. Durch die in Deutschland zu Jahresbeginn eingeführte Abgabe ist Benzin um etwa sieben Cent und Diesel um rund acht Cent pro Liter teurer geworden. Auch die Heizkosten steigen.«[213]

Dass Merkel vorzugsweise die Kanzlerin des Geldadels war und sich vom Schicksal der »kleinen Leute« nicht erschüttern ließ, wird allerdings einem Tagesschau-Sprecher niemals über die Lippen kommen.

Nach der Tsunami-Katastrophe am japanischen Atomkraftwerk Fukushima (2011) proklamierte Merkel den Atomausstieg, ohne die Öffentlichkeit darauf hinzuweisen, dass die Kraftwerksbetreiber nun für entgangene Gewinne Entschädigungen in Milliardenhöhe verlangen können.[214] Beim beabsichtigten Ausstieg aus der Kohleverstromung zeichnet sich die gleiche Malaise ab: Der Steuerzahler muss auch für unerfüllte Gewinnaussichten der Kohleindustrie zahlen. Die in Rede stehenden Summen gehen weit über den Ausgleich für verlorene Arbeitsplätze hinaus. Vorstöße, diesen Exzess per Gesetz zu verhindern, gab und gibt es nicht.

Rechtsprechung im Hinterzimmer

Über die bei uns übliche protektionistische Wirtschaftspolitik wird kaum öffentlich geredet, aber in aller Heimlichkeit nach ihren Regeln verfahren und entschieden. Die sogenannte Investor-Staats-Schiedsgerichtsbarkeit, ISDS, macht's möglich.[215] Seit den 90er-Jahren gibt es darüber hinaus noch eine weitere Rechtsgrundlage, den *Energy Charta Treaty*, ECT[216]. Dieser Vertrag erlaubt es speziell den privaten Investoren der Energiewirtschaft, Mitgliedsstaaten der EU zu verklagen und darüber hinter verschlossenen Türen verhandeln zu lassen.

Die Gründe dafür, die regulären nationalen und europäischen Gerichte zu umgehen, liegen auf der Hand: Aussicht auf höheren »Schadensersatz« bei gleichzeitig fehlender Transparenz und Kontrolle seitens der ordentlichen Gerichtsbarkeit. Das höhlt die Rechtsstaatlichkeit aus, widerspricht dem öffentlichen Interesse fundamental und belastet den Steuerzahler. Fast die Hälfte der 47 in diesem Rahmen bereits geführten Klagen wurde von Investoren mit Verbindungen zur Kohle-, Öl-, Gas- und Atomindustrie eingereicht.[217] Die beklagten Regierungen (= Staaten) wurden dazu verurteilt oder haben auf dem Vergleichsweg zugestimmt, mehr als 52 Milliarden US-Dollar Schadensersatz aus öffentlichen Mitteln zu zahlen.

Unter dem Titel *Geheimprozesse gegen den Klimaschutz* berichtet der frei arbeitende Journalist Henrik Rampe:

»… ›Dieser Vertrag ist frontal gegen Klimaschutz, und deshalb muss er auch sehr tief reformiert werden‹, äußerte der luxemburgische Minister Claude Turmes, ließ die Bald-Ex-Kanzlerin allerdings unbeeindruckt.«[218]

Klagen gegen Deutschland führte und führt beispielsweise der Konzern Vattenfall, und zwar wegen nachträglicher Umwelt-Auflagen für das Kohlekraftwerk in Hamburg-Moorburg und wegen der Stilllegung der Atomkraftwerke Krümmel und Brunsbüttel (4 Milliarden Euro Schadensersatz).

»Aus Erfahrung wird man klug«, behauptet der Volksmund. Die Kanzlerin Merkel kann er dabei nicht bedacht haben. Die lehnte es beharrlich ab, aus dem ETC-Vertrag auszusteigen, obwohl ihr klar gewesen sein muss, welch ein gewaltiges finanzielles Hindernis für jegliche die Klimaschäden begrenzende Energiepolitik er darstellt. Pia Eberhard von der Brüsseler NGO Corporate Europe Observatory kommentiert diesen Starrsinn unverblümt:

»Zu sagen, wir beschäftigen uns noch nicht einmal mit der Option eines Ausstiegs aus diesem Vertrag, ist auch nicht so anders, als den Klimawandel zu leugnen. Das sagt ja im Prinzip, es gibt kein Problem, wir können so weitermachen wie bisher.«[219]

ARD-aktuell berichtet einfach nicht seriös über den deutschen Politiksumpf. Wer etwas über Probleme der Umweltpolitik wissen will, liest deshalb besser den Gaszähler ab. Das ist interessanter und aufschlussreicher, als Tagesschau zu gucken. Wer über die schräge Klimapolitik schreiben will, kommt sowieso nicht in Versuchung, geistigen Diebstahl am Tagesschau-Angebot zu begehen. Frei nach Bertolt Brecht ist im Armenhaus schlecht klauen.

Aber Merkels Ruf als beliebteste Kanzlerin aller Zeiten bleibt gewahrt. Bald wird es Änschii-Miniaturen für den Vorgarten geben.

* * *

Aber nicht nur die Klimapolitik betreffend hat der öffentlich-rechtliche Rundfunk jeden Schritt der damaligen Kanzlerin Angela Merkel als Geniestreich verkauft. Auch an ihrer Außenpolitik fand man alles toll. Nachfragen, welche Ziele die militärischen Auslandseinsätze haben, ob sie erreicht oder verfehlt wurden und wie viele Menschenleben und Material sie gekostet haben, war nicht gerade eine Paradedisziplin unserer Journalisten. Mit dem Anstieg der Energie- und Rohstoffpreise hatten die politisch Verantwortlichen aber einen Popanz verfügbar, ein Allzweckargument in jeder Debatte, mit dem sich fast alles »begründen« ließ. Wer fühlte sich hier als geneigter Zuschauer nicht ausreichend informiert?

Tagesschau-Spezialität: Feindbildpflege

zuerst erschienen am 28.11.2021[12]

Auf USA-Treue dressierte deutsche Politiker munitionieren den aggressiven Kampagnenjournalismus. Für ARD-aktuell ist er Berufung

ARD-aktuell berichtet über eine Untersuchung, welche Politiker und Parteien am häufigsten Opfer von Falschmeldungen waren: die

---

12 https://publikumskonferenz.de/blog/2021/11/28/tagesschau-spezialitaet-feindbildpflege/

Grünen, diese – Ärmsten.[220] Denen sich doch, wer merkt es nicht, so viele Journalisten verbunden fühlen.[221] Und wer produziert all die bösen Fake News? Der Russe natürlich. Kalter Kaffee, Napfsülze. **Wesentlich interessanter und dringender wäre die Frage, welche deutschen Witzfiguren im Politikergewand tatsächlich gefährliche Falschbehauptungen in die Welt setzen. Das fragt die Tagesschau ja leider nicht. Sie dient sich diesen transatlantischen Minenlegern lieber gleich als Wurfschleuder an.**

Warum wohl stützt ARD-aktuell sich bei ihrer Nachricht auf eine US-amerikanische Untersuchung und bezichtigt ausschließlich das russische Internet-Magazin RT DE der Verbreitung von Fake News – anstatt erst mal im eigenen Archiv nachzugucken?

Der Veranstalter der fraglichen »Untersuchung« ist tagesschau.de zufolge »die Organisation AVAAZ«. Laut Wikipedia und *The Guardian* handelt es sich um die weltweit mächtigste Organisation für Menschenrechte, Umweltschutz, Konfliktbereinigung und das Edle an sich, um organisiertes Gutmenschentum mit Geschäftssitz in Washington.[222] Bedeutende Unterstützer sind solche Lichtgestalten wie die Milliardäre George Soros und Bill Gates sowie der kanadische Rechtsextremist und Medienmogul Ezra Levant. Zum Förderkreis gehört außerdem – wie könnte es anders sein – die Abteilung *National Endowment for Democracy* (!) des US-Außenministeriums. Auch die CIA hat demnach ihre Finger drin.[223] Prüft die Redaktion ARD-aktuell eigentlich jemals die »Qualität« ihrer Quellen?

Dass Deutschland abermals dicht am Rand eines Krieges steht und unsere Regierenden neuerlich mitwirken, ihn heraufzubeschwören, merkt man den Tagesschau-»Nachrichten« nicht an. Sie enthalten keinen Fingerzeig auf die wirklichen, gefährlichen Kriegstreiber und darauf, dass Mitteleuropa wiederum Schlachtfeld für die US-Interessen sein wird. Die ARD-Propaganda narkotisiert uns stattdessen – und leider ziemlich erfolgreich.

Alle großen Ereignisse der Geschichte wiederholen sich, Kriegslügen inbegriffen, man muss nicht zum Nachweis erst Hegel und Marx zitieren. Der nunmehr scheidenden Kanzlerin Merkel gelang es, deutsche Kriegsbeteiligungen und Militäreinsätze in fast zwei Dutzend Fällen als Friedenspolitik zu verhökern: »Wir wollen mit unseren Friedenseinsätzen in der Welt Verantwortung tragen.«[224]

Die Tagesschau kauft ihr jeweils den »Krieg-ist-Frieden«-Käse ohne Zweifel an der Qualität der Aussage ab. Ohne nach Motiv und Zielsetzung der regierungsamtlichen Bekundungen zu fragen, wie es Pflicht aller professionellen Journalisten ist.

Die Zahl der deutschen Soldaten, die während Schröders und Merkels Kriegskanzlerjahren ums Leben kamen, ist bekannt: 115.[225] Wie viele Menschen von Bundeswehrsoldaten ums Leben gebracht wurden, wissen wir hingegen nicht einmal ungefähr. Nur, dass es Tausende sind.

Gigantische Verschwendung

Über die bundesdeutschen Kriegskosten wissen wir ebenfalls nichts Genaues. Vor mehr als vier Jahren ließ die Merkel-Regierung einmal wissen, von 1992 bis 2016 seien mindestens 21 Milliarden Euro ausgegeben worden.[226] Dreiste Schönrechnerei. Seriöse Schätzungen reichen bis zu 50 Milliarden Euro. Das ZDF nennt in seiner Dokumentation »Der Preis des Krieges: Afghanistan« einen deutschen Kostenanteil von 47 Milliarden Euro.[227] Doch selbst der Bundesrechnungshof kann »keine allgemein akzeptierte Zahl zu den Kosten des Afghanistan-Einsatzes nennen«.[228]

Gigantische Verschwendung für deutsche Militäreinsätze, den Kriegsdienst eines unterwürfigen Vasallen der USA. Sie schaffen keinen Frieden und sind nicht einmal geeignet, Spannungen in Krisenregionen zu beseitigen.

Und angeblich zur Sicherung des Friedens spielt die Bundeswehr nun auch laufend Krieg gegen Russland, fast unmittelbar an dessen Grenze. Rund 200 Kilometer davon entfernt hat die Bundesluftwaffe auf der Basis Ämari in Estland sechs »Eurofighter« stationiert. Im Rahmen der NATO-Mission Air Policing Baltikum[229] absolvieren sie jährlich mehr als 200 Flüge zwecks »Verteidigung«. Ebenso oft beten uns die

Berliner HiWis den Unsinn vom kriegslüsternen Russen vor. Die Tagesschau überträgt die Litanei im O-Ton, kritiklos, aber beflissen.

»Mehrmals« seien die Eurofighter zum Abfangen russischer Maschinen über dem Ostseeraum eingesetzt gewesen, heißt es stolz aus NATO-Kreisen.[230] Auch wenn eine »brandgefährliche« russische Luftraumverletzung nicht mal eine Minute dauerte, lässt sich die Tagesschau die Chance nicht entgehen, daraus einen Aufreger zu machen.[231] Das ist im Sinne der intellektuell unauffälligen Kriegsministerin Annegret Kramp-Karrenbauer:

»Wenn man sich alleine die baltischen Staaten anschaut, wenn man sieht, wie oft Russland dort den Luftraum verletzt, ist zum Beispiel ein Air-Policing wichtig.«[232]

Gespenstisches

Auf dem Niveau von Bürokraten-Plankton labernd behauptet sie, von Russland gehe maximale Kriegsgefahr aus. Belege dafür hat sie nicht. Auch keine Hemmungen, über einen NATO-Atomwaffeneinsatz gegen Russland loszuspinnen:

»Wir müssen Russland gegenüber sehr deutlich machen, dass wir am Ende – und das ist ja auch die Abschreckungsdoktrin – bereit sind, auch solche Mittel einzusetzen, damit es vorher abschreckend wirkt und niemand auf die Idee kommt, etwa die Räume über dem Baltikum oder im Schwarzmeer Nato-Partner anzugreifen.«[233]

Absurdes Gestammel? Restlos übergeschnappt? In der 20-Uhr-Tagesschau kommt kein Wort über die verbale Ekstase der enthemmten Bundesministerin für »Verteidigung«. In der Internet-Nische tagesschau.de wird zwar über die Ungeheuerlichkeit berichtet, aber eben nur für Leser, homöopathisch verdünnt und unvollständig, wie wir es seit Jahren gewohnt sind. [234]

Passend dazu unterschlägt die Tagesschau, dass die USA soeben im Manöver Global Thunder zehn strategische Bomber einen Atomangriff auf Russland simulieren ließen, aus westlicher und östlicher Richtung zugleich.[235] Die durchgeknallte Manöver-Annahme: Russland habe zuvor mit einer kleinen Atomwaffe Westeuropa angegriffen. Transatlantisch verkorkste Schmocks machten daraus prompt:»USA simulieren russischen Atomschlag auf Europa.«[236] Nee, hirngewaschene Kollegen, andersrum wär's richtig gewesen: Die USA simulierten einen Atomschlag gegen Russland!

Großmütig ignoriert die Tagesschau, dass die USA und ihre Komplizen an der russischen Grenze provozieren, was das Zeug hält. Deutschlands »Freunde« eben … Rund um die Uhr werden westliche Luftangriffe trainiert und imaginiert, hauptsächlich zu dem Zweck, die Enklave Kaliningrad unter Druck zu halten.[237] Die Amis können davon gar nicht genug kriegen:

»Warum operieren die belgischen, dänischen, französischen und deutschen Luftstreitkräfte nicht näher und häufiger in Kaliningrad?«[238] (Übers. d. Verf.)

Nach relativer Ruhe während der Sommermonate ist die Hetzkampagne gegen Russland erneut voll entbrannt. Russische Truppen, so heißt es wieder, seien in Vorbereitung eines Angriffskrieges an der Grenze zur Ukraine zusammengezogen worden.[239] Realer Gegenstand zahlreicher Falschmeldungen darüber war ein regelmäßig stattfindendes Manöver auf dem Übungsplatz einer Garnison, die fast 300 Kilometer von besagter Grenze entfernt im Inneren Russlands liegt. Andererseits fehlen in den westlichen Medien Nachrichten über die umfangreichen Waffenlieferungen der USA an die Ukraine, über die Entsendung US-amerikanischer Söldner und regulärer britischer Soldaten sowie über den Einsatz türkischer Kampfdrohnen gegen die Republiken im Donbass.[240]

ARD-aktuell beteiligte sich natürlich am »Russen-bereiten-Angriff-vor« und verbreitete den Propaganda-Schmarrn zunächst ohne Distanz und kritische Prüfung.[241] Erst einige Tage später, als die Schadwirkung im Bewusstsein der Allgemeinheit schon eingetreten und gesichert war, kam ein Beitrag, der halbwegs ausgewogen schien: Der russische Standpunkt nahm ungewöhnlich breiten Raum ein. Die westlichen Anschuldigungen wurden jedoch wiederholt, die Frage nach ihrer Glaubhaftigkeit nicht aufgeworfen. Dergestalt malte die Tagesschau abermals ein nur scheinbar objektives Bild.[242]

Fehlerhafte oder gar fälschliche Berichterstattung räumt die ARD-aktuell ohnehin niemals ein. Folglich korrigiert sie sich auch nicht. Selbst wenn ihr journalistisches Versagen so offensichtlich ist. Nicht einmal dann, wenn sogar der Dorftrottel in Dödelshausen merkt, dass er veralbert wurde.

Der Russe war's, der Russe war's ...

Die Methodik der Feindbildpflege bleibt einfallslos gleich: Der Russe ist schuld, er ist immer gefährlich. Die Bezichtigungen werden nachdrücklich formuliert und so oft wiederholt, bis sie fest im öffentlichen Bewusstsein sitzen. Es bleibt ja immer was hängen.

Als vor sieben Jahren die MH17 der Malaysia Airlines über der Ukraine abgeschossen wurde – keiner der 298 Menschen an Bord überlebte, wir erinnern uns –, war auch für die Tagesschau sofort klar: russische Rakete, wahrscheinlich abgefeuert von »prorussischen Separatisten«.[243] Es folgten, bar jeder Rechtsgrundlage, serienweise Sanktionsbeschlüsse der USA, der EU und Berlins – gegen Russland.

Die Niederlande eröffneten nach fünf Jahren umtriebiger Ermittlungsarbeit einen Strafprozess gegen vier Angeklagte, in deren Abwesenheit: drei Russen und einen Ukrainer. Seit fast zwei Jahren schleppt sich das Verfahren hin und blieb bis heute ohne jede konkrete Erkenntnis. Jüngst haben die Ankläger sich nicht entblödet, im russischen Militär »Whistleblower« zu suchen und Anregungen zu streuen, wie die erhofften Aussagen, Dokumente und Fotos durchzureichen wären, ohne dass der Informant dabei erwischt wird.[244] Ein staatsanwaltschaftlicher Offenbarungseid, aber selbst der war der Tagesschau keinen Bericht wert.

Ob Berliner Tiergartenmord, ob vorgebliches Nowitschok-Attentat auf Vater und Tochter Skripal im englischen Salisbury oder der teure Affenzirkus um die behauptete Vergiftung des russischen »Oppositionsführers« (sic!) Nawalny, immer ist das gleiche Muster zu erkennen: sofortige Beschuldigung Russlands oder gleich gar des Präsidenten Putin. Maßlos, ohne Rücksicht auf Fakten und Umstände. Sanktionsbeschlüsse der EU folgen auf dem Fuß. Weiteres passiert aber faktisch nicht. Nur im Mainstream werden die oberfaulen Geschichten gelegentlich kurz aufgewärmt, damit der Propagandamüll im öffentlichen Gedächtnis als »Wahrheit« erhalten bleibt.[245]

Trauriges Ergebnis der aggressiven Kampagnenpolitik unter Beihilfe charakterloser Journalisten: Von 2010 bis 2020 ist das Ansehen Russlands in der deutschen Bevölkerung von 50 auf 30 Prozent gesunken (in den USA von 49 auf 18 Prozent).[246] Präsident Putin wird zur politischen Unperson stilisiert. Für Falschheit und Unsachlichkeit gibt es dabei keine Grenzen mehr.

Dösbaddel über die Gaspreise

Der neueste politisch-mediale Exzess: Dass die Gaspreise mittlerweile durch die Decke gehen, sei Putins Schuld. Der Kreml verknappe die Erdgaslieferungen und nutze sie als politische Waffe. Besonders lautstark beschweren sich Spitzenkräfte der Grünen mit solchem Quatsch.[247] Trampoline Baerbock, demnächst Außenministerin (Erbarmen, ihr Götter, lasst diesen Kelch an uns vorübergehen!«), zeigte einmal mehr, wie schamlos sie sich die Realität mit garantiert faktenfreiem Geschwätz zurechtbiegt: »Russland ist sehr zurückhaltend bei der Lieferung von Erdgas nach Europa.«[248]

Die westlichen Nachrichtenagenturen lieferten erwartungsgemäß lebhafte Unterstützung bei solcher Irreführung der Bevölkerung,[249] und auf derselben schrägen Grundlage berichtete auch die Tagesschau.[250] Da half nicht einmal, dass Kanzlerin Merkel die abwegige Meinungsmache zu stoppen suchte: »Russland kann ja nur Gas liefern auf der Grundlage von vertraglichen Bindungen und nicht einfach so.«[251]

Natürlich nicht. Die Schuldigen an der Gaspreistreiberei sind nicht in Russland zu suchen, da hat die Kanzlerin durchaus recht.[252]

Welche massenhaften Schäden die Preisexplosion hat und welche irren Kostensteigerungen für Gas und Strom auf die Bevölkerung zukommen, machte die Tagesschau inzwischen wenigstens halbwegs konkret: Gas werde um mehr als 20 Prozent teurer, im Jahresschnitt 369 Euro pro Haushalt. Die zusätzlichen Stromkosten werden bei 170 Euro liegen.[253]

Schuss ins eigene Knie

In seltener Fleißarbeit versuchte ARD-aktuell zu erklären, wie es zu dem hohen Gaspreis kam, vermied jedoch im Unterschied zur Kanzlerin den Hinweis, dass nicht Putin, nicht Russland schuld an der Malaise seien.[254] Tatsächlich verantwortlich sind die Regierung Polens und die EU-Kommission, weil sie haarsträubend bescheuert auf den »freien« Gasmarkt setzten und dort spekulative Einkaufspolitik wagten.[255] Kurzfassung der Geschichte: Als in der weltweiten Ölpreisflaute auf dem sogenannten Spotmarkt auch Erdgas zum Schleuderpreis angeboten wurde – zeitweise kosteten 1 000 Kubikmeter Gas dort kaum 90 Euro;[256] die langfristigen vertraglichen Festpreise der Gazprom lagen hingegen bei 350 Euro –, wollten Polen und die EU ihre Großhändler mit dem vermeintlichen Schnäppchen einen dicken Reibach machen lassen. Die teureren, aber langfristigen Vertragsangebote Russlands wurden ausgeschlagen. Doch alsbald zeigte sich: Der Tiefpreiswahn war kurz, die Reue währt nun lang. Öl wurde wieder teuer, Spekulanten trieben auch die Gaspreise an den Spotmärkten hoch und höher. In Spitzenzeiten auf bis zu 900 Euro, extrem über die russischen Garantiepreise hinaus.

Gazprom berechnet seine Dauerpreise gemäß einer mehrjährigen Ölpreis-Skala. Die damit erreichte Stabilität schützt die Interessen beider Seiten: die Kunden vor heftigen Preisausschlägen, den Verkäufer vor Kursstürzen und Preisverfall. Doch unsere EU-Größen meinten, der russischen »Staatswirtschaft« mittels »Marktliberalisierung« eins auswischen zu können.

Sie haben sich ins Knie geschossen. Den Schmerz muss allerdings die westeuropäische Bevölkerung aushalten, vor allem die deutsche; sie hat die Kosten der Fehlspekulation zu bezahlen.[257] Für die Abzocke sollte sie sich in Brüssel bedanken und nicht in Moskau beschweren.[258]

Man muss schon eine russenfeindliche, Grünen-mäßige Matschbirne haben, um zu ignorieren, dass der Energiebedarf Deutschlands allenfalls über Jahrzehnte hin zu verringern ist; die (durchaus richtige) Stilllegung der Atom- und der Kohlekraftwerke kann nur mit russischem Erdgas für moderne, hocheffiziente Gaskraftwerke ausgeglichen werden. Besonders deshalb, weil parallel zum Kohle- und Atomausstieg der Wechsel zum Elektro-Antrieb im Straßenverkehr stattfindet. Mit dem umweltseitig und chemisch belasteten, zudem teuren Flüssiggas LNG aus den USA ließen sich Deutschlands Versorgungslücken keinesfalls füllen, nicht einmal auf lange Sicht.

Die kriegswilligen Grünen wollen die »Nordstream-2«-Pipeline blockieren. Dümmer geht's nimmer. Im abenteuerlichen Vabanque-Spiel um günstige Energieversorgung hat die gesamte EU gegenüber Russland denkbar schlechte Karten.[259] Mal sehen, wer und wann in Westeuropa in diesem Winter zuerst kalte Füße bekommt. Am »Putin-ist-schuld« kann er sie nicht wärmen.

Es nähme nicht wunder, wenn man im Kreml bald – und zwar endgültig – von den Westeuropäern die Nase voll hätte und das russische Gas komplett zu vorteilhafteren Preisen nach China verkaufte. Angeblich liegt in Moskau seit Kurzem das Angebot eines kanadischen Ausrüsters auf dem Tisch, für 700 Milliarden US-Dollar die gesamte russische Energieversorgungsstruktur auf Asien und speziell auf China auszurichten und umzubauen.[260]

Falls es dazu käme: Gute Nacht, schöne Großmutter. Nicht mal für das schleimige »Guten Abend, meine Damen und Herren, ich begrüße Sie zur Tagesschau« würde der Energiesaft noch reichen, den man für die peinliche Sendung braucht.

* * *

Die Situation in der Ukraine eskalierte im Februar 2022, es kam bekanntlich am 24.2. zur russischen Invasion. Bei einem solch weltbewegenden Ereignis, das so manchen Beobachter von einer »Zeitenwende« sprechen ließ, darf man erwarten, ja muss man verlangen, dass die Berichterstattung eine ausgewogene Darstellung der Hintergründe liefert. Leider hat im bundesdeutschen Journalismus aber keine Zeitenwende stattgefunden. Nach wie vor wurde keine Frage nach den Nazis und ihren massenmörderischen Umtrieben in der Ukraine gestellt, ganz zu schweigen von der vorgeblichen Berechtigung der NATO, sich ohne Rücksicht auf friedenspolitische Interessen bis an die Grenze Russlands auszudehnen und dort Bedrohungspotenzial zu entwickeln.

Gift und Galle statt kühler Vernunft und Diplomatie

zuerst erschienen am 02.03.2022[13]

Parlament und Bundesregierung legten einen kulturellen und friedenspolitischen Offenbarungseid ab / Für die astronomischen Folgekosten werden alle bluten, nur die Superreichen nicht

Bundeskanzler Olaf Scholz: »… Kriegstreibern wie Putin Grenzen zu setzen …«[261] **Oppositionsführer Friedrich Merz: »… endgültig und für alle Welt sichtbar ein Kriegsverbrecher …«**[262] **Rauschender Beifall im Bundestag. Haben die beiden Schmähredner es jemals gewagt, sich in dieser Form über US-amerikanische Präsidenten und Kriegsverbrecher herzumachen? Über Bush sen. (Irak-Krieg 1991**[263]**), Clinton (Kosovo-Krieg 1998**[264]**), Bush jun. (Afghanistan-Krieg 2001**[265]**) und Obama (Syrien-Krieg 2011**[266]**, Libyen-Krieg 2011**[267]**)? Gegen jeden Krieg zu sein, ist selbstverständlich. In aller Welt gibt es deshalb die Forderung, den russischen Angriff auf die Ukraine zu verurteilen. Kaum jemand sucht Antworten, warum ausgerechnet die Regierungen jener Länder sich damit hervortun, die selbst zahlreiche Angriffskriege führen oder sie unterstützen. Das geht ausdrücklich auch an die deutsche Adresse.**

---

13 https://publikumskonferenz.de/blog/2022/03/02/gift-und-galle-statt-kuehler-vernunft-und-diplomatie/

Die ARD-Tagesschau nennt Scholzens Rede einen »historischen Moment«[268]. Der Publizist Tilo Gräser hingegen empfand sie als »eine Rede der Schande von historischem Ausmaß«.[269] In der Tat, US-Amerika hat Deutschland zum dritten Mal besiegt,[270] nunmehr im Alleingang, und Kanzler Scholz verlas den Wortlaut der deutschen Kapitulationsurkunde in Form einer Regierungserklärung.

Scholz machte damit Kotau vor den drei Oligarchien der USA: dem militärisch-industriellen Komplex, dem Öl-, Gas- und Bergbausektor und dem Finanz-, Versicherungs- und Immobiliensektor.[271] Wer sich davon überzeugen will, braucht nur einen Blick auf die fraglichen Börsenkurse an der Wall Street zu werfen.[272] Deutschland wird diesen Aktien umgehend – und entgegen zum Trend eines Börsencrashs – zusätzlich zu neuen Höhenflügen verhelfen. Das Herrschaftsinstrument, das sich die supranationalen Konzerne gefügig gemacht haben, heißt NATO. Sie war übrigens schon seit Jahren in der Ukraine militärisch präsent, dazu bedurfte es gar nicht erst der umstrittenen Mitgliedschaft dieses Staates, der seit dem Maidan-Putsch am Tropf der westlichen Wertegemeinschaft hängt.[273] Dazu weiter unten noch mehr.

Russland hat sich mit dem Angriff auf die Ukraine ohne vorherige Zustimmung seitens der UNO erstmals einer Vorgehensweise angeschlossen, die sich bisher die USA vorbehalten hatten. Deren 20-jähriger Krieg gegen Afghanistan forderte mindestens 240000 Tote,[274] und ihr zweiter Irak-Krieg endete mit mindestens 220000 zivilen Opfern.[275] An diesem Krieg war übrigens die Bundeswehr ebenfalls beteiligt. Das Bundesverwaltungsgericht in Leipzig hat das zwar als rechtswidrig beurteilt,[276] doch solche höchstrichterlichen Ansichten haben die Regierung noch nie groß gestört. Über die Entkräftung des Völkerrechts, zu der nun auch Russland beiträgt, ist schon viel Notwendiges, Lesens- und Bedenkenswertes geschrieben worden, auch über Moskaus objektiv gegebene Gründe.[277] Wir wenden uns deshalb einem anderen Aspekt zu.

Eines der erklärten Ziele des russischen Angriffs ist die Entnazifizierung der Ukraine.[278] Es wird mit Sicherheit verfehlt. Nicht, weil es sich bei dem »Nazi-Vorwurf« um eine »absurde, brutale Lüge« handelt, wie in der Tagesschau kolportiert.[279] Auch der Tagesschau-»Faktenfinder«

behauptet unter Berufung auf NATO-oliv-grüne Zeugen, es handele sich um pure russische Propaganda.[280] Das ist eine längst weit verbreitete Realitätsverleugnung: In der Ukraine treiben viel zu viele Neonazis ihr mörderisches Unwesen, viel zu viele Rechtsextremisten haben bestimmenden Einfluss[281] in diesem Staat, und deshalb wird das Entnazifizierungsziel verfehlt.

Nazi-Alltag in der Ukraine

Das »qualitätsjournalistische« Ignorieren oder gar Leugnen der Neonazi-Aktivitäten in der Ukraine liegt ganz auf der Argumentationsebene der Bundesregierung. Die weiß genauestens darüber Bescheid, dass seit der mörderischen Terrorkampagne des Präsidenten Poroschenko gegen die prorussische Bevölkerung der Ostukraine dort Neonazis in Regimentsstärke gewütet haben.[282] Dafür berüchtigt ist das Regiment Asow. Es kennzeichnet seine Uniformen demonstrativ mit Nazi- und SS-Symbolen wie der »Wolfsangel«.[283] Die Bundesregierung ist nicht nur Mitwisserin, sondern Mitschuldige der Untaten: Die neonazistischen Verbände wurden in die reguläre ukrainische Armee eingegliedert, und diese Armee wurde von rund 4000 NATO-Soldaten geschult,[284] darunter auch solchen der Bundeswehr.[285]

Über den umfassenden politischen Einfluss der Rechtsextremisten auf die Politik der Ukraine urteilte die Stiftung Wissenschaft und Politik (SWP):

»Auch wenn rechte und rechtsextreme Parteien bei den Wahlen seit 2014 keine nennenswerten Erfolge erzielen konnten, hat nationalistisches Gedankengut in der gesellschaftlichen Auseinandersetzung um den Konflikt im Osten (wie auch bei anderen Themen) erheblichen Einfluss. Es gelingt nationalistischen Akteuren immer wieder, die politische Führung zur Anpassung ihrer Politik zu zwingen.«[286]

Dass es kein Naziproblem in der Ukraine gebe, wie zum Beispiel der in Moskau akkreditierte ARD-aktuell-Korrespondent Demian von Osten wiederholt behauptete,[287] ist also offensichtlich gelogen. Es bedient das Narrativ von lupenrein freiheitlich-demokratischen Verhältnissen in der Ukraine, das derzeit in der deutschen Öffentlichkeit vorherrscht.

Der mediale Begleitschutz der Tagesschau-Nachrichten für die Nazistrukturen ist in der gesamten Nach-Maidan-Zeit nachweisbar. Entweder wurde von den braunen Flecken keine Notiz genommen oder sie wurden bagatellisiert. Herausragende Beispiele: die verharmlosend wirkende Berichterstattung über das neonazistische Massaker von Odessa,[288] bei dem 45 Menschen im Gewerkschaftshaus eingekesselt wurden und das Gebäude anschließend gestürmt und niedergebrannt wurde; die ignorante Unterlassung von Informationen über die Wahl Andrij Parubijs, des Mitbegründers der paramilitärischen Schlägertruppe »Patriot des Maidan«, zum Präsidenten des ukrainischen Parlamentes; die Verbrüderungsszene, auf die sich der frühere Bundespräsident Joachim Gauck ausgerechnet in Babi Jar mit Parubij einließ;[289] an diesem Ort hatten 1941 deutsche Mörder und ihre ukrainischen Helfer 33 000 Juden umgebracht.[290]

Grauzone zur Volksverhetzung

Die Tagesschau war auch bezüglich der Entwicklung in der Ukraine zuverlässiger Propagandist, dessen Dauerberieselung mit häufig irreführenden Halbinformationen ihren Zweck erfüllte: das abgewirtschaftete, von Korruption und von ultranationalistischen Kräften heimgesuchte Land als demokratische Entität erscheinen zu lassen, für deren (Bürgerkriegs-)Elend ausschließlich Russland verantwortlich sei. ARD-aktuell kann es als seinen publizistischen Erfolg verbuchen, die deutsche Bevölkerung so weitgehend gegen Russland aufgebracht zu haben.

Vor dieser Kulisse konnte die Bundesregierung die völkerrechtswidrige Sanktionspolitik der EU gestalten, konnte EU-Präsidentin von der Leyen sogar grundgesetzwidrige Verbote gegen russische Medien ankündigen.[291] Welch ein Gesinnungsterror! Münchens Oberbürgermeister Reiter entließ den weltbekannten Dirigenten der Münchner Philharmoniker, Waleri Gergijew, weil der sich nicht umgehend auf die ultimative Forderung einließ, sich öffentlich von Putin zu distanzieren.[292] Unter ähnlichem Druck steht die berühmte Star-Sopranistin Anna Netrebko.[293] Altkanzler Schröder verliert seine Büromitarbeiter. Die gaben zwar keine Gründe dafür an. Es wird ihnen einfach unterstellt, Schröders Ablehnung, von seiner Freundschaft mit Putin Abstand zu nehmen, habe den Anstoß gegeben.[294]

Es mehren sich auch Berichte, dass russische Lkw-Fahrer, die auf deutschen Autobahnen unterwegs sind, beschimpft und belästigt werden. Dass der Russenhass ansteckend wirkt, ist nicht mehr zu leugnen.[295]

In diese Atmosphäre passt, dass Bundeskanzler Scholz ein gigantisches Kriegsrüstungsprogramm im Bundestag auflegen ließ: »Oberste Priorität: Wir werden die nächste Generation Kampfflugzeuge gemeinsam mit Frankreich bauen. Die Verträge zur Euro-Drohne sind endlich unterzeichnet; auch die Anschaffung der bewaffneten Heron-Drohne aus Israel treiben wir voran. Der Euro-Panzer wird zur electronic warfare (= elektronische Kriegsführung) befähigt werden, das Kampfflugzeug F-35 kommt als Trägerflugzeug in Betracht. … Für die nukleare Teilhabe werden wir rechtzeitig Ersatz für die veralteten Tornados beschaffen … Sondervermögen Bundeswehr von 100 Milliarden Euro … im Grundgesetz verankert … Ausgaben für die Bundeswehr von mehr als zwei Prozent (des Brutto-Inlandsprodukts) schon in diesem Jahr …«[296]

Das ist die Neuauflage der sozialdemokratischen Zustimmung zu den Kriegskrediten für Kaiser Wilhelm II. vor über 100 Jahren. Natürlich diesmal »nur noch« zur Sicherung unserer Freiheit, ohne die Weltherrschaftsfantasien des Kaiserreichs. Aber ergänzt um desaströse Waffenlieferungen an Kiew, die – wenn Russland sie nicht vernichten kann, bevor sie ihr Ziel erreichen – das Leid der ukrainischen Bevölkerung verlängern und die Opferzahlen auf beiden Seiten erhöhen werden. Dazu kommen aus dem Hohen Hause in Berlin noch unentwegt Hassbotschaften an russische Politiker; von notwendiger Vermittlungs-, Friedens- und Verständigungsbereitschaft ist keine Spur mehr.[297]

Journalistischer Stumpfsinn

Geschichtsvergessenheit, von ARD-aktuell und ZDF-heute zu verantworten und am 24. Februar erschütternd bedenkenlos demonstriert, machte es möglich:

»Es ist ein Tag, der Europa erschüttert. … Der russische Präsident … führt einen Angriffskrieg gegen die Ukraine im Herzen von Europa. »Einen solchen Angriffskrieg in Europa hat es seit über 80 Jahren nicht mehr gegeben …«[298]

War der NATO-Angriffskrieg gegen Serbien im März 1999 also bloß ein 78 Tage dauerndes Bombardement, das mit einem Kollateralschaden von mehr als 20 000 Toten und ungezählten Verwundeten endete?[299] War das deshalb kein abscheulicher Angriffskrieg, weil statt eines Russen das transatlantische Gespann US-Clinton und BRD-Schröder/Fischer verantwortlich war?

Geschichtsvergessenheit: Am 28. Februar begrüßte Bundestagspräsidentin Bärbel Bas den auf der Ehrentribüne sitzenden ukrainischen Botschafter Andrij Melnyk. Die Abgeordneten feierten den Agitator, der die Bundesregierung zuvor wochenlang angegiftet und verächtlich gemacht hatte, mit minutenlangem Beifall und Standing Ovations. Am Ende dieser erbärmlichen Nummer wurde der Mann auch noch vom Altbundespräsidenten Gauck umarmt.[300] Gleich und gleich umarmt sich gern … Der Bellizist Melnyk kann es auch als seinen Erfolg verbuchen, dass Kanzler Scholz seine bis dahin moderate Rolle endlich aufgab (Schweigen zur Forderung, auf Nord Stream 2 zu verzichten, Ablehnung von Waffenlieferungen an die Ukraine sowie des Verlangens, Russland vom weltweiten Finanztransaktionssystem SWIFT auszusperren).

Fragwürdiger Botschafter

Wer ist dieser auch von der Tagesschau mit zahlreichen Interviews[301] in Überlänge hofierte Andrij Melnyk? Vor fast sieben Jahren galt ihm schon einmal die Aufmerksamkeit des Bundestages. Damals hatte die Linken-Abgeordnete Dağdelen wissen wollen:

»Inwieweit ist der Bundesregierung bekannt, ob der ukrainische Botschafter in Deutschland, Andrij Melnyk, bei seinem Besuch in München am 27. April 2015 am Grab des Antisemiten und Nazi-Kollaborateurs Stepan Bandera Blumen niederlegte[302], und inwieweit trifft es nach Kenntnis der Bundesregierung laut dem polnischen Präsidenten Bronisław Komorowski zu, dass das vom ukrainischen Parlament am 9. April 2015 verabschiedete Gesetz, das die ehemaligen Mitglieder der Organisation Ukrainischer Nationalisten (OUN) und der nationalistischen Aufstandsarmee UPA – die im Jahr 1943 die Massaker an der polnischen Bevölkerung in Wolhynien begingen – als Unabhängigkeitskämpfer eingestuft und ihnen gesetzlich weite Sozialpräferenzen gewährt hat, den Dialog mit der Ukraine über die polnisch-ukrainische Geschichte verhindert?«[303]

Die Antwort der Bundesregierung gab seinerzeit Staatsminister Michael Roth (SPD):

»1) Die Aussage des polnischen Präsidenten ist der Bundesregierung bekannt. Das am 9. April von der Rada beschlossene Gesetz ›über den Rechtsstatus und das Andenken an die Teilnehmer am Kampf für die Unabhängigkeit der Ukraine im 20. Jahrhundert‹ ist bislang nicht in Kraft getreten, sodass seine möglichen Auswirkungen auf den polnisch-ukrainischen Dialog zu historischen Fragen derzeit noch nicht eingeschätzt werden können. Die Bundesregierung verurteilt die von der Organisation Ukrainischer Nationalisten, OUN, teilweise unter Leitung Banderas, begangenen Verbrechen an polnischen, jüdischen und ukrainischen Zivilisten und Amtsträgern. Dabei ist sie sich bewusst, dass ein erheblicher Anteil an diesen Verbrechen in Kollaboration mit deutschen Besatzungstruppen begangen wurde.

2) Die Aussage des polnischen Präsidenten ist der Bundesregierung bekannt. Das am 9. April von der Rada beschlossene Gesetz ›über den Rechtsstatus und das Andenken an die Teilnehmer am Kampf für die Unabhängigkeit der Ukraine im 20. Jahrhundert‹ ist bislang nicht in Kraft getreten, sodass seine möglichen Auswirkungen auf den polnisch-ukrainischen Dialog zu historischen Fragen derzeit noch nicht eingeschätzt werden können.«[304]

Dieser Melnyk hatte die Bundesregierung für ihre zunächst geübte Zurückhaltung bereits mehrmals öffentlich geschmäht und ihr eine angebliche Nähe zu typischem Nazi-Verhalten attestiert. (»Die Ukrainer fühlten sich bei dieser herablassenden Attitüde unbewusst auch an die Schrecken der Nazi-Besatzung erinnert, als die Ukrainer als Untermenschen behandelt wurden.«) Er hatte der Scholz-Truppe darüber hinaus »deutsche Arroganz und Größenwahn« vorgeworfen. In einer öffentlichen Nachricht an die FDP-Abgeordnete Strack-Zimmermann schrieb Melnyk, dass »Deutschland das Morden von Hunderttausenden einfach in Kauf nehmen würde«.[305]

Für derlei Unverschämtheiten würde der Außenminister jedes kultivierten Landes den fraglichen Botschafter umgehend zur unerwünschten Person erklären und nach Hause schicken. Ministerin Baerbock, auch hier ganz die willfährige Auftragnehmerin der US-Administration, ließ den pöbelnden Melnyk monatelang gewähren. Da verstehen sich welche untereinander prächtig:

Als die UN-Vollversammlung am 16. Dezember 2021 die Resolution »Bekämpfung der Glorifizierung von Nazismus, Neonazismus und anderer Praktiken, die dazu beitragen, gegenwärtige Formen des Rassismus, der Rassendiskriminierung, der Fremdenfeindlichkeit und verwandter Intoleranz zu fördern« verabschiedete, hatten nur zwei Nationen dagegengestimmt: die USA und die Ukraine. Und Deutschland? Hatte sich der Stimme enthalten.[306] So viel zum Thema »Umgang mit (ukrainischen) Neonazis« und dem politischen Anstand.

Von einer derart opportunistischen, den USA gefügigen und den russophoben deutschen Massenmedien hörigen Bundesregierung sind denn auch nur katastrophale politische Ergebnisse zu erwarten. Für die schädlichen Folgen der Kriegsrüstung und der hochaggressiven Ostpolitik werden unsere deutschen Oligarchen[307] keinen Cent (Vermögens-)Steuer zahlen müssen; für die gewaltigen neuen Staatsschulden und die Folgekosten der Sanktionspolitik werden vielmehr die kleinen Leute bluten, und der Rest-Sozialstaat wird marginalisiert werden. Zugleich lässt sich die Bundesregierung von ihrem Sprecher Steffen Hebestreit als Befürworterin friedlicher Konfliktlösungen anpreisen:

»Die deutsche Bundesregierung hat die Gespräche zwischen Delegationen Russlands und der Ukraine grundsätzlich begrüßt. ... Diplomatische Lösungen ... immer die einzig sinnvollen.«[308]

Pure Heuchelei. Er und seine ministeriellen Auftraggeber wissen genau, dass die Verhandlungen von der ukrainischen Seite her im Auftrag Washingtons aufs Scheitern ausgerichtet sind. Sie selbst hatten sich ja geweigert, über die russischen Sicherheitsbedürfnisse eine Verständigung herbeizuführen.

Kalter Krieg wiederbelebt

Am 4. Februar, noch keine vier Wochen ist es her, hatten Russland und China die multipolare Welt ausgerufen,[309] in der sie und andere Länder, darunter Iran und Indien, Partner beziehungsweise Verbündete sind. Sie sind stärker als ihr Gegner, der einstige Weltherrscher USA. Deutschlands Abkehr von Russland zeigt jetzt aber, dass unsere Regierung auf das seit Jahren verfolgte US-Konzept zur Wiederbelebung des Kalten Kriegs vollständig hereingefallen ist.

Baerbocks Sprüche »Wir als Deutschland sind bereit, selber dafür einen hohen wirtschaftlichen Preis zu bezahlen«[310] und »Das wird Russland ruinieren«[311] sind monströse Dummheiten – auf Kosten der betroffenen Völker. In Anlehnung an eine weltweit berüchtigte Sportpalast-Rede: »Wollt ihr die totale Sanktionierung Russlands? Wollt ihr sie – wenn nötig – totaler und radikaler, als wir sie uns heute überhaupt erst vorstellen können?«

Welch ein verantwortungsloses Gerede! Wie hoch der Preis wirklich wird, den wir für ihre und der Bundesregierung Fehler zu zahlen haben werden, ist noch gar nicht absehbar. Nur, dass er astronomisch werden wird, das steht schon fest.

* * *

Dachte man zu Anfang vielleicht noch, das journalistische Versagen bei Darstellung dieses Krieges von so weltbewegendem Gewicht sei möglicherweise nur die Folge eines heftigen, aber vorübergehenden Schocks, so sah man sich schnell eines Schlimmeren belehrt. Die Berichterstattung wurde von Tag zu Tag einseitiger. Von Wahrnehmung und Erläuterung der Kontexte konnte keine Rede sein, von Souveränität und Eigenständigkeit auch nicht. Der Tagesschau-Journalismus fiel auf Fastfood-Niveau nach McDonald's Beispiel: einseitig, schnell zubereitet, pappig, wenig Inhalt, ungesund, aber die Verpackung muss stimmen!

McTagesschau-Burger, blau-gelb verpackt

zuerst erschienen am 22.04.2022[14]

Das Info-Fastfood mit US-Kriegswürze schmeckt, wie wenn man die Zunge zum Fenster raushängt

Die ARD-Tagesschau hat die meisten Zuschauer. McDonald's hat die meisten Besucher. Das Erfolgsrezept: Fastfood. Es macht denkfaul, fett und satt. Ist allerdings gesundheitsschädlich, mental und physisch. Besonders der aktuelle McTagesschau-Billigburger, die antirussische Kriegshetze in blau-gelber Verpackung, ist zum Speien. Das Angebot füllt aber seit Wochen gut die Hälfte der gesamten Sendezeit. Als Nachspeise folgt ein ARD-Brennpunkt dem anderen, der mediale Druck/Dreck will nur das eine: Deutschland soll sich noch mehr als bisher für die Ukraine verausgaben. »Schwere Waffen her«, bölken Baerbock, Habeck & Co., »Panzer und Artillerie!« Im verbalen Vabanque spielt die Bundesregierung ganz vorne. Zwangsläufig sinkt die Reizschwelle für einen atomaren russischen Gegenschlag. Und die Anglo-Amis freuen sich über ihre dummen Deutschen, die bereit sind, ihr Land zum Schlachtfeld machen zu lassen. Mehr noch als die Polen – und das will was heißen.

Die Sprüche der Ausfallerscheinungen in Regierungsfunktion kritiklos weiterzureichen, ist eine der journalistischen Glanzleistungen.

---

14 https://publikumskonferenz.de/blog/2022/04/22/mctagesschau-burger-blaugelb-verpackt/

Baerbock toppt, allwissend wie immer: »Die Ukraine braucht ...
schwere Waffen. Jetzt ist keine Zeit für Ausreden ...«[312] Die Tagesschau legt nach: »Lieferung schwerer Waffen: Union erhöht Druck
auf Scholz.«[313] Die ARD-aktuell erkennt nicht ihre Mitschuld an dem
kollektiven Hirnriss, der Waffenlieferungen an Kriegsparteien für
vernünftig hält. In der kriegsgeilen Kakofonie drohen die Stimmen
der Vernunft unterzugehen. Albrecht Müller, vormals Leiter des Planungsstabes in Willy Brandts Kanzleramt: »Sind wir denn alle verrückt geworden?!«[314]

Das sind wir wohl. »Solidarität mit der Ukraine«, die Friedensparole
der NATO, ist zum russophoben Dogma geworden. Die Nachrichtensendungen der Tagesschau sind voll von ukrainischem Heldenmut
und »russischen Kriegsverbrechen«. Die Hatz auf Präsident Putin und
alles, was »prorussisch« erscheint, überschreitet alle professionellen
Regeln des Journalismus und jeden persönlichen Anstand.[315]

Der Qualitätsjournalismus zeigt ein Muster, das die Bundeszentrale
für politische Bildung so beschreibt: »In Verbindung mit dem Krieg
machen Politiker, Militärs (und Massenmedien) von Propaganda Gebrauch, um zum Beispiel die eigene Bevölkerung von einem Krieg zu
überzeugen. Sie betonen die Notwendigkeit des Krieges (vernichtens-
werte Feinde, Sicherheit der eigenen Bevölkerung, Absetzung eines
brutalen Regimes et cetera) und blenden alle anderen Aspekte aus (eigene Macht- und Wirtschaftsinteressen, ausgelöstes Kriegsleid, Kriegsverbrechen der eigenen Soldaten et cetera).«[316]

Füglich ist »der Russe« an allem schuld. Nur er. Ohne Beweisführung, ohne halbwegs logische Argumentation oder Beanspruchung
eines faktensicheren Kurzzeitgedächtnisses. Nachdenken würde eh
bloß anstrengen.

Der Wunschkrieg

Was waren denn Putins Forderungen? Er wollte verlässliche Sicher-
heitsgarantien für sein Land. Die USA verweigerten sie ihm. Er wollte
die Zusage, dass die Ukraine nicht NATO-Mitglied wird und der Westen

sie nicht weiter zum Aufmarschgebiet gegen Russland ausbaut (unter anderem mittels Raketen-Abschussbasen). Die USA und ihre NATO-Heloten wiesen das zurück. Putin forderte, den Krieg und die täglichen Terrorschläge Kiews gegen die ethnisch russische Bevölkerung der Südost-Ukraine endlich einzustellen. Die USA und ihre Vasallen ließen auch darüber nicht mit sich reden.

Der US-Weltherrscher wollte diesen Krieg. Washingtons Drohpotenzial, seine militärischen und seine wirtschaftlichen Provokationen garantieren ja das US-Imperium und den Gehorsam Westeuropas. Zugleich stützen sie den räuberischen Anspruch auf den euroasiatischen Rohstoffreichtum und die Blockade des chinesischen Projekts »Neue Seidenstraße«.

Den wirklichen Kriegshintergrund verzerrt der deutsche Medienspiegel, sei es aus Absicht oder aus Ignoranz. Überblendet wird sein Trugbild mit geschönten Darstellungen unserer selbstgerechten politischen Klasse: »Wir« sind im Ukraine-Krieg, »wir«, die Guten. Kein Zweifel ist erlaubt. Niemand soll/darf klarstellen, dass das Engagement der ungezählten tatsächlich Wohlmeinenden, ihre Spenden- und Hilfsbereitschaft, ihr Mitleid mit der vom Krieg so entsetzlich heimgesuchten ukrainischen Zivilbevölkerung (Bucha, Mariupol), von unseren regierenden Zynikern schwer missbraucht wird. Die tun nur so, als seien sie tatsächlich daran interessiert, das grauenhafte Leid in der Ukraine zu mildern. Betrachtet man die Effekte ihrer Politik und auch deren Nutznießer, dann zeigt sich ein gänzlich anderes Bild, über das weder ARD-aktuell noch der übrige Mainstream berichten.

Präsident Selenskyj wird als Lichtgestalt im Kampf für Freiheit und Demokratie der Ukraine dargestellt. Kaum eine Tagesschau-Sendung ohne ihn in Olivgrün und mit großmäuligen Sprüchen über seine Bereitschaft zum Widerstand bis zur letzten Patrone. Dass sein Regime wegen beträchtlicher militärischer Verluste – nach (allerdings nicht überprüfbaren) russischen Angaben sind bereits mehr als 20 000 ukrainische Soldaten gefallen – allen Männern zwischen 18 und 60 Jahren die Ausreise verbot und sie damit von ihren fluchtwilligen Frauen und Kindern trennte, fand keinen Platz in unseren TV-Nachrichten. Wohl aber die Behauptung des im Lügen und Aufschneiden geübten Selenskyj, in den ersten 50 Kampftagen seien lediglich 3 000 ukrainische Gefallene zu beklagen gewesen.[317] Zumindest in seiner ersten Phase zeigte der russische Angriff eine vollkommen neue Form der Kriegsführung. Sie verschont weitgehend die Zivilbevölkerung. Entgegen den Behauptungen der ARD-aktuell konzentrierten sich die Angriffe auf die militärische und die militärisch genutzte Infrastruktur der Ukraine. (Anmerkung: Im Unterschied dazu hatte die ukrainische Armee gezielt die Wohngebiete in den russland-freundlichen Republiken Donezk und Lugansk mit Artillerie und Raketen beschossen, weil sich die Bevölkerung den Maidan-Putschisten nicht unterwerfen wollte. Diese Massaker waren der Tagesschau keine Nachrichtenserie wert gewesen.) Die UNO registrierte bis zum 20. April 3 455 getötete Zivilisten.[318] Zum Vergleich: Beim rund 50 Tage dauernden Angriff auf den Irak anno 2003 brachte das US-Militär in den ersten 50 Tagen nicht nur rund 60 000 irakische Soldaten um, sondern massakrierte mit rücksichtslosen Flächenbombardements gleich zum Auftakt auch mehr als 10 000 Zivilisten.[319]

Informations-Defizit

Die russische Armee hat bisher hauptsächlich Waffen- und Munitions-depots, Gefechtsstände, Raffinerien, Rüstungsbetriebe und Nachschubwege angegriffen. Nach ukrainischen Angaben ist bereits ein Drittel der gesamten Infrastruktur des Landes beschädigt oder zerstört, darunter zwei Drittel aller Tankstellen.[320] Die Schäden beliefen sich auf rund 100 Milliarden Dollar.[321] Es bleibt bei dieser Art Kriegsführung zwar die Zahl der zivilen Toten und Verwundeten begrenzt, aber die materielle Zerstörung könnte die Ukraine ohne einen baldigen Friedensvertrag »unbewohnbar« machen[322] und zur Abwanderung eines erheblichen Teils der 40 Millionen Ukrainer Richtung Westeuropa führen. Mit enormer wirtschaftlicher Belastung der aufnehmenden Länder.

Nach russischen Angaben wurden bisher (Stand 19. April) 139 Flugzeuge, 483 Drohnen, 250 Flugabwehr-Raketensysteme, 2 326 Panzer (95 Prozent des Gesamtbestandes) und andere gepanzerte Kampffahrzeuge zerstört, ein Volumen, das auch mit möglichen Waffenlieferungen aus dem Westen nicht ausgeglichen werden kann.[323]

Das alles erfahren Tagesschau-Konsumenten jedoch nicht. So bleibt ihnen verschlossen – falls sie sich nicht noch anderweitig umsehen, was systematisch per Zensur erschwert wird –, dass den politisch Verantwortlichen im Westen die Opfer und Verluste der Ukraine damals wie heute und entgegen allen Beteuerungen gleichgültig sind. Der ständige Ruf nach immer mehr Waffenlieferungen mag als Beleg dafür dienen.

Bisher wurde es als Tabu und politische Amoral empfunden, Waffen in Krisengebiete zu liefern. Heute fordern die Vertreter der »politischen Mitte« (Schwarz-Rot-Grün-Gelb) völlig hemmungslos umfangreiche Waffengeschenke an die Ukraine. Die Kriegstreiber drehen den Spieß um: Wer Waffenlieferungen ablehnt, dem werden Kaltherzigkeit und mangelnde Hilfsbereitschaft unterstellt.

Der massive Rüstungstransfer in die Ukraine ist eine faktische, wenn auch keine völkerrechtliche Beteiligung am Krieg,[324] bei der man sich zwar nicht mit Blut besudelt, aber die Hände schmutzig macht. Militärisch sinnlos ist obendrein die Lieferung schwerer Waffen. Sie ändern nichts an der Unterlegenheit der Ukraine. Die kann nicht gegen Russland bestehen oder siegen.[325] Waffenlieferungen verlängern nur den Krieg, steigern die Zahl seiner Opfer und den Profit der Rüstungsindustrie.

Der Ex-Richter am Bundesgerichtshof, Thomas Fischer, resümiert: »Mit höchster Wahrscheinlichkeit wird die Ukraine diesen Krieg verlieren. Daran ändern weder das Rechthaben noch das Mitleid etwas. … Wollen wir wirklich die Ukrainer darin bestärken, ihre junge Generation in den Heldentod zu schicken?«[326]

Statt umfassender Information darüber, dass und warum die geforderten Waffenlieferungen der Zündfunke am Pulverfass sind und keinerlei positive Aspekte haben – nur die Profiteure der Rüstungswirtschaft und die politischen Schaumschläger mögen das anders sehen –, sendet die Tagesschau kriegstreiberische Signale. Sie wirkt daran mit, den Kreis jener aufrechten und standhaften Sozialdemokraten unter Druck zu setzen, die noch so etwas wie Skrupel und Verantwortungsbewusstsein zeigen und dem Waffen-Wahn nicht folgen.

»Doch wenn Scholz sieht, dass die Freiheit nicht mehr weit weg am Hindukusch, sondern mitten in Europa verteidigt wird … Warum zögert, zaudert, zagt die Bundesregierung dann noch? … Trotz ihrer selbst verordneten Geheimhaltungs-Strategie kann die Ampel schwer leugnen, dass sie bei den Waffenlieferungen vor aller Welt eher als Verhinderer denn als Ermöglicher dasteht.«[327]

Pfeif auf Gesetze

Das Selbstverständlichste während eines Krieges, nämlich Friedenslösungen anzumahnen, ist den Querschlägern in politischen Ämtern und in den journalistischen Rollen abhandengekommen. Das Grundgesetz spricht schon in der Präambel davon, es gelte, »in einem geeinten Europa dem Frieden der Welt zu dienen«.[328]

Und im NDR-Staatsvertrag steht verpflichtend: »Das Programm des NDR soll die … internationale Verständigung fördern, für die Friedenssicherung … eintreten.«[329]

Doch die Bellizisten im Reichstag kümmert's einen Dreck. Und die Schreibtischkrieger der ARD-aktuell schrecken nicht einmal davor zurück, die Friedensaktivisten der Ostermärsche und Gegner der Waffenlieferungen als realitätsfern herabzusetzen.[330]

Was Wunder, dass in unserer kaputten westlichen Werte-Welt keine namhaften Deutschen oder andere Westeuropäer, sondern opponierende US-Amerikaner und chinesische Spitzenpolitiker auf den einzig richtigen Weg zur Konfliktlösung hinweisen.

Chinas stellvertretender Ständiger Vertreter bei den Vereinten Nationen, Dai Bin:

»Ich möchte darauf hinweisen, dass das einfache Verhängen von Sanktionen und das Versenden von Waffen keinen Frieden bringen wird. Die Eskalation weitreichender Sanktionen hat zu einer Lebensmittelkrise und steigenden Energiepreisen geführt. Dafür zahlt die gesamte internationale Gemeinschaft einen hohen Preis, darunter Tausende von Frauen und Kindern in Afghanistan, Jemen, Afrika und der Sahelzone.«[331]

Und Ex-US-Präsident Donald Trump: Die Ukraine und Russland sollten umgehend verhandeln, denn:

»Wenn sie es nicht bald tun, wird es nichts mehr geben außer Tod, Zerstörung und Gemetzel.«[332]

Recht haben die beiden. Die deutschen Waffenlieferungen sind hingegen Torpedoschüsse gegen Kompromisse und baldige Verhandlungslösung. Das hysterische Geschrei nach schweren Waffen für die Ukraine zeigt, dass es unseren Heuchlern weder um die Belange der Zivilbevölkerung noch generell um Frieden in der Ukraine geht. Es geht ihnen einzig und allein um die politische und ökonomische Unterwerfung der Russischen Föderation.[333] Sie soll wie in Jelzins elender Regierungszeit zum willigen und billigen Rohstofflieferanten des Westens werden.

Taub für Warnsignale

Die politische Desorientierung der Bundesbürger nimmt unter diesen Bedingungen dramatisch zu. 60 Prozent haben Angst vor einem Dritten Weltkrieg. 70 Prozent befürworten aber weitere Waffenlieferungen. Solche Irrationalität muss sich vor allem die ARD-aktuell wegen ihrer miesen Meinungsmache zuschreiben. Auch politische Wendehälse und schamlose Opportunisten wie Michael Roth, Vorsitzender des Auswärtigen Ausschusses, dürfen sich diesen »Erfolg« ans Revers heften. Roth fordert Panzerlieferungen an die Ukraine mit einer Penetranz und Lautstärke, als bekomme er von Krauss-Maffey-Wegmann oder Rheinmetall Extra-Provisionen für jeden aufgemotzten Leo-1.

Nach der Ankündigung der USA, weitere 800 Millionen Dollar Militärhilfe an das Selenskyj-Regime zu leisten, richtete Russland an mehrere westliche Länder Protestnoten. Auch in Berlin ging ein solches Schreiben ein. Laut *Washington Post* warnt Moskau in dem Schreiben, die Waffenlieferungen könnten »unvorhersehbare Folgen« haben.[334] Damit hat der russische Präsident erneut eine rote Linie gezogen. Zu den »unvorhersehbaren Folgen« kann ein atomarer Präventivschlag zählen.[335] Das entspräche der Logik der bisherigen Entwicklung. Der Präsident eines Landes, das ökonomisch »ruiniert« werden und massive Waffenlieferungen an seinen Kriegsgegner hinnehmen soll, könnte sich tatsächlich irgendwann an den Punkt gebracht sehen, auf diese weitere, faktische Kriegsbeteiligung zu reagieren.

Putin hat die Grenzen seiner Duldungs- und Kompromissbereitschaft stets sehr deutlich gezogen und unmissverständlich geklärt, was passiert, wenn der Westen sie überschreitet. Erinnern wir uns: »Im Fall einer Fortsetzung der ziemlich aggressiven Linie unserer westlichen Kollegen werden wir mit adäquaten militärisch-technischen Maßnahmen antworten.«[336]

Wie es scheint, haben Kanzler Scholz und der nicht ausgesprochen borniert Teil der SPD-Abgeordneten endlich begriffen, dass jetzt Matthäi am Letzten droht und nach Putins Protestnote kein Raum mehr bleibt, über Siegesaussichten der deutschen Ukraine-Politik zu spekulieren. Der Erkenntnisprozess deutet sich zumindest in den Äußerungen des Kanzlers an. Am 14. April hatte er sich noch als grundsätzlich bereit zu Waffenlieferungen an die Ukraine erklärt: »Man muss darauf achten, was der Ukraine nützt.« Deutschland wolle »richtige und vernünftige Waffen liefern«.[337]

Am 16. April, einen Tag nach der russischen Protestnote, war von direkten Waffenlieferungen keine Rede mehr. Zwei Milliarden Euro Militärhilfe würden bereitgestellt, davon deutlich mehr als eine Milliarde Euro als Direktzahlung an die Ukraine. Die Ukrainer sollten sich »in Abstimmung mit den USA und den anderen Partnern die Waffen kaufen, die sie haben wollen«.[338]

Sehr viel verhaltener als vor Zeiten klangen auch der Vorsitzende der US-gestützten »Atlantik-Brücke«, Ex-Außenminister Sigmar Gabriel, sowie der vormalige Chef der Münchner »Sicherheitskonferenz«, Ex-Staatssekretär Wolfgang Ischinger. Gabriel: Man müsse die Ukraine zwar unterstützen, jedoch »zugleich über den ›Tag danach‹ nachdenken«[339] also über eine politische Lösung zur Beendigung des Krieges und den Bedarf einer Sicherheitsarchitektur. Ischinger, die »Kriegseuphorie« kritisierend: »Wir Deutschen neigen leider bekanntlich zu Extremen.« Seine Warnung:

»Es ist künftig nicht hinnehmbar, dass Russland nuklearfähige Kurz-
streckenraketen in Kaliningrad stationieren kann, die zum Beispiel Berlin in wenigen Minuten erreichen und vernichten könnten.«[340]

»Demokrat« in NATO-Oliv

Es wäre zudem längst geboten, den Empfänger der deutschen Waffenlieferungen kritisch und öffentlichkeitswirksam unter die Lupe zu
nehmen. Präsident Selenskyj und sein Regime sind Willkürherrscher.
Zu ihrem Machtmissbrauch gehörte die Ausgabe von Schnellfeuer-
gewehren und anderen Handfeuerwaffen an jedermann, auch an
vorzeitig entlassene Strafhäftlinge. Die Folge: ungezählte Übergriffe,
Folterungen und Lynchmorde an »Russenfreunden«, vorgeblichen
»Plünderern« und »Dieben« sowie an Minderheiten wie den Roma,[341]
ohne dass staatliche Behörden gegen den alltäglichen Terror ein-
schritten. Dieses Vorgehen folgt den gleichen faschistischen Motiven
wie Kiews seit 2015 geführter Krieg gegen die Ost-Ukrainer mit rund
14 000 Toten.[342]

Selenskyj, der Superdemokrat, im Berliner Reichstag mit Standing
Ovations bedacht, ließ sämtliche elf Oppositionsparteien verbieten.
Dito alle regierungskritischen Medien. Er ordnete an, politische Riva-
len zu verhaften, und leitete das Verschwindenlassen, Folterung und
Ermordung ukrainischer Dissidenten. Nicht sicht-, aber vorstellbar sind
die Fäden an der Marionette Selenskyj, gesponnen von seinem Vorgänger Poroschenko, gezogen von den Russenhassern und Kriegsge-
winnlern in Washington.

Der preisgekrönte US-Journalist Max Blumenthal schrieb dies unter
dem Titel »Ein Verräter weniger: Selenskyj beaufsichtigt Kampagne der
Ermordung, Entführung und Folterung von politischen Oppositionellen«.[343]

Blumenthal enthüllt in dem langen Beitrag, dass Selenskyj etliche
ukrainische Bürgermeister erschießen ließ, die mit den russischen Be-
satzern über Alltagsregelungen für ihre Einwohner verhandelt hatten.[344] Der Präsident ist zumindest politisch verantwortlich für die

Untaten des Lynchmobs in zahlreichen Ortschaften der noch »russenfreien« Ukraine. Selenskyjs Bündnis mit der menschenfeindlichen Machtelite der Ukraine ist schließlich ebenso evident wie deren mörderische Umtriebe und die grauenhaften Kriegsverbrechen der Neonazi-Brigaden, die dank einer Präsidentenverfügung in die ukrainische Armee integriert wurden.

Sowohl die führenden US-Politiker als auch ihre rot-grün-gelbschwarzen Kolonialverwalter in Berlin wissen genau, mit wem sie es in Kiew zu tun haben. Noch streben sie nach dem lang ersehnten Ziel, den Russen endlich wieder eine Niederlage beizubringen. Noch allerdings bleibt auch ein Fünkchen Hoffnung, dass Putin nicht zum Äußersten getrieben wird. Dass der Wertewesten seinen Stellvertreterkrieg in Osteuropa nicht bis zum letzten Ukrainer fortsetzt, sondern Friedensverhandlungen anstrebt.

* * *

Wie in den Artikeln zu Anfang des Ukrainekriegs schon angesprochen, zeichnete sich mehr und mehr ab, dass die Sanktionspolitik nicht die oft behauptete »Win-win-Situation« herstellen würde, sondern grundlegend falsch ist, ihre vorgeblichen Ziele verfehlt und zu enormen Verlusten führt. Die öffentlich-rechtlichen Nachrichtenanbieter traten aber weiterhin nicht als kritische Begleiter dieser Politik auf, sondern beteiligten sich daran, den Russenhass zu schüren. »Der Russe« ist ein idealer Sündenbock. Geeignet auch, ihn der deutschen Bevölkerung als Schuldigen für die beginnende wirtschaftliche Krise vorzuführen. Als ob das nicht schon schlimm genug wäre, diffamierten Politiker und ihre journalistischen Fanfarenbläser jeden, der auch nur leise Kritik äußerte, ob Alice Schwarzer, Sahra Wagenknecht oder Richard David Precht. Den päpstlichen Friedensappell verschwiegen sie gleich ganz. Offenbar erschien er auch der hart abwägenden Nachrichtenredaktion ARD-aktuell als zu unbedeutend.

Deutschlands Absturz: Scholz, Baerbock, Habeck und das neue deutsche Elend

zuerst erschienen am 09.10.2022[15]

Friedens-Unfähigkeit der Regierung, Realitätsverweigerung, Arroganz, Bürgerferne – und gleichgeschaltete Massenmedien

Deutschland im Herbst: kurz vor dem Absturz in große Not. Mit Kanzler Scholz voran, dem Bademeister im Schuldensumpf,[345] Vergangenheitsbewältiger ohne Cum-ex-Erinnerung[346] und auch angesichts der Gegenwartsgefahren ziemlich einfallslos. Mit einer Außenministerin Baerbock am Bein, selbst ernannte Fachfrau für Völkerrecht, zumindest aber für Lügengeschichten und exzessiven Russenhass, die sich zum Sicherheits-Hochrisiko in Europa entwickelt.[347] Und mit Wirtschaftsminister Habeck geschlagen, einem von jeglicher Sachkenntnis freien Schwadroneur,[348] der über »Mondpreise« für US-Fracking-Gas jammert und bei den Amis »führend dienern« will[349] (oder so ähnlich).

Bereiten wir uns also auf das winterliche Leben im Mehrfamilien-Wohnschlafzimmer vor und auf die per Fahrraddynamo zu betreibende Elektroheizung. Das bürgerferne Berliner Regime mit Fascho-Odeur, ohne Selbstzweifel und engagiert in kriegerischer Wumms-Politik, setzt längst die Nachrichtensendungen von ARD, Deutschlandradio und ZDF als erfolgreiche Verbal-Artillerie ein.[350] Ihr allabendliches Trommelfeuer auf die Intelligenz des Publikums ballert dessen Leidensbereitschaft und Russophobie herbei. So erklärt sich die bedingungslose grün-deutsche Hingabe an das neonazistische Regime in Kiew. Öffentlich-rechtswidriger Programmauftrag: unser täglicher Schulterschluss mit SS-Kamerad Selenskyj.[351]

---

15 https://publikumskonferenz.de/blog/2022/10/09/deutschlands-absturz-scholz-baerbock-habeck-und-das-neue-deutsche-elend/

Auf den korrupten Selbstherrscher in Kiew lassen Tagesschau & Co. nichts kommen: Russischsprachige Bücher und russische Musik verbieten,[352] den Ost-Ukrainern den Gebrauch ihrer Muttersprache untersagen,[353] kritische Fernsehsender dichtmachen,[354] rassistische Sprüche kloppen,[355] die Oppositionsparteien verbieten,[356] politische Gegner entführen und foltern lassen:[357] Selenskyj darf so was. Darüber verlieren öffentlich-rechtliche Qualitätsjournalisten kein Wort in ihren »hoch informativen« Nachrichtensendungen. Der Mafioso im Kiewer Präsidentenamt gilt ihnen als Ehrenmann. Seine Off-shore-Millionen sind für die Tagesschau aber tabu.

Charakterloser Journalismus

Die braune Brühe in und aus der Ukraine wird von den Redakteuren sorgfältig übergangen, die aus Hamburg gelieferte Tagesschau hat das Filtern auf allen Ebenen längst zur Perfektion entwickelt.

Als sich mehrere NDR-Redakteure darüber beschwerten, dass es in der NDR-Berichterstattung in Kiel einen »politischen Filter« (zugunsten der CDU-Landesregierung) gebe, war das Mediengetöse groß[358] – als ob da etwas Außergewöhnliches aufgedeckt worden wäre. Dabei belegen kritisch-unabhängige Autoren außerhalb des Dunstkreises der Konzernmedien und des öffentlich-rechtlichen Rundfunks bereits seit vielen Jahren zweifelsfrei, dass der »Qualitätsjournalismus« politisch abhängig ist, daher auch weitestgehend gleichgeschaltet: Er verletzt das Interesse breiter Bevölkerungsteile, er pervertiert die Meinungsbildungsfreiheit und begeht damit tagtäglich ideellen Verfassungsbruch.

Im NDR unternahm man nach Bekanntwerden der Kieler Kritik, was man in vergleichbaren Fällen immer tut: Man prüft mit eigens ausgesuchten »Gutachtern« im Hinterzimmer die einzelnen Vorwürfe und verständigt sich auf das übliche Ergebnis: Da ist nichts gewesen.[359] Was angeblich oder tatsächlich zu kritisieren war, wird dem kollektiven Gedächtnisverlust anheimgeben, die Zeit heilt alle Wunden. Die zu Aufpassern bestellten Mitglieder in den Rundfunkgremien spielen mit –

wer sich querlegt, gefährdet seinen Platz im Kasperletheater oder wird als Pups im Parfümladen erachtet.

Solche Verfahrens- und Verhaltensweisen sind systemkonform. Sie gaukeln der Öffentlichkeit vor, Rundfunk und Fernsehen hierzulande seien sauber und funktionierten bei der Kontrolle des Gemeinwesens und seiner Führung einwandfrei. Das täuscht darüber hinweg, dass die Nachrichtensendungen des öffentlich-rechtlichen Fernsehens geradezu standardmäßig »politisch gefiltert« sind; was täglich in Hamburg-Lokstedt passiert, kann nicht (wie in Kiel) als untypischer Betriebsunfall deklariert werden.

Die Redaktion ARD-aktuell hat Negativbeispiele in Hülle und Fülle im Archiv, insbesondere aus der Auslandsberichterstattung. Seit dem Maidan-Putsch 2014 ist die Tagesschau bekannt dafür, dass ihre Ukraine-Berichterstattung entgegen der gesetzlichen (= staatsvertraglichen) Objektivitätspflicht ausschließlich dem Interesse des »Wertewestens« dient. Die Redaktion ist nicht die Bohne um Objektivität bemüht. Sie arbeitet hochgradig parteiisch. Ihr zentrales Instrumentarium: Weglassen wesentlicher Informationen, unsachliche Akzentuierung, einfließende und/oder getarnte Falschnachrichten, Manipulation von Fakten und Aussagen. Das reicht von Falschdarstellungen über das Pogrom im Gewerkschaftshaus in Odessa über die uferlose Korruption des Regimes in Kiew bis zum Ignorieren des Massenmords an 14 000 Ostukrainern, gemeinschaftlich begangen von den neonazistischen Asow-Freikorps und der regulären ukrainischen Armee.

Der Krieg eskaliert ...

... und damit das Manipulieren und Fälschen bis zum Exzess, Nachrichten ohne Benennung von Ross und Reiter, aktuellstes Beispiel: »Teile der Krim-Brücke eingestürzt«[360], meldet die Tagesschau, verweist auf einen »Brand auf der Brücke« und sagt nicht sofort, was Sache ist: dass die ukrainischen Machthaber schon vor dem Krieg Pläne schmiedeten, diese Lebensader der Krim abzuschneiden, die Brücke zum russischen Festland zu zerstören. Schweigt sich natürlich darüber aus, welche Folgen dieser Gewaltakt haben muss: eine weitere Eskalation des Kriegsgeschehens.

Ganz anders die Nachrichten in den bewussten Medien. Putin habe wiederholt unterstrichen, »dass auf Angriffe auf russisches Territorium mit allen Mitteln reagiert werde, und hinzugefügt: ›Das ist kein Bluff.‹ Wenn er jetzt nicht reagiert, würde er sich als schwach und ängstlich zeigen.«[361]

Den Kontext zu Ereignissen darzustellen, Nachrichten damit verständlicher und einer sachgerechten Urteilsbildung dienlich zu machen, ist für ARD-aktuell längst kein journalistisches Muss mehr. Die verantwortungslose Haltung der Merkel-Regierung gegenüber dem völkerrechtlich verankerten Minsk-II-Abkommen wurde von der Tagesschau ebenso devot übergangen wie die Tatsache, dass USA, NATO und EU seit Jahren die Ukraine auf einen Krieg gegen Russland orientierten – unter Einsatz ihrer Geheimdienste und Söldner. Und dass sie das Land mit Unmengen Waffen belieferten, es finanzierten und seine Soldaten und uniformierten Hitler- und Bandera-Fans trainierten. Damit sorgte auch die ARD-aktuell dafür, dass der Durchschnittszuschauer die verbrecherischen Umtriebe der wertewestlichen Regierungen nicht als Mitursache für den Krieg in der Ostukraine begreifen konnte.

Dieser Hintergrund erhellt, warum es so problemlos gelang, die Mehrheit der Bundesbürger gegen Russland aufzuwiegeln und die seit Jahresbeginn gigantischen westlichen Waffenlieferungen als Beitrag zur Herbeiführung des Friedens (!) zu verkaufen – als ob es nicht längst ein Verbot von Waffenlieferungen in Kriegsgebiete gäbe; es ist im Grundgesetz bereits in der Präambel verankert.[362]

Treffend beschrieben: »Die Medien zeigen uns die Welt – allerdings nicht wie in einem Spiegel, sondern unvermeidlich als von ihnen erzeugte Welt, als Ergebnis eines höchst eigensinnigen Auswahl- und Produktionsprozesses. Diesen Prozess selbst zeigen sie aber nicht: Weder die Filter noch die Zutaten noch die ›geheimen‹ Künste ihres Handwerks ... wer keine Sensibilität dafür entwickelt, über welche Themen er lediglich hinweg hastet und bei welchen er ungebührlich verweilt, weiß am Ende nichts Verlässliches von der Welt, die ihm da gezeigt wurde. Und ist doch überzeugt, sie mit eigenen Augen gesehen zu haben.«[363]

Filter und Zutaten setzt die Tagesschau gelegentlich so übermäßig und wider jede Logik ein, dass der kritische Zuschauer zweifelt, ob den Redakteuren noch etwas Rest-Verstand geblieben ist. Beispielsweise bei der Berichterstattung über den Beschuss des Atomkraftwerks Saporischschja: Obwohl das AKW von russischen Truppen besetzt ist, erweckte ARD-aktuell – unisono mit Selenskyj und seiner medialen Entourage im Westen – den Anschein, als hätten die Russen selbst auf das AKW geschossen.[364]

Wer auch dabei an die zuverlässig russophob hechelnde Moskauer Korrespondentin Ina Ruck als Autorin denkt, irrt: ARD-aktuell hatte eigens für diese schräge Nummer die Lateinamerika-Korrespondentin Xenia Böttcher in die Ukraine gekarrt. Deren Qualifikation für wahrheitswidrige Meinungsmache und reaktionären Gossenjournalismus ist längst nachgewiesen, speziell mit ihren abfälligen und irreführenden Berichten über Venezuela.[365]

Filtern, filtern: Die EU beschloss kürzlich eine weitere Finanzhilfe von fünf Milliarden Euro für die Ukraine. Das Selenskyj-Regime wies das als ungenügend zurück.

»Jetzt will die Ukraine der EU schon vorschreiben, wie viel Geld sie aus Brüssel bekommt«[366], empörte sich der Blogger Eric Bonse. Und was berichtete die Tagesschau über den Skandal?

Nichts.

Durchgeknallt

Als der ukrainische Staatschef am 6. Oktober die NATO aufforderte, präventiv Atomwaffen gegen Russland einzusetzen, verschwieg ARD-aktuell in ihren Hauptsendungen sogar diesen verbalen Amoklauf Selenskyjs. Sie brachte nur eine Erwähnung im Kleingedruckten, auf tagesschau.de;[367] dort allerdings gleich zusammen mit einer abwiegelnden Bemerkung aus dem Umfeld des Kiewer Koksbruders: Selenskyj habe sich nicht auf die Gegenwart bezogen, sondern den

Kriegsbeginn im Februar 2022 gemeint. Solche Beispiele machen die Kriegsberichterstattung der ARD-aktuell als Propaganda-Mix kenntlich, gefiltert nach NATO-Interessen und denen einer deutschen Regierung, die sich ihre Handlungsgrenzen von Washington definieren lässt.

Wie oft schon haben wir und ungezählte andere Beschwerdeführer darauf hingewiesen, dass die ARD-aktuell damit gegen den Staatsvertrag verstößt, speziell gegen den Auftrag, »… die internationale Zusammenarbeit zu fördern, für die Friedenssicherung einzutreten … unabhängig und sachlich zu sein …« und damit den »anerkannten journalistischen Grundsätzen zu entsprechen«[368]? Es muss dennoch immer und immer wieder daran erinnert werden. Bis es – vielleicht – eines schönen Tages doch noch dazu führt, dass Politiker und Rundfunkräte Konsequenzen ziehen.

Welch arroganter Zynismus drückt sich in dieser salvatorischen ARD-aktuell-Klausel aus: »Angaben zu Kriegsverlauf, Beschuss und Opfern durch offizielle Stellen der russischen und der ukrainischen Konfliktparteien können in der aktuellen Lage nicht unmittelbar von unabhängiger Stelle überprüft werden.«[369]

Warum sendet die Redaktion dann nur Informationen von westlichen Nachrichtenagenturen, nicht aber von russischen? Warum beteiligt sich die ARD-aktuell an der informationellen Selbst-Kastration und protestiert nicht gegen die verfassungswidrige Zensur, die im Verbot russischer Medien in der EU gipfelt?[370]

Vom einstigen Bundeskanzler und verdienten Friedensnobelpreisträger Willy Brandt stammt der viel zitierte Satz:

»Ohne Frieden ist alles nichts.«[371]

Brandt setzte sich bekanntlich mit unbeirrbarem Verständigungswillen und schließlich erfolgreich für eine Aussöhnung mit dem Osten ein, gegen den ausdrücklichen Willen der britischen und der US-Besatzer in Deutschland. Demgegenüber erweist sich Kanzler Scholz als unglaubwürdiger Opportunist. Anfang März hatte er noch verkündet:

»Jeder weitere Tag, den der Krieg fortgesetzt wird, führt zu Zerstörung von Infrastruktur und Menschenleben … – auf beiden Seiten. Das muss unbedingt verhindert werden … Es geht darum, dass die Diplomatie wieder eine Chance bekommt.«[372]

Doch schon im Mai war er auf die Seite der Kriegsförderer gewechselt: »Ernsthaft über Frieden verhandeln wird Putin jedoch nur, wenn er merkt, dass er die Verteidigung der Ukraine nicht brechen kann.«[373]

Der Wählerwille zählt nicht

Für Scholz sind demnach Verhandlungsabsichten derzeit illusorisch. De facto stützt er damit den US-gesteuerten Scharfmacher Selenskyj; der ließ Verhandlungen mit Präsident Putin per Gesetz verbieten. Scholz' kriegerische Durchhalte-Politik stellt eine Verhöhnung des Mehrheitswillens seiner Mitbürger dar. Die stimmen zu 77 Prozent für sofortige Friedensverhandlungen zwischen der Ukraine und Russland.[374]

Scholz, rechtslastiger »Seeheimer« mit gewaltbeschönigender Vergangenheit,[375] berauscht sich lieber an der tödlichen Effizienz des deutschen Mordwerkzeugs, das inzwischen massenhaft in die Ukraine geschafft wird.[376] Wie solche Spezialdemokraten eben sind: Sie bedenken die Neonazis in der Ukraine mit Weihrauch, Gold und Vernichtungswaffen – in der Heilserwartung auf den Endsieg. Unter Beifall unserer Rüstungsbarone und gierigen Hyänen, die auf Anteile an der Beute von russischen Ressourcen lauern.

Doppelstandards, Opportunismus und Amoral des Kanzlers drücken sich auch in seiner Reise nach Riad aus. Dort kaufte er Öl und sagte im Gegenzug Waffenlieferungen zu. Auf dass die Saudis ihren völkerrechtswidrigen Krieg im Jemen fortsetzen können, der bereits mehr als 400 000 Menschenleben gefordert hat[377] und noch weit fürchterlicher wütet als der Krieg in der Ukraine. Das Rüstungsgeschäft mit Saudi-Arabien widerspricht übrigens dem Koalitionsvertrag mit den Grünen, aber die sind zwecks Machterhalt schon umgefallen.[378]

Die Grünen haben längst ihren Frieden mit dem Krieg gemacht.

Filtern, filtern, filtern: Als sich nach Alice Schwarzer weitere deutsche Prominente wie Richard David Precht, Juli Zeh und Ranga Yogeshwar im Juni öffentlich für Friedensverhandlungen im Ukraine-Konflikt einsetzten,[379] brachte die ARD-aktuell das wiederum nur in ihrer diskreten

Internet-Nische tagesschau.de, nicht aber in ihren TV-Abendsendungen. Spitzenmeldung war dort vielmehr ein gerade beschlossenes »Gesetz zur Selbstbestimmung«, das den Menschen die Möglichkeit gibt, ihr Geschlecht und Vornamen selbst festzulegen.[380]

Am 2. Oktober appellierte Papst Franziskus an den Präsidenten der Ukraine, »für ernsthafte Friedensvorschläge offen zu sein«. Kein Wort davon in den Hauptsendungen der ARD-aktuell. Die enthielten stattdessen Jubelmeldungen über weitere deutsche Waffenlieferungen.[381]

Wie verkommen inzwischen die deutsche Diskussionskultur in Friedensfragen ist, dank des Einflusses der Massenmedien, zeigt sich am Umgang mit dem Friedens-Vorschlag des US-Milliardärs Elon Musk. Auch der öffentlich-rechtliche Rundfunk ARD-aktuell tat ihn als »provokante« Äußerung ab.[382] Und fügte ihm den Kommentar der »Dreckschleuder« Andrij Melnyk hinzu, Ex-Botschafter der Ukraine in Deutschland:

»Verpiss dich (im englischen Original: Fuck off), ist meine sehr diplomatische Antwort an dich, Elon Musk.«

Friedensaktivisten diffamiert ARD-aktuell, indem sie eine Nähe zu AfD-Mitgliedern, »Verschwörungstheoretikern« und »Corona-Leugnern« andeutet, als hätten die kein Recht, sich für den Frieden einzusetzen.[383] John Pilger, weltweit bekannter australischer Journalist und Friedensaktivist:

»Wir leben in einer Mediengesellschaft, in der wir einer tückischen und unaufhörlichen Gehirnwäsche unterzogen werden ... entsprechend den Bedürfnissen und Lügen staatlicher und unternehmerischer Macht.«[384]

Die Sowjets zogen vor 32 Jahren in Freundschaft aus Deutschland ab. Die westlichen Besatzer jedoch blieben. Heute sollen wir die Russen wieder als Feinde betrachten, die Amis hingegen noch immer als Freunde. Trotz milliardenschwerer Besatzungskosten, Missbrauchs ihrer Garnison Ramstein für weltweite Drohnenmorde und der Garnison Büchel als Atombombenlager, trotz NSA-Bespitzelung, CIA-geheimdienstlicher Unterwanderung, Zwang zur Selbstzerstörung unserer Wirtschaft zum Nutzen der US-amerikanischen und trotz fortwährender politischer Bevormundung.[385] Die Bundesregierung, voran der dienernde Vizekanzler Habeck, legt Wert darauf, unter den Amis »Partner in Leadership« zu sein.[386]

Vom berühmten linken Schriftsteller Franz Jung (»Der Weg nach unten«)[387] ist überliefert, dass er Hitler in einem Münchner Wirtshaus anschrie: »Dir ham's ins Hirn g'schissen und vergessen, abzuziehen!« Jung überlebte in der Emigration.

Deutschland im Herbst: Der quer durchs Land gehegte Wunsch nach Frieden hat keinen politischen Marktwert. Er prägt auch nicht unsere Massenmedien. Dabei ist der Absturz in die wirtschaftliche und soziale Katastrophe schon in Sichtweite. Er wäre vermeidbar, denn eine der Nordstream-2-Röhren ist noch intakt: Die Amis haben sie nicht getroffen. Doch die USA beherrschen unser Land und verhindern Signale nach Moskau, die der Verstand geböte. Die westeuropäisch-russische Zusammenarbeit wird sich dennoch eines Tages durchsetzen – gegen ein imperiales System, das nur mit Sanktionen und Militär aufrechterhalten wird und nicht einmal mehr ein Viertel der Menschheit repräsentiert.

* * *

»Die Sicherheit der Bundesrepublik Deutschland wird am Hindukusch verteidigt.« Wer kennt ihn nicht, diesen legendären Satz des einstigen Verteidigungsministers Peter Struck. Was er damit sagen wollte, wurde nie abschließend erklärt. Es hat auch niemand ernsthaft nachgefragt. Wir schlitterten mit den USA nach Afghanistan. Was wir dort machten, warum wir das machten, welche Opfer dafür zu bringen waren und warum wir letztlich gescheitert sind, wurde nie schonungslos dargelegt. Die Politiker haben wenig Interesse, ihr Tun und Lassen so umfassend zur Debatte zu stellen. Unsere öffentlich-rechtlichen Nachrichtenredaktionen fordern sie auch nicht dazu auf. Sie käuen nur das wieder, was die Regierung vorverdaut hat, oder berichten gleich gar nicht drüber. Dabei ist die Niederlage im Afghanistan-Krieg ein epochales Fiasko der westlichen Wertegemeinschaft, es hätte unbedingt eine die gesamte Gesellschaft bewegende Grundsatzdebatte auslösen müssen. Weil aber die Medien darüber schweigen, ist vielen Mitmenschen die geopolitische Dimension dieses Kriegsendes nicht bewusst. Im wahrsten Sinn des Wortes ein »Trauerspiel«.

»Trauerspiel Afghanistan«: Zweiter Akt

zuerst erschienen am 02.09.2021[16]

Der Wertewesten führt seinen terroristischen Kolonialkrieg weiter. Mit anderen Mitteln

Ist es Ihnen auch aufgefallen? Die Bundeswehr stellte in Afghanistan 20 Jahre lang eine Besatzertruppe von durchschnittlich 2 500 Soldaten (Höchststand vor zehn Jahren: 5 433 Soldaten; im März 2021 waren es noch knapp 1 100).[388] Doch jetzt müssen, laut Außenminister Maas und Tagesschau, »mehr als 40 000 afghanische Ortskräfte der Bundeswehr«[389] aus ihrem Heimatland heraus- und in Deutschland in Sicherheit gebracht werden. Pro Bundeswehrsoldat circa 17 Hiwis (= Hilfswillige). Die ARD-aktuell-Hofberichterstatter fanden das keiner Nachfrage wert.

Bei dem Bombenattentat am Flughafen Kabul »haben Terroristen des ›Islamischen Staates‹ zahlreiche Afghaninnen und Afghanen sowie 13 US-Soldaten getötet«.[390] Wie viele Tote das »zahlreich« bedeutet, bezifferte die Tagesschau nicht mal überschlägig. Dass darunter auch Menschen waren, die im Kugelhagel durchgeknallter US-Soldaten starben, verschwieg sie gleich ganz. Die GIs hatten nach der Explosion wahllos in die Menschenmenge geballert.[391]

Es ist schon beeindruckend, wie es unseren Mainstream-Medien unter Führung ihres »Flaggschiffs« Tagesschau gelingt, selbst in Berichten von den aktuellen Panikszenen am Kabuler Flughafen von

---

16 https://publikumskonferenz.de/blog/2021/09/02/trauerspiel-afghanistan-zweiter-akt/

den Verbrechen der westlichen Besatzer in Afghanistan abzulenken und sie »unsichtbar« zu machen.[392] Bis heute – und trotz der verdienten Niederlage in diesem 20-jährigen Kolonialkrieg – propagiert die transatlantische Medienmeute das Bild vom edlen Kampf für »Demokratie und Menschenrechte«, in dem es leider nicht gelungen sei, in Afghanistan rechtsstaatliche Ordnung zu schaffen, woran die Afghanen selbst schuld seien. Die verantwortlichen US-NATO-Polit-Eliten werden zwar jetzt wegen ihrer Fehleinschätzungen und Versäumnisse beim Abzug gescholten, aber die Frage nach der Verantwortung für die monströsen Kriegsverbrechen in Afghanistan wird (immer noch) nicht aufgeworfen.[393] Konsequente Ermittlung und Strafverfolgung finden nicht statt.

Die oberflächlichen Bildreportagen vom chaotischen Rückzug aus Kabul verstellen den Blick dafür, dass auch die deutsche Außenpolitik ihre verbrecherischen Komponenten hat. ARD-aktuell, wichtigste deutsche Nachrichtenredaktion, hat laut Gesetz »die Grundsätze der Objektivität und Unparteilichkeit der Berichterstattung zu berücksichtigen«[394], und praktiziert doch das genaue Gegenteil: Durch ihre Selektion, Distraktion und Fragmentierung von Fakten behindert sie eine qualifizierte Meinungsbildung.

Ein paar Zahlen:

Vom 1. Januar 2016 bis zum 31. Dezember 2020 bestanden ihre rund 130 Afghanistan-Beiträge zu fast 50 Prozent aus Sensationsberichten über Terror-Anschläge und sonstige katastrophale Ereignisse. Wobei selbstverständlich die US-Drohnenbombardements und ungezählte Luftangriffe der alliierten Streitkräfte nicht erwähnt wurden. 20 Prozent waren pure Übernahmen von regierungsoffiziellen Verlautbarungen über Bundeswehr- und Militärangelegenheiten. Nur knapp zehn Prozent der Reportagen spiegelten die gesellschaftlichen Verhältnisse der afghanischen Bevölkerung, zumeist der städtischen. Kontinuierliche, unabhängige Information über die Ziele und Ergebnisse des Bundeswehr-Engagements hatte die Tagesschau nicht zu bieten. Das zentrale Problem des Landes stand völlig außerhalb ihrer Betrachtung: Afghanistan mit seinen 39 Millionen Einwohnern rangiert bis heute auf Platz acht der ärmsten Länder der Welt – mit einem Pro-Kopf-Einkommen von jährlich nur 438 Dollar.[395] (Deutschland: 41 621 Euro.[396])

Nicht zu fassen

Weder die Bundeskanzlerin noch einer ihrer Minister noch gar der einzelne Abgeordnete wüssten präzise zu sagen, wie viele Milliarden Euro genau aus Deutschland am Himalaja eigentlich verpulvert wurden – 7 Milliarden, 17 Milliarden, 47 Milliarden, x Milliarden? Auch der Bundesrechnungshof weiß es nicht.[397] Ein Offenbarungseid, aber kein Thema für die Tagesschau-Redaktion. Um Legendenbildungen vorzubeugen: Die Antwort der Bundesregierung auf eine entsprechende Anfrage der Linksfraktion, es seien 12,1 Milliarden Euro für Afghanistan ausgegeben worden,[398] erlaubt nur einen Blick auf einen Teil des Verteidigungshaushalts, auf andere Etats und verdeckte Zahlungen aber nicht.

Bereits vor elf Jahren bekannte eine NDR-Redaktionsleiterin:»Über die Lage in Afghanistan erfährt man nichts.«[399] 2007 schrieb der ehemalige NVA-Offizier und spätere deutsche Militärattaché in Kabul, Oberstleutnant Jürgen Heiducoff, dem damaligen Außenminister Frank-Walter Steinmeier:

»… Wenn immer mehr zivile Opfer und unsägliches Leid durch die eigenen Militärs unter der Zivilbevölkerung produziert werden, dann eignet sich das Mittel der militärischen Gewalt nicht, um die Probleme in diesem Land zu lösen. … Tragen Sie bitte dazu bei, die weitere Eskalation der militärischen Gewalt in AFG zu stoppen.«[400]

Heiducoff musste seinen Platz räumen. Steinmeier hingegen nahm Platz auf Schloss Bellevue. Von dort verkündete er kürzlich, nach der Katastrophe in Kabul, gestützt auf seine gewaltigen Gedächtnislücken:»Wir erleben in diesen Tagen eine menschliche Tragödie, für die wir Mitverantwortung tragen, und eine politische Zäsur, die uns erschüttert und die Welt verändern wird.«[401]

»Wir, Bundespräsident von Gottes Gnaden«, meinte er nicht. »Ich trage Verantwortung«, sagte er nicht. Vielmehr schob er die Verantwortung von sich auf uns alle und zelebrierte sich dabei selbst als edelmütig-betroffen. Der Grüßaugust der Nation weiß, er kann nicht mehr dafür zur Verantwortung gezogen werden, dass er entgegen dem Willen von zwei Dritteln der Deutschen immer für die Auslandseinsätze der Bundeswehr stand und steht.

Die Beleidigung des denkenden Bürgers

Fast genau zwei Jahrzehnte dauerte der Kolonialkrieg der USA und der NATO gegen Afghanistan. Kolonialkrieg, richtig, denn die regierungsoffizielle Behauptung, man wolle das Land mit Demokratie und Menschenrechten beglücken, war eine ebensolche Beleidigung des denkenden Bürgers wie das Sozialdemokraten-Wort »Deutschlands Freiheit wird auch am Hindukusch verteidigt«. In einem Anfall von Aufrichtigkeit hat der einstige Bundespräsident Horst Köhler einmal gesagt, in Afghanistan gebe es nicht nur den Terrorismus, sondern auch Seltene Erden.[402] Wenig später sah er sich zum Rücktritt gezwungen.

Rund 3 600 Soldaten der westlichen »Wertegemeinschaft« WWG ließen bis 2020 in diesem Krieg ihr Leben. Auch sie sind verantwortlich dafür, dass in Afghanistan und im benachbarten Pakistan rund 241 000 Menschen umgebracht wurden. Die allermeisten Opfer waren Frauen, Kinder und Alte sowie Soldaten der regulären afghanischen Armee und Polizisten. Die Kriegskosten für die USA betrugen 2,3 Billionen (!) Dollar.[403] Das ist mehr als das Hundertfache des jährlichen afghanischen Brutto-Inlandsprodukts von 19 Milliarden Dollar.

Das Verbrecherische dieses Krieges wurde der Öffentlichkeit nie wirklich bewusst. Ursache für diesen »Erfolg« bei der Pflege unserer Unbedarftheit waren Falschaussage, Desinformation und Sprachregelung. Unsere nahezu gleichgeschalteten Massenmedien ließen sich von einer Politikerkaste briefen, deren Selbstbetrug sich mit ihrer Charakterlosigkeit die Waage hält: »Da, wo wir konnten, haben wir geholfen, dass so etwas wie eine wache Zivilgesellschaft entsteht. Wir unterstützen junge Afghanen und noch mehr junge Afghaninnen, die ihre Gesellschaft moderner und offener machen wollen, immer noch gegen harte Widerstände. Ich darf Ihnen nach meinem letzten Besuch versichern: Auch das trägt Früchte.« (Frank-Walter Steinmeier)[404]

Oder der hier:»Gemeinsam mit den Menschen in Afghanistan arbeiten Sie (gemeint sind die Soldaten und das Zivil-Personal) seit zwei Jahrzehnten hart für die Sicherheit und eine bessere Zukunft dieses Landes. Ihre Leistungen und Ihre Opfer sollten deshalb auch uns hier Verpflichtung sein, unser militärisches Engagement in Afghanistan verlässlich und verantwortlich zu beenden, sobald es die Bedingungen erlauben, um so dem Frieden in Afghanistan eine echte Chance zu geben.« (Heiko Maas)[405]

Fortgesetzte Heuchelei

Bis heute, 20 Jahre danach, ist sogar die Standardlüge noch im Schwange, die Taliban seien mitverantwortlich gewesen für die Terroranschläge am 11. September 2001 in New York und Washington. Nicht die»Bäckerblume« oder ein ähnliches Käseblatt bringt das fertig, sondern die Tagesschau.[406] Den gerichtsfesten Beweis, Osama bin Laden habe sich namens der al-Qaida zu dem Anschlag bekannt, hat niemand je antreten können. Der frühere Außenminister Colin Powell betonte vielmehr in einem Interview mit der *New York Times*, gegen Bin Laden habe es keine Indizien gegeben. Die Anklage sei vielmehr »ein Rechtsfall, der nicht einmal vor einem normalen Strafgericht standhalten würde«.[407]

Vor diesem Hintergrund wirkt die vorgebliche Sorge der WWG um die afghanischen Frauen erst recht heuchlerisch. Perverses Denken rechnet Menschenleben gegen Frauenrechte auf.[408] Die Sendungen der ARD-aktuell sind voll von diesem Gejammer. Dass Zehntausende afghanischer Frauen mit ihren Kindern bei US-Drohnenangriffen von US- und NATO-Soldaten massakriert wurden, war dagegen kein vorrangiges Thema. Dass sich die Bundesluftwaffe seit Ende 2009 aktiv an den Bombenflügen der Royal Air Force im Süden Afghanistans beteilig hatte[409] und wahrscheinlich ebenfalls für den Tod ungezählter Frauen mitverantwortlich ist, fand die Tagesschau nie einer eigenen Nachforschung wert.

»Schießereien, Schnitte in Ohren, Nase und Hals, sexueller Missbrauch … und andere Formen der Brutalität gegen afghanische Frauen sind zur Routine geworden«: 2014, während der Präsidentschaft Hamid Karsais, wurde in Kabul ein Gesetz beschlossen, das Männern, die Frauen misshandeln, »praktisch Straffreiheit garantiert«.[410] Karsai war eine Marionette der USA. Folglich tauchte in der Tagesschau keine Meldung über sein frauenfeindliches Regime auf.

Synonym für Kollaborateur

Von den Tagesschau-notorischen »mindestens 40 000 afghanischen Ortskräften der Bundeswehr« war eingangs schon die Rede. Insgesamt hat der in Afghanistan engagierte Werte-Westen 250 000 solcher Personen vorerst »im Stich gelassen«[411], lässt darüber aber dicke Krokodilstränen fließen. Ein Experte der muslimischen Welt, der in Syrien lebende Franzose Thierry Meyssan (Herausgeber von *Voltaire-Netz*), hat eine andere Bezeichnung für diese Hilfskräfte der westlichen Besatzer: Er nennt sie schlichtweg »Kollaborateure« und erinnert daran, dass viele von ihnen »Blut an den Händen« haben.[412]

Diesen »Ortskräften« – wer war der Erfinder dieses verschleiernden Begriffs? – gilt nun auch Deutschlands demonstratives Mitgefühl. Wir wollen ja immer aufseiten der »Guten« stehen. Das berücksichtigen unsere politischen Entscheidungsträger bei ihrem Lippenbekenntnis zur Verantwortung für die Ortskräfte. Hintenherum bemühen sich Außenminister Maas und Innenminister Seehofer derweil, die Einreise dieser und aller anderen Fluchtwilligen nach Deutschland zu blockieren.[413]

Maas düste mit vielen geldwerten Versprechen im Gepäck gleich nach dem deutschen Abzug aus Afghanistan in dessen Nachbarländer. Es galt, dort Aufnahmebereitschaft und Internierungslager für afghanische Flüchtlinge zu organisieren. Die Tagesschau übernahm die Schaumschlägerei und meldete, Maas verhandle hauptsächlich über eine sichere Durchreise für die Ortskräfte auf deren Weg nach Deutschland.[414] Gewohnheitslügner, alle miteinander.

Weder die Kanzlerin noch einer ihrer Minister bekannten sich mitschuldig am schändlichen Abgang aus Afghanistan. Vom Blitzerfolg der Taliban beim Vormarsch auf Kabul wollen sie alle gemeinsam überrascht worden sein. Dass dies entweder Eingeständnis vollkommener politischer Unfähigkeit oder glatte Lüge ist, ließ die ARD-aktuell kalt. Schuld an dem Desaster sind, folgt man einem zur Ablenkung entwickelten »Narrativ«, die rund 160 000 feigen und treulosen Soldaten der afghanischen Armee. Die seien, obwohl bestens ausgerüstet, ja schlichtweg davongelaufen, wie wir nun der Tagesschau abkaufen sollen.

Solch primitives Besatzer-Denken nimmt sich heraus, die mehr als 66 000 gefallenen afghanischen Soldaten und 200 000 Verwundeten zu ignorieren, die dabei halfen, »Deutschlands Freiheit am Hindukusch« zu verteidigen.[415]

Afghanisches Kanonenfutter

Nach dem strategischen Konzept der westlichen Besatzer waren Polizei und Armee Afghanistans nur Lieferanten von Kanonenfutter. Bundeskanzlerin Merkel sprach schon vor Jahren von einer »Übergabestrategie in Verantwortung«. Sie meinte mit dieser zynischen Formel, dass der Großteil der Kämpfe von den einheimischen »Sicherheitskräften« ausgetragen werden solle, ungeachtet der Gefahr eines Bürgerkrieges. Die Kampfhandlungen sollten eben »Schritt für Schritt ein afghanischeres [sic!] Gesicht bekommen«.[416]

Es ging um Kostensenkung im Besatzungsregime, nicht um afghanische Menschenleben und auch nicht um Entwicklung demokratischer Verhältnisse. Deshalb hatten Armee und die Polizei Afghanistans 20-mal mehr Tote zu beklagen als die NATO-Truppen insgesamt. Dass die afghanische Armee sich binnen Tagen auflöste und ihre Soldaten desertierten oder zu den Taliban überliefen, weil sie nicht länger für ein korruptes Kolonialregime sterben wollten, ist keine Schande für sie, sondern der moralische Bankrott des »Wertewestens«.

Der tut nun so, als wolle er daraus die Lehren ziehen. Frieden und Freiheit für Afghanistan gewährt er nicht. Er setzt vielmehr sein Terrorregime mit anderen Mitteln fort. In den vergangenen 20 Jahren standen die USA und ihre Verbündeten dafür, dass die Afghanen vom Reichtum ihrer Bodenschätze[417] nicht den geringsten Nutzen hatten. Jetzt nehmen die Ex-Besatzer und Ausbeuter ihre Opfer endgültig in den Würgegriff.

Die USA beschlagnahmten Afghanistans sechs Milliarden Dollar Währungsreserven und kassierten seinen Goldvorrat von 1,2 Milliarden Dollar. Der Zugang zum Internationalen Währungsfonds wurde gesperrt. Die Bundesregierung, herzallerliebst, hatte schon zu Jahresbeginn die Entwicklungshilfe für Afghanistan gestoppt. Die EU hält eine weitere Milliarde Euro zurück.[418] Drei Viertel der afghanischen Bevölkerung leben eh schon weit unterhalb der Armutsgrenze, teils in unbeschreiblichem Elend.

Hilfe wäre dringend geboten, berichtete auch die Tagesschau.[419] Statt zu helfen, verschlimmert der Wertewesten die Situation. Wir, »die Guten«, schauen lieber dabei zu, wie die Taliban versuchen, gegen das Elend zu kämpfen. Und wehe ihnen, sollten sie sich um russische oder chinesische Partnerschaft bemühen.

Räuber und Mörder

Der klassische US-amerikanische Imperialismus: ganze Nationen überfallen, ausrauben, ethnische und religiöse Gegensätze fürs Anzetteln von Bürgerkriegen nützen und damit »failed states« (gescheiterte Staaten) schaffen, von denen aus sich die Weltregionen beherrschen lassen. Condoleezza Rice, von 2005 bis 2009 US-Außenministerin des Präsidenten George Dabbeljuh Bush, brachte diese Verbrechen auf den Begriff »kreatives Chaos schaffen«. Gerne nehmen die USA dafür die Dienste krimineller Söldner und islamistischer Terroristen in Anspruch.[420] Das Rezept bewährte sich für Washington nicht nur in Afghanistan, sondern später auch im Irak, in Syrien, Libyen, im Sudan und in Somalia.

Die USA haben anscheinend schon vor längerer Zeit eine »Ratten-linie« aus der von Terroristen beherrschten nordsyrischen Provinz Idlib nach Afghanistan eingerichtet.[421] Der russische Außenminister Lawrow warf den USA kürzlich unwidersprochen vor, ihre Mörderbande mit ungekennzeichneten Hubschraubern in Afghanistan abzusetzen und mit Waffen zu versorgen.[422] Verdächtig schnell bekamen diese Kopf-abschneider die Bezeichnung »ISIS-K«. Sie sind Feinde der Taliban, und das dürfte sie bald zu unseren »Freunden« machen. Dann wird dieses Geschmeiß in der Tagesschau wieder einmal zu »moderaten« Rebellen mutieren.

Eines muss man den Schreibtischtätern der ARD-aktuell näm-lich lassen: Sie verstehen es, unsere schändliche Abhängigkeit vom angloamerikanischen Machtkomplex und unsere totale gedankliche Auslieferung an denselben als gewollt und positiv darzustellen. Die grausamste Verbrecherpolitik wird uns mit dem Etikett »mehr Verant-wortung übernehmen« verhökert. Die Tagesschau macht uns blind für das, was Deutschlands unvergessener Fernsehjournalist Peter Scholl-Latour schon vor elf Jahren erkannte: »Torheiten einer Regierung, die weder zu einer Außenpolitik noch zu einer Strategie fähig ist.«[423]

* * *

Offenbar ist den Machern der ARD aufgefallen, dass viele Zuschauer mit dem Programm überhaupt nicht mehr einverstanden sind und vor allem die permanente Missachtung der journalistischen Standards kritisieren. Das müsste die Verantwortlichen eigentlich dazu bewe-gen, die eigene Arbeitsweise zu überprüfen und, wo erforderlich, zu korrigieren. Aber nicht so bei der ARD: Hier beauftragt man lieber, ganz nach Art großer kommerzieller Unternehmen, einen PR-Bera-ter, das Ganze einfach schönzuschreiben. Das sagt viel aus über das journalistische Selbstverständnis.

Kleine Ergänzung: Der folgende Artikel ist von 2019. Allzu erfolg-reich war die Strategie offenbar nicht. Die Unzufriedenheit des Publi-kums hat zugenommen ... aber nur ein wenig.

Das ARD-Manual – wie man die Leute für dumm verkauft

zuerst erschienen am 16.02.2019 [17]

Die ARD-Manager ließen sich anleiten, die Selbstdarstellung ihres Vereins zu schniegeln – und nicht etwa das Programm

Die schiere Selbstachtung hätte die ARD-Oberen davon Abstand nehmen lassen müssen, aber nein: Ihr anscheinend doch nicht ganz sauberes Gewissen wegen des häufig miesen Programmangebots diktierte ihren Beschluss. Ein Strategiepapier fürs Schönreden musste her. Sie gaben es bei einem Beratungsinstitut in Auftrag. Sie, Repräsentanten des Ersten Deutschen Fernsehens, wollten sich sprachlich aufrüsten lassen für ihren Krieg um die politische Deutungshoheit im Lande. Sie bekamen ein ausgefeiltes Manual. Es rät ihnen dazu, den abgrundtief verlogenen Anspruch »Die ARD ist der verlängerte Arm des Bürgers« in die Köpfe ihres Publikums zu dengeln.[424] So lange und so nachdrücklich, dass viele bedauernswerte Leute das tatsächlich immer noch glauben.

Die ARD sieht sich mit wachsender Kritik und zunehmendem Ansehensverlust konfrontiert. An die Substanz geht das zwar noch längst nicht, aber es schmerzt. Das Publikum lässt sich nicht mehr alles bieten und reagiert auf bestimmte Programmangebote und -defizite lauter und gereizter. Beispielsweise lässt sich sein begründeter Vorwurf der illegitimen Meinungsmache, der transatlantisch genormten Nachrichtenmanipulation, der antirussischen Hetze, der Regierungshörigkeit und der auch sprachlich-formal grottenschlechten Berichterstattung nicht einfach wegwischen.[425] Doch statt sich Mittel und Wege zu einer deutlichen Verbesserung der Programmqualität zu überlegen, fanden die ARD-Herrschaften es angeraten, sich zwecks

---

17 https://publikumskonferenz.de/blog/2019/02/16/das-ard-manual-wie-man-die-leute-fuer-dumm-verkauft/

sprachlich schönerer Außendarstellung ihres Ladens professionelle Anleitung zu kaufen.

Der Gedanke dabei: Veränderte, edlere Verpackung täuscht auch höherwertigen Inhalt vor, obwohl der gleich bleibt. Ein klassischer Verkaufstrick. So lassen sich mit dem Müll das ARD-Ansehen und der Umsatz steigern. Statt also – im Rahmen ihrer Möglichkeiten – eigenes Gehirnschmalz auszubraten, ließen sich die ARD-Manager das Haupthaar toupieren. Das eine hätte dem Programm vielleicht gedient. Das andere soll Eindruck schinden.

Die Manager beauftragten das in Berlin ansässige »Berkeley International Framing Institute«, die sprachlichen Benimm-Regeln zusammenzustellen. Dessen Leiterin, Elisabeth Wehling, ist promovierte Linguistin,[426] ihre Spezialität und besondere Eignung für diesen Auftrag kommen im Titel ihres Hauptwerks klar zum Ausdruck: *Politisches Framing. Wie eine Nation sich ihr Denken einredet – und daraus Politik macht.*[427]

Elisabeth Wehling[428] ist eine Expertin, die an der Berkeley-Universität in den USA erforscht hat, wie unser vermeintlich freies Denken manipulierbar ist. Sie hat untersucht, wie sprachliche Mittel genutzt werden können, um in unseren Köpfen eine »Wirklichkeit« entstehen zu lassen, die zwar mit unserer Realität wenig zu tun hat, dafür aber umso mehr den herrschenden Eliten nützt. Offensichtlich setzt die Ex-Forscherin ihre Erkenntnisse nun in klingende Münze um. Geld stinkt nicht.

Und die ARD-Oberen haben es. Sie kaufen sich eine Fachfrau als Einweiserin in die Kunst, andere zu überreden, statt zu überzeugen. Was ist »Framing«? Es handelt sich um eine Methode, die eigenwillige Denkweise[429] zur herrschenden Ansicht zu machen, indem für eine Person, eine Sache oder für ein Ereignis einfach nur andere Begriffe verwendet werden. Unterschiedliche Formulierungen einer Botschaft führen – bei gleichem Inhalt – auch zu unterschiedlichem Verhalten des Empfängers. Eine rationale Entscheidung wird damit ausgehebelt.[430] Framing ist das klassische Mittel der Verführung und der politischen Propaganda.

Der Anspruch des Berkeley International Framing Institute in Berlin ist laut Wikipedia, »interdisziplinär neurowissenschaftliches, psychologisches und linguistisches Wissen zu neuen Erkenntnissen zu verknüpfen. Die Kognitionsforscherin Wehling macht sich folglich Gedanken darüber, wie durch das Setzen von sprachlichen Deutungsrahmen eine Debatte in eine bestimmte Richtung gelenkt werden kann. Insbesondere konservative Thinktanks wie die Heritage Foundation investieren Millionenbeträge für die Entwicklung von Frames. Bei Wahlen würden die meisten Menschen aufgrund ihres ›moralischen Bauchgefühls‹ ihre Entscheidung treffen, was damit zusammenhänge, dass nur zwei Prozent des Denkens bewusst erfolgten.«[431]

Demnach sind 98 Prozent unseres Denkens unbewusst. Aha, ach so: Man könnte Wehlings Geschäft auch als »Verkauf wissenschaftlich abgesicherter Methoden zur unauffälligen Gehirnwäsche« bezeichnen. Wie die funktioniert, beschreibt George Lakoff in seinem Buch *Auf leisen Sohlen ins Gehirn*.[432] An dem Band hat Dr. Wehling übrigens mitgewirkt. Was in dem Band kritisch-analytisch untersucht wird, und zwar mit genauem Blick auf die problematischen gesellschaftlichen Folgen, verkauft Wehling nun den ARD-Hierarchen in Form einer Handlungsanleitung. Eindrucksvoll, keine Frage.

Die Reklamebranche macht rege und erfolgreich von Dr. Wehlings Erkenntnissen Gebrauch, die Politik ebenso. Willkommen im Club der Volksverführer, jetzt ist auch das ARD-Management mit dabei und auf aktuellem wissenschaftlichen Erkenntnisstand.

Um einer Legendenbildung vorzubeugen: Dr. Kay Gniffke, die Fehlbesetzung in der ARD-aktuell-Chefredaktion, gab dazu nicht den Anstoß. Das 80-seitige Wehling-Papier liegt schon seit Mitte 2018 vor. Gniffke setzte sich erst im Oktober 2018 beim AfD-Ortsverein Dresden so richtig in die Nesseln, als er sich diesem reichlich gemischten Publikum in einer Podiumsdiskussion mit der Bemerkung anbiederte, auch er bezahle die Rundfunkgebühr nur ungern.[433] Vermutlich hatte er das Wehling-»Strategiepapier« vorher immer noch nicht gelesen, obwohl es extra für solche Auftritte als Schablone dienen sollte. Vielleicht hatte er aber auch nur was Unrechtes zur Vesper verspeist.

Für uns ist nicht zu klären, ob die Schnapsidee für den Sprachknigge von dem ARD-Programmdirektor Volker Herres kam. Beim NDR in Hamburg war er zwar schon vor Jahren als Bewerber um das Intendantenamt abgeschmiert, weil er ein paar kritischen Zeitgenossen gar zu sehr auf den Zeiger gegangen war. Aber auch auf dem herausgehobenen Posten in München kann er noch eine Menge Schaden anrichten. Und zudem ist er nicht der einzige Omnipotenz-Gockel in der ARD. Wie bei vielen Managern des öffentlich-rechtlichen Rundfunks führen das opulente Gehalt und die Tatsache, dass man sich um Bestand und Finanzierung der Institution weder Gedanken noch gar Sorgen machen muss, zu ausgesprochen arrogantem Rollenverhalten.

Das Wehling-Elaborat ist zwar seit mehr als einem halben Jahr ausgeliefert und in die Schubladen der Rundfunkbürokraten eingelagert, aber erst jetzt, Mitte Februar 2019, macht die Story darüber die Runde.[434] Nicht nur im Internet, auch in den Zeitungen. »Wozu braucht die ARD denn ein Framing-Manual?«, fragt der Branchendienst Meedia.[435] Tja. Wie schon der Volksmund sagt: Wer den Dachschaden hat, spottet jeder Beschreibung (oder so ähnlich).

Peinlich, wenn man als Hierarch deshalb auch vor den eigenen Leuten, den Beschäftigten in den Sendern des öffentlich-rechtlichen Rundfunks, als Kindskopf mit heruntergelassener Hose dasteht. Im Scheinwerferlicht der Betriebsöffentlichkeit! Da musste aber nun ganz schnell ebenfalls ein Framing her, ein verbaler Bauchtanz mit Schleier vor dem da unten, dem Peinlichen.

Unter dem Titel »Framing in der ARD: Sensibilisieren für den Umgang mit Sprache« ist im Intranet des NDR nachzulesen,[436] was die Sprachkünstler im Generalsekretariat der ARD dazu zu sagen haben: »... Von einer ›Sprechanweisung für ARD-Führungskräfte‹ ist die Rede. Die Tatsachen sind allerdings deutlich weniger spektakulär.« ... Sich nicht mit der Wirkung und Wirkkraft von Sprache zu befassen, wäre für jedes Medienhaus nachlässig. Daher beschäftigen wir uns in der ARD selbstverständlich mit Themen wie Framing und wie es unsere Kommunikation prägt. Das »Manual«, das Dr. Elisabeth Wehling ... verfasst hat, dient als Denkanstoß und Diskussionsgrundlage. Ihre Ausführungen sind Hinweise aus sprachwissenschaftlicher Sicht, die uns dafür sensibilisieren sollen, wie wir über uns selbst sprechen und wie wir mit unseren inhaltlichen Argumenten die Menschen erreichen können.«

Bloß Hinweise. Keine Sprachregelung also, kein »Wording«. Keine »Marktstrategie«. Kein Versuch, den Eignungsnachweis und das Zertifikat für die eleganteste Verarschung des Publikums zu erwerben. Alles ganz harmlos! Aber dringend nötig, wie die Lohnschreiber in ihrer Darstellung andererseits betonen:

»… Auch aus der Debatte rund um das ›No-Billag‹-Referendum[437] in der Schweiz haben wir gelernt, dass eine werteorientierte Kommunikation ebenso wichtig ist wie die reine Faktenvermittlung. Und schließlich wird, unter anderem von den Gremien, immer wieder gefordert, wir sollten in der Selbstdarstellung aktiver werden.«

Das, hoch verehrtes Publikum, müssen wir uns richtig auf der Netzhaut zergehen lassen: Die Schaumschlägerei, genannt »werteorientierte Kommunikation«, ist genauso wichtig wie die Darstellung von Tatsachen – nach Ansicht dieser angespitzten ARD-Bleistifte.

»Um besser und aktiver zu erläutern, wer wir sind, wie wir arbeiten und warum es uns braucht, hatte die ARD … im Jahr 2017 gebeten, Vorschläge aus wissenschaftlicher Sicht zu entwickeln …«

O tempora! O mores! Schlimm, dass sogar ARD-Obere erläutern müssen, wozu es sie überhaupt braucht. Aber bitte, machen Sie nur so weiter, werte Herrschaften, immer runner mit de Büx:

»Was ist Framing überhaupt? Framing ist das Einbetten von Fakten und Informationen in einen werteorientierten ›Rahmen‹, der eine Haltung verdeutlicht. … Frames prägen (oftmals unbemerkt) unser Weltbild. … Die Beschäftigung mit dem Thema Framing innerhalb der ARD dient vor allem dazu, sich dieser Prozesse bewusst zu werden – im Sinne eines verantwortungsvollen Umgangs mit Sprache. … Um unsere Leistungen aktiv zu vermitteln und dabei offen eine werteorientierte Haltung zu kommunizieren, wird die Beschäftigung mit Sprache und ihrer Wirkmechanismen weiter fortgesetzt werden.«

Das kann man nur noch als Offenbarungseid und als freche Drohung in einem Atemzug empfinden. Darüber hinaus als Versuch, die Belegschaft der ARD-Anstalten für blöd zu verkaufen.

Hier nun der fällige Eintrag ins Stammbuch der ARD-Herrschaften: Wer qualitativ Hochwertiges anzubieten hat, vertraut auf den Erfolg seines Produktes. Es wirbt selbst für sich und für ihn. Er braucht keine

Reklame und keine ausgefeilten psychologischen Verkaufstricks. Er muss nicht über »Werteorientierung« als Nachweis seiner Existenzberechtigung schwadronieren. Wer Framings braucht, hat's nötig.

Die ARD-Verantwortlichen ziehen aus dem qualitativen Niedergang ihres Angebots, aus der zunehmenden Bereitschaft des Publikums, die Rundfunkbeiträge zu verweigern, und vor allem aus der Entwicklung von Gegenöffentlichkeit nicht den naheliegenden Schluss, ihr Programmangebot, besonders ihre Nachrichtensendungen, wieder verstärkt nach den »anerkannten journalistischen Grundsätzen« zu gestalten, auf die sie übrigens in den Staatsverträgen über den öffentlich-rechtlichen Rundfunk gleich mehrmals verpflichtet sind. Vielmehr wollen sie ihren versumpften Laden sprachgeregelt schönreden und sich damit über ihre Gegner erheben: »Sich niemals auf das Framing der Kritiker einlassen!« Stattdessen: »Unser Rundfunk ARD«. »Freiheit«, »Beteiligung«, »Zuverlässigkeit«.[438]

Rosstäuscher im Frack. Wie man die Leute richtig leimt, hätten sie sich aber nicht extra von dieser auswärtigen Expertin erklären lassen müssen. Mit Tagesschau-Chefredakteur Dr. Kai Gniffke haben sie doch einen praxiserfahrenen Framingkünstler in den eigenen Reihen. Er weiß genau, wie die Sache funktioniert:

Hat der Mann nicht grade erst einen Emporkömmling als »selbst ernannten Übergangspräsidenten Venezuelas« ausgeben lassen, eine Type, die genauso treffend als »USA-gesalbter Hochverräter und faschistoider Putschist« zu benennen wäre – die gleiche Person, nur in höchst unterschiedlicher sprachlicher Verpackung? Dr. Gniffke ist ein Experte, der immer die richtige Wahl trifft bei Alternativen wie »*Terrorist – Rebell*«, »*Straftäter – Menschenrechtsaktivist*« oder »*Präsident – Machthaber*«. Er weiß, wie man seiner Aufgabe als Staatsfunker gerecht wird. Er hat es drauf, das Framing.

Für ihre Effekthascherei und Marktschreierei haben die Rundfunk-Wichtigtuer aber lieber einen auf »von der Leyen« gemacht und für ein sundhaft teures Gutachten Rundfunkbeitragsgeld in mindestens fünfstelliger Höhe verschleudert – derweil das Berufsethos in der ARD den Bach runtergeht.

IV Distanz zu den Mächtigen

Der Journalismus wird oft als die vierte Gewalt im Staate bezeichnet, neben der Legislative, der Judikative und der Exekutive. Damit ist gemeint, dass die Medien Politikern und Richtern auf die Finger schauen, über Fehlentwicklungen und Fehlverhalten Öffentlichkeit herstellen und dergestalt als ein Korrektiv wirken. Als vorbildlich in diesem Sinne sind die Aufklärungsarbeiten bei dem Watergate-Skandal Anfang der 1970er-Jahre zu sehen, die aufrüttelnden Nachrichten über das Massaker im vietnamesischen My Lai 1968, die Veröffentlichung der Pentagon Papers zum Vietnam-Krieg oder auch die investigativen Reportagen von Günter Wallraff. Neben den im vorigen Kapitel genannten Kriterien (gute Recherchearbeit, Unvoreingenommenheit, Vollständigkeit der Darstellung) spielt vor allem die Distanz zu den Mächtigen eine große Rolle.

Der Journalist kann nur dann als Wachhund der Demokratie funktionieren, wenn er Abstand zu den Großen aus Politik, Wirtschaft und Gesellschaft hält.

Wie schon in unserer Einleitung angesprochen, besteht jedoch im öffentlich-rechtlichen Rundfunk institutionell eine enge Verflechtung mit den Entscheidungsträgern der Politik. Man denke nur an den Einflussreichtum der Parteien in den Rundfunkräten. Hinzu kommt, dass ein reger personeller Austausch zwischen Politik und Medien stattfindet. Hier sei nur an den langjährigen Pressesprecher von Angela Merkel, Steffen Seibert, verwiesen, der zuvor lange Redakteur im heute-Studio beim ZDF war. Oder an Ulrich Wilhelm, der erst Regierungssprecher unter Kanzlerin Merkel war und dann zum Intendanten des Bayerischen Rundfunks avancierte.

Wenn Journalisten (aus welchen Gründen auch immer: Furchtsamkeit, Karrieredenken, fehlende Konfliktfähigkeit, Bequemlichkeit) sich nicht mit den Mächtigen anlegen und deren Verlautbarungen und Handlungen infrage stellen können, dann a) sind sie keine ernst zu nehmenden Journalisten und b) hat unsere Demokratie ein ernsthaftes Problem. Da helfen die besten Schreib- und Recherchekenntnisse nicht weiter.

Leider ist ausgerechnet der öffentlich-rechtliche Rundfunk, der von uns Beitragszahlern als Organ zur Kontrolle der Mächtigen finanziert wird, dabei am handzahmsten, wie die folgenden Beispiele zeigen.

Entscheidende Machtzentren in dieser Republik sind, wenn man von Geldadel und Wirtschaftslobby einmal absieht, die Parteien. Ihnen hat das Grundgesetz sogar einen eigenen Artikel (21) gewidmet. Was aber, wenn sie ihre Geldgeber verschweigen, obwohl sie laut genanntem Artikel zur Benennung verpflichtet sind und obwohl es sich teilweise um exorbitante Zuwendungen handelt? Das wäre doch ein Feld, auf dem sich »nervige« Journalisten mit Nachfragen und Recherchen profilieren könnten. Aber nicht im öffentlich-rechtlichen Rundfunk. Da guckt man ein bisschen bei der AfD hin. Aber bei dem Rest erst mal grad gar nicht.

Bis zum Hals im Sumpf der Parteienfinanzierung

zuerst erschienen am 08.06.2019[18]

Die Selbstbedienung der Parteien aus der Staatskasse wird öffentlicher Aufmerksamkeit sorgfältig entzogen

Ach du liebes Grundgesetz: »Die Parteien wirken bei der politischen Willensbildung des Volkes mit. ... Sie müssen über die Herkunft und

---

18 https://publikumskonferenz.de/blog/2019/06/08/bis-zum-hals-im-sumpf-der-parteienfinanzierung/

Verwendung ihrer Mittel sowie über ihr Vermögen öffentlich Rechenschaft geben.«[1]

Wie schön das klingt! Das Finanzgebaren der Parteien lässt sich aber mit den verfügbaren gesetzlichen Instrumenten gar nicht lückenlos überwachen – und sauber halten erst recht nicht. Die Rechnungshöfe haben zwar Prüf-, aber kein Weisungsrecht. Ihr Monitum bleibt weitgehend folgenlos. Die parteinahen Stiftungen haben im Jahr 2017 in aller Stille die gigantische Summe von 581,4 Millionen Euro aus der Staatskasse abgegriffen[2], doch kaum einer hat's bemerkt. Die Medien, angeblich »vierte Gewalt« im Staate? Versagen als Kontrollinstanz der Öffentlichkeit auf ganzer Linie.

Der »Qualitätsjournalismus« des öffentlich-rechtlichen Rundfunks, von ARD-aktuell bis ZDF-heute, kommt seinem Informationsauftrag allenfalls dann nach, wenn staatliche Institutionen wie der Europarat eine Berichterstattung unumgänglich machen.[3] Dann gibt sich die Tagesschauredaktion überrascht – von Missverhältnissen, die seit Jahr und Tag von Organisationen wie abgeordnetenwatch.de[4], Lobby Control[5] und Transparency International Deutschland e. V.[6] angeprangert werden, ohne dass die Fernsehnachrichten sie jemals aufgegriffen hätten.

Der mit der Politik eng vernetzte Qualitätsjournalist wagt selten mehr als vorsichtige Eiertänze, wenn es um die Schattenwirtschaft der Parteien geht. Er zeigt sie nicht seinem Millionenpublikum auf der Acht-Uhr-Couch, sondern höchstens ein paar Hunderttausend Lesern der Internet-Ausfertigung tagesschau.de. Den eigentlichen Sumpf der Parteistiftungen spart er aber auch da couragiert aus. Bloß nicht anecken!

Das Versagen der Nachrichtenredaktionen des öffentlich-rechtlichen Rundfunks ist ebenso systemtypisch wie die Fehlentwicklung in der Parteienfinanzierung selbst. Angesichts der ungezählten Schmiergeldaffären, der Korruption, der Bestechung, des (Steuer-)Betrugs, der Untreue und Zweckentfremdung öffentlicher Mittel ist zwar das Parteiengesetz immer wieder geändert und praktisch zum Teil des Nebenstrafrechts gemacht worden. Gebessert hat sich aber nichts. Es fehlt der öffentliche Druck, den Sumpf endlich trockenzulegen.

Vorgänge, die eigentlich Alarm auslösen müssten, werden von ARD-aktuell allenfalls dilatorisch behandelt. Als die Daimler-Benz-AG im April beschloss und verkündete, ab sofort keine Parteispenden mehr abzudrücken,[7] schwieg sich die Tagesschau über die Gründe des Autobauers vornehm aus. Dabei war die stinksaure Reaktion der abgestraften Parteien laut genug.[8] Es ging ja nicht um einen Pappenstiel: Im Jahr 2018 hatte Daimler noch 320 000 Euro gespendet. Davon hatten CDU und SPD jeweils 100 000 Euro erhalten, an die Grünen, CSU und FDP waren je 40 000 Euro gegangen. Die Linkspartei, wen wundert's, war leer ausgegangen.

Vom Staat werden die Parteien mit jährlichen Zuschüssen üppig alimentiert. Seit Juni vorigen Jahres liegt die Obergrenze dafür bei 165,3 Millionen (!) Euro. Für regelmäßige Anhebung sorgen die Bundestagsabgeordneten im ureigenen Interesse.[9] Der beachtliche weitere Geldregen besteht aus Spenden, Gewinnen aus Unternehmensbeteiligungen und aus Mitgliedsbeiträgen.

Dank des reichlichen finanziellen Düngers ist in unserem vorgeblich demokratischen Gemeinwesen eine Parteienoligarchie gediehen, deren Funktionselite sich schamlos aus der Staatskasse bedient und sich von Wirtschaftsverbänden, Konzernen und deren Lobby schmieren lässt. Die Zeiten, in denen Politiker aufgrund strafrechtlich relevanter Vorfälle Ämter und Mandate verloren oder gar sich selbst die Kugel gaben, sind graue Prähistorie.

Dabei regt kaum ein Thema die deutsche Bevölkerung mehr auf als die Skandale um die Parteienfinanzierung. Manche Affären haben sich ins kollektive Gedächtnis eingeprägt und sind mit prominenten Namen verbunden: Flick, Helmut Kohl, Schreiber/Schäuble, Leisler-Kiep; man erinnere sich an die angeblich »jüdischen Vermächtnisse« zugunsten der Union und an den FDP-Mövenpick-Skandal.

Finanzielle Unregelmäßigkeiten werden nun auch dem Bundestagsneuling AfD angelastet. Die Folge: 45 Prozent der »AfD-affinen« Wähler, also jener, die sich nach eigenen Angaben vorstellen können, die rechtskonservative Partei zu wählen, stoßen sich laut Forsa-Umfrage an regelwidrigem Wirtschaften der Partei.[10] Nach einer parteiinternen Auswertung der Umfrage soll das Thema »ein hohes Besorgnispotenzial bei AfD-Wählern haben«, schrieb das Nachrichtenmagazin »Der Spiegel«.[11] Die Frage ist, wie lange das vorhält.

Besagtes »Besorgnispotenzial« hatten die Massenmedien angereichert mithilfe eines regelrechten Hypes über die obskuren Einnahmen der AfD: Allein die ARD-aktuell zog in wenigen Tagen mit rund 20 Meldungen und Reportagen gegen die Schmuddelpartei rechts von der geschätzten bürgerlichen »Mitte« zu Felde. Aufdringlich versuchten die »Qualitätsjournalisten«, ihr »offenbar« als investigative und professionelle Rechercheleistung zu präsentieren:

»Auch für weitere fragliche Wahlkampfunterstützungen hat die AfD nach Informationen von NDR, WD und ›SZ‹ **offenbar** erstmals Namen von Geldgebern übermittelt«.[12]

Dass die höchst fragwürdig aus zwei öffentlich-rechtlichen Rundfunksendern (NDR, WDR) und einem kommerziellen Verlagsunternehmen *(Süddeutsche Zeitung)* gebildete Recherchegruppe (angeleitet vom Ex-Spiegel-Chefredakteur Mascolo) sich mit Geschichten aus dem Nähkasten aufspielt, ist kein Zufall. Mascolos Kontakte zu Geheimdiensten sind bekannt. Auch wenn die sich natürlich nicht als Quell der »Erkenntnisse« des »Rechercheverbunds« nachweisen lassen. Dank elf Millionen täglicher ARD-Verbraucher lösen die Berichte natürlich immense öffentliche Aufmerksamkeit aus und päppeln die Auflage der *Süddeutschen*.[13] Wer aber fragt nach Quellen dieser Berichterstattung?

Die Kollegin Annette Brückner ist dem nachgegangen: »Bei näherem Hinsehen stellt man fest, dass die gelieferten Informationen weniger das Ergebnis intensiver Recherchen sind, sondern vielmehr aus Behörden-internen, vertraulichen, nicht selten auch angeblich geheimen Dokumenten abgeschrieben beziehungsweise von zur Geheimhaltung verpflichteten Informanten durchgestochen worden sind. Kreise, anscheinend aus Regierung, genauer gesagt, dem ›Sicherheitsapparat‹, nutzen mit dem Durchstechen die wichtigen Verbreitungskanäle, um über bestimmte Themen Darstellungen in der Öffentlichkeit zu lancieren, die ihren Interessen nützen.«[14]

Anpasser-Journalisten (wie Mascolo oder SPD-Genosse Gniffke) nutzen ihre »exklusiven Zugänge« und Informationen im Interesse der Regierung und der ihr verbundenen Parteien. Sie verschaffen sich damit gegenüber ihren journalistischen Wettbewerbern einen unfairen Vorteil und verschleiern zugleich, dass sie nur das Partikularinteresse ihrer politischen Gönner bedienen. Eine um Objektivität bemühte, sachgerechte und ausgewogene Berichterstattung ist damit ausgeschlossen.

Jede rechtswidrige Parteispende, jedes unseriöse Finanzgebaren der Parteien müsste publik gemacht werden, gleichgültig, wer's verschuldet. Das Transparenzgebot des Grundgesetzes erlaubt keinen Unterschied beim Umgang mit den Traditionsparteien einerseits und Linkspartei sowie AfD andererseits. Das mittlerweile übliche Informationsangebot jedoch – Annette Brückner weist zu Recht darauf hin – ist demnach kein journalistisch seriöses Produkt. In Kumpanei mit führenden Politikern sabotieren elitäre Medienvertreter vielmehr die Wahlchancen unerwünschter Parteien, wie jüngst bei der EU-Wahl wieder vorexerziert.

Zum Klüngel von Politik und Medien gehört eine mächtige Wirtschaftselite. Sichtbar wurde das (wieder einmal) bei den Enthüllungen der Mascolo-Rechercheure über die sogenannten Paradise Papers: In den Unterlagen tauchten unter anderem steuerrechtlich relevante und belastende Vorgänge in Konzernen wie Sixt, Deutsche Post, Siemens, Allianz, Bayer und Deutsche Bank auf. Details über die finsteren Praktiken dieser Unternehmen wurden damals jedoch ausgeblendet.

Mascolo und ARD-aktuell schwiegen sich ausgerechnet über dieses Kapitel aus. Es liegt nahe, dass sie fürchteten, eine tatsächlich gründliche und umfassende Aufklärung könne schmerzhafte Folgen für ihren Recherchebund und die Verantwortlichen im öffentlich-rechtlichen Rundfunk haben. Dazu ein Selbstzitat aus einer unserer Programmbeschwerden, gegen das der NDR weder Argumente noch einen Gegenbeweis lieferte:

»Diese Art von Journalismus ist weder objektiv noch unabhängig, sie ist eine spezielle Form von Gefälligkeitsjournalismus, diesmal zynischerweise unter dem Deckmantel des investigativen Journalismus.«[15]

Dass es ARD-aktuell bei der Parteispendenskandal-Berichterstattung mehr um regierungsfromm konformistische Kampagnen als um rückhaltlose Aufklärung geht, zeigt sich insbesondere daran, dass die

Redaktion über die Schweinereien der Alt-Parteien so gut wie nichts meldet, weder Grundsätzliches noch Fälle konkreter Unappetitlichkeit.

Beispiele:

Wiesbadens Oberbürgermeister Sven Gerich, SPD, und sein Mainzer Parteigenosse, Oberbürgermeister Michael Ebling, hatten sich mit ihren Lebenspartnern zu einem privaten Weihnachtsessen in luxuriösem Ambiente getroffen. Die vier speisten und tranken für rund 1 000 Euro. Unter den Getränken waren zwei Flaschen Rotwein für je knapp 200 Euro. Gerich beglich die Rechnung mit öffentlichem Geld aus der Stadtkasse.[16] Kein Wort darüber in der Tagesschau, obwohl in Hessen Kommunalwahlen anstanden. Wollte Chefredakteur Dr. Gniffke, selbst SPD-Mitglied, seine hessischen Genossen schonen?

Nicht die Höhe der veruntreuten Summe war hier Kriterium und Anlass für eine Tagesschau-Meldung, wohl aber die Selbstverständlichkeit, mit der sich die Amtsträger aus Steuermitteln bedienten. Generell gilt: Über fiese Praktiken der einflussreichen Parteien berichtet ARD-aktuell trotz unzähliger Gelegenheiten so gut wie nichts.[17]

Als CDU und SPD vor einem Jahr im Parlament mit einem blitzartigen Vorstoß die Parteienfinanzierung um satte 15 Prozent anheben wollten, äußerte die ARD-aktuell nur ein merkwürdiges Gemisch aus staatstragender Pseudokritik und etwas Moralinsäure. Das war ein Nichts im Vergleich zu der Niedermache, mit der sie üblicherweise gegen missliebige Parteien polemisiert. In einem Kommentar ließ Chefredakteur Dr. Gniffke gar verkünden:

»Wenn das zusätzliche Geld für die richtigen Zwecke eingesetzt wird, ist jeder Cent gut in diese Demokratie investiert, denn die steht unter Druck: durch die AfD, durch Hackerangriffe aus Russland und auch durch die törichten Twittertiraden eines Donald Trump ...«[18]

Wenn die »Demokratie unter Druck« steht, dann hilft mehr Geld: Auf so eine Idee muss man erst mal kommen. Russische Hackerangriffe, deutschen Malvenrost und US-präsidiales Twittergewölle zur Rechtfertigung dafür hernehmen, dass die Parlamentsfraktionen von Union und SPD den Parteien einen Selbstbedienungsladen zu beliebiger Finanzierung eröffneten und ihnen damit 25 Millionen Euro Mehreinnahmen zuschusterten: Ging es nicht noch einen Tick zynischer?

Mit aggressiven Unterstellungen Demokratiefeinde fabrizieren: Das schafft man bei ARD-aktuell, aber locker! Klar doch, auch Knallchargen können sich auf die Meinungsfreiheit berufen, die hat Verfassungsrang. Ob der Rundfunkbeitragszahler sich die Verbreitung von solchem Stuss gefallen lassen muss, ob solche Hetztiraden mit dem Staatsvertrag über den öffentlich-rechtlichen Rundfunk in Einklang stehen, das allerdings steht auf einem anderen Blatt.

Unionsparteien und SPD nutzten ihre Bundestagsmehrheit außerdem dazu, die bisherigen Geldleistungen an die Bundestagsfraktionen von rund 88 Millionen Euro auf 115 Millionen Euro zu erhöhen, eine Aufstockung um satte 30 Prozent.[19] Die regelmäßig aufgetischten Begründungen für diesen jährlichen Extra-Griff in die Staatskasse: Die Fraktionen seien die »Parteien im Parlament«, sie würden die »gesamte parlamentarische Arbeit durchdringen« und dem Parlament »zur Arbeits- und Handlungsfähigkeit verhelfen«.

Größer kann die Diskrepanz zur Realität kaum noch werden. Denn siehe da: Manche der derzeit 709 Abgeordneten sind ihrem Arbeitsauftrag weit entrückt. Mindestens jeder fünfte Mandatsträger geht noch einer weiteren bezahlten Tätigkeit nach.[20] 144 Parlamentarier haben dies bisher bei der Verwaltung angezeigt. Die daraus resultierenden »Neben-Einkünfte« betragen im Einzelfall bis zu 260 000 Euro. Das ist weit mehr als das Doppelte der an sich schon happigen Diäten (117 000 Euro jährlich, plus steuerfreie Aufwandspauschalen).[21]

Kaum öffentliche Erwähnung findet in diesem Zusammenhang, dass Merkels Minister in den vergangenen vier Jahren fast eine Milliarde Euro für externe Berater ausgegeben haben.[22] Die Minister sind zwar als gewählte Mandatsträger zugleich Mitglieder ihrer jeweiligen Parlamentsfraktion. Deren jährliche mehrstellige Millionenbeträge aus der Staatskasse reichten jedoch offenbar nicht, um ausreichende Sachkenntnis für die politischen Entscheidungsprozesse in den Ministerien zusammenzukratzen.

Wie hemmungslos die Selbstbedienung aus Steuergeldern inzwischen ist, zeigt sich daran, dass alle Fraktionen trotz angeblichen permanenten Finanzierungsbedarfs über beträchtliche Rücklagen verfügen (CDU/CSU 23 Millionen Euro, SPD 9 Millionen Euro).

ARD-aktuell hat darüber mit keinem Wort berichtet, ganz im Gegensatz zur ambioniert kritischen Berichterstattung über die vergleichsweise kleinkarierten Spendenaffären der AfD. SPD-Parteisoldat Gniffke lässt somit den Eindruck entstehen, als vergriffen sich vor allem die politischen Rechtsausleger. Dabei sind die Unionsparteien und die SPD nicht nur größte Nutznießer der staatlichen Parteienfinanzierung, sondern auch Meister im Spendenabfischen. Milliardäre, Konzerne und Interessenverbände sind die Einzahler, und wer glaubt, ihre Zuwendungen wären zweckfreie Großzügigkeit, purer Ausdruck von Altruismus und demokratischer Gesinnung …

Am 4. April 2019 brachte die Linke im Bundestag einen Entwurf zur Änderung des Parteiengesetzes ein. Er sah vor, Spenden von »juristischen Personen« (damit sind Unternehmen, Wirtschaftsverbände et cetera gemeint) an politische Parteien sowie Parteispenden von natürlichen Personen auf je 25 000 Euro pro Jahr zu begrenzen. Begründung:

»Wenn Unternehmen und Wirtschaftsverbände an Parteien spenden, stellt sich für viele Menschen die Frage, ob so Einfluss auf die Politik genommen wird oder werden soll. Diese Spenden erwecken in der Bevölkerung den Anschein der Käuflichkeit von Politik.«[23]

Wie zu erwarten war, berichtete ARD-aktuell über diese Initiative nichts; eine Tagesschau-Meldung hätte der Linkspartei ja Zuspruch eingebracht. Erst als Daimler-Benz Ende April verkündete, die Vergabe von Parteispenden gänzlich einzustellen – davon war hier eingangs schon die Rede –, schob Gniffkes Qualitätsredaktion unauffällig einen Beitrag auf das Nebengleis tagesschau.de, zwar ohne Bezugnahme auf den thematisch zugehörigen gesetzgeberischen Vorstoß der Linkspartei, dafür aber mit Zitaten aus der empörten Reaktion eines Günstlings des Kapitals:

»FDP-Schatzmeister Solms würde ein so großes Wort wie Demokratiegefährdung nicht verwenden. Ihm ist etwas ganz anderes wichtig, das in der Diskussion über Parteienfinanzierung immer vergessen werde: 1992 habe das Bundesverfassungsgericht klargestellt, dass ›Spenden von Unternehmen nicht nur möglich, sondern auch gewollt sind‹. Die Begründung lautete, Spenden seien nötig, damit eine Beziehung zwischen Wirtschaft und Parteien stattfinde.«[24]

Über die bei Weitem übelste Form der Parteienfinanzierung und ihre abstoßenden Folgen erfährt man bei ARD-aktuell erst recht nichts: Gemeint sind die staatlichen Zuwendungen an die Partei-Stiftungen. Seit 1967 vergibt der Bundestag Fördermittel an parteinahe Stiftungen. Sie sollen »für demokratische Bildungsarbeit im In- und Ausland, politische Forschung, Information und Begabtenförderung verwendet werden«. Für diese hehren vorgeblichen Zwecke flossen im vorigen Jahr mindestens 600 (!) Millionen Euro, weit mehr als das Dreifache der sonstigen Parteifinanzierung, an die Stiftungen von SPD (Friedrich-Ebert-), CDU (Konrad-Adenauer-), CSU (Hanns-Seidel-), Linke (Rosa-Luxemburg-), Grünen (Heinrich-Böll-) und FDP (Friedrich-Naumann-). Die exakte Summe für 2018 wurde bis heute nicht öffentlich benannt, schon gar nicht von der Tagesschau.

Gesetzliche Regeln zur Begrenzung der Ausgabenflut für die Parteistiftungen fehlen. So legt eben der Haushaltsausschuss des Bundestages nach Beratung hinter verschlossenen Türen einen Vorschlag nach Gutdünken vor. Exzessive Klüngelwirtschaft im Hinterzimmer – »gibst du meiner Adenauerstiftung, geb ich deiner Ebertstiftung«, und so weiter; man bedient sich gegenseitig und mit vollen Händen – bleibt ja dem Blick der Öffentlichkeit entzogen. Beschlossen werden die Unsummen schließlich im Gesamtpaket bei Verabschiedung des Bundeshaushalts, dann merkt die Sauerei kaum einer.

Wozu das viele Geld? Insbesondere im Ausland machen die Stiftungen Einfluss geltend. Sie scheuen nicht davor zurück, antidemokratische Entwicklungen zu fördern; in Lateinamerika machten sie regelmäßig den Steigbügelhalter für reaktionäre Regime. Vielsagende Beispiele:

Am Putsch in Honduras (2009) gegen die damalige demokratisch gewählte Regierung von Präsident Manuel Zelaya waren nicht nur die USA beteiligt, sondern es mischten auch Vertreter der Friedrich-Naumann-Stiftung mit. Der damalige Leiter des Stiftungsbüros in der honduranischen Hauptstadt Tegucigalpa, Christian Lüth, wurde erst nach heftiger lokaler Kritik abgezogen und bekam einen Anschluss-Posten[25] im zu dieser Zeit von der FDP geleiteten Berliner Entwicklungshilfe-Ministerium. Inzwischen ist der Mann Pressesprecher der AfD-Fraktion im

Bundestag. Die Konrad-Adenauer-Stiftung hat vor allem den Sturz der sozialistischen Regierung Kubas und die Unterstützung aller rechten Regimes in Süd- und in Mittelamerika auf ihrer Agenda.

Die völkerrechtlich indiskutable und antidemokratische Einmischung deutscher Parteistiftungen in die inneren Angelegenheiten fremder Länder werden von ARD-aktuell mit keinem Wort erwähnt. Die Öffentlichkeit hierzulande soll vor der Erkenntnis bewahrt werden, dass nur zu Hause kritische Auseinandersetzung mit rechtsdrehenden Demokratie-Allergikern erfolgt, während im Ausland jedes faschistoide Gesocks unterstützt wird. Die Heuchelei wäre zum Kotzen, wenn sie nicht zum Speien wäre.

Als bei den letzten Wahlen in Honduras Wahlfälschungsvorwürfe erhoben wurden, verschwieg ARD-aktuell beispielsweise, dass internationale Wahlbeobachter beim Auszählen der Stimmen nicht anwesend sein durften, wohl aber vor der Wahl die Konrad-Adenauer-Stiftung verstärkt aktiv gewesen war: Sie hatte »Ausbildungskurse« für führende Funktionäre der Wahlbehörde TSE organisiert, die nach den Wahlen unter Betrugsverdacht zugunsten der konservativen Regierung standen.[26]

Man stelle sich vor, ähnliche Einmischungsversuche in die Wahlen fremder Länder wären »Putins Hackern« nachzuweisen. Die Tagesschau würde sich mit »Brennpunkten«, Sondersendungen und giftenden Kommentaren vermutlich überschlagen …

Der Rundfunk ist das wichtigste Herrschaftsinstrument jeder modernen Gesellschaft. In Deutschland mit der Besonderheit, dass die Beherrschten, also die vom Rundfunk Desinformierten, diesen auch noch finanzieren müssen. Dabei kann er nur so gut sein wie die Herrschaft selbst, als deren Machtinstrument er fungiert. Wir leben nicht in einer Volksherrschaft (Demokratie), nicht einmal einer nach biederem schweizerischen Muster. Sondern, wie dargelegt, in einer von Plutokraten (Bilderberger, WEF) und US-Heloten (Atlantikbrücke, Stiftung Wissenschaft und Politik) definierten Parteienoligarchie. Ihr obszön getreuer Spiegel ist die »Macht um acht«.

* * *

Im Kapitel Zensur haben wir uns bereits mit der klammheimlichen Freude deutscher Medien über das Verbot von RT Deutsch (Russia Today) auseinandergesetzt. Es handelte sich bei den beschämenden Reaktionen nicht nur um bloße Genugtuung darüber, einen unliebsamen Konkurrenten los zu sein. Sie sind zugleich Ausdruck von Russophobie und von extremem Konformismus mit den Wünschen und Vorstellungen unserer Regierung, die gegen RT polemisierte und diesen Sender als »verlängerten Arm Putins« verächtlich machte. Die öffentlich-rechtlichen Rundfunkanstalten erwiesen sich damit ihrerseits als nichts anderes als der verlängerte Arm der transatlantisch genormten Politiker. Nicht ganz zufällig und auch nicht überraschend, denn schließlich werden die Rundfunkanstalten auch gut von der Politik versorgt und die Folgenlosigkeit der oft harschen Kritik der Rechnungshöfe sichergestellt. Die Wirkung indirekter wechselseitiger Abhängigkeit ist nicht zu leugnen.

Sumpfblasen aus den Medienanstalten

zuerst erschienen am 28.01.2022[19]

Staatsbürokraten organisieren sich als Gesinnungspolizei / ARD-aktuell schont Baerbock und pflegt die eigene Ignoranz

Peinlich, peinlich: Außenministerin Baerbock, Blamier-Grüne, bewies bei ihrem Antrittsbesuch in Moskau einmal mehr, was sie nicht kann: rechtzeitig den Mund halten. Ihr Gastgeber, Außenminister Sergei Lawrow, hatte in der gemeinsamen Pressekonferenz zuvor das Gezerre um die Erdgasleitung *Nordstream 2* und die deutsche Lizenzverweigerung für den russischen Fernsehsender RT DE als aktuell gravierendste Belastungen in den beiderseitigen Beziehungen

---

19 https://publikumskonferenz.de/blog/2022/01/28/sumpfblasen-aus-den-medien anstalten/

bezeichnet.[27] Was Baerbock betreffs der russischen Gaslieferungen antwortete, berichtete ARD-aktuell über alle Formate.[28] Das Baerbock-Geplapper über RT DE wurde hingegen nicht wiedergegeben. Stattdessen hatte Silvia Stöber gleichentags auf tagesschau.de Gelegenheit, Halbwahrheiten über die russische Konkurrenz abzusondern und dabei den Sumpf der Landesmedienanstalten in großem Bogen zu umgehen.

»Wat mutt, dat mutt«, sagt der Ostfriese. Also her mit dem Baerbock-Zitat betreffs »Satellitensperre für RT DE«:

»Ich kann noch mal unterstreichen, dass bei uns die Pressefreiheit bedeutet, dass es keine staatliche Einmischung in den Bereich (sic!) gibt. Wir haben eine klare Verfassung, die in Deutschland **verbietet, dass es keinen** (sic!) **staatlichen Rundfunk gibt**, ob der Staat Deutschland, USA oder Russland heißt. Und auf dieser Grundlage wird bei uns in Deutschland auch im Blick auf die zuständigen Behörden dann verfahren.«[29]

»Ja do legst di' nieda und stehst nimmer auf«, stöhnt der Oberbayer.

Abgründe des Landesverrats[30]

Unsägliche deutsche Arroganz spricht aus Baerbocks Satztrümmern (Wir sind die Besten, nicht nur in Friedens- oder Menschenrechtsfragen, sondern auch betreffs Presse- und Meinungsfreiheit). Die Ministerin redet überdies ausgesprochen dummes Zeug. Weder verbietet unsere »klare (*sic!*) Verfassung« staatliche Rundfunksender noch fehlt es an staatlichen Übergriffen auf das Grundrecht der Freiheit von Presse und Funk.[31] Gerade eben erst praktizieren die Ministerpräsidenten der Bundesländer eine »Einmischung« in den öffentlich-rechtlichen Rundfunk, sie planen ganz legal dessen »Reform« – inklusive Änderungen seines Programmauftrags.[32] Im Gegensatz zu Baerbocks Behauptung sind eigene und fremde staatliche beziehungsweise staatlich finanzierte Sender in Deutschland tätig: Die Deutsche Welle ist zwar als Anstalt öffentlichen Rechts konstruiert, aber ihre Kosten schlagen im Bundeshaushalt zu Buche, sie wird nicht über Beiträge finanziert. Sie soll weltweit ein »offizielles«, also retuschiertes Deutschlandbild vermitteln. Erst recht trifft die Beschreibung »staatlich« auf den Sender Bundeswehr-TV (Eutelsat 21 B) zu.[33] Zudem funken ausländische Staatssender von deutschem Boden aus respektive in unser Land hinein: American Forces Network, AFN (Wiesbaden).[34] Großbritanniens British Forces Broadcasting Service, BFBS (Paderborn-Sennelager).[35] Arte France ist zu zwei Dritteln in französischem Staatseigentum.[36] Der CIA-Hetzsender Radio Free Europe / Radio Liberty[37] ist in Deutschland über Kurzwelle zu empfangen.

Es ist schon viel darüber geschrieben und oft beklagt worden, dass ARD-aktuell längst gewohnheitsmäßig die ihr per Staatsvertrag vorgegebenen »anerkannten journalistischen Grundsätze« verletzt. Die Redaktion mutiert nämlich zu einem Regierungsanhängsel: mittels Verzicht auf Gegenrecherche, Ausblendung politischer Gegenpositionen, Nachrichtenunterschlagung und Fälschung. Details sind unter anderem im Archiv des Vereins *Ständige Publikumskonferenz öffentlich-rechtlicher Medien e. V.* zu finden.[38]

Blockadepolitik im Sinne der Regierung

Am längst verbindlichen Verständnis, dass »Freiheit immer die Freiheit der Andersdenkenden«[39] ist, mangelt es den Tagesschau-Verantwortlichen vollends. An kollegialem Anstand ebenfalls. Neuerlich bewiesen im Umgang mit der politisch gewollten Blockade des Konkurrenzsenders RT DE.

Per Resolution hatte sich der 80 000 Mitglieder starke russische Journalistenverband an Außenministerin Baerbock gewandt: Die Abschaltung des Senders RT DE verletze den Anspruch der Bundesbürger auf Informationsfreiheit.[40] Für ARD-aktuell war selbst das keine Meldung wert. Über die Sperrung des Senders RT DE am 22. Dezember[41] hatten Tagesschau & Co. ja ebenfalls nicht berichtet.

Erst einen Monat später, am 18. Januar, erhielt die stramm russophobe Silvia Stöber Gelegenheit, sich in der diskreten Internet-Nische tagesschau.de auszumären: »Russischer Auslandssender: Wie RT Deutsch ins Fernsehen will.«[42]

Im Hinblick auf Objektivität und sachliche Analyse war die Auftragsvergabe an Stöber – medizinisch ausgedrückt – kontraindiziert. Auf
Gender-Neudeutsch: Da wurde die Ziege zur Gärtner*in gemacht. Die
nahm sich den § 53 (3) des neuen Medienstaatsvertrages vor, rupfte –
um im Bilde zu bleiben – den verbalen Kopfsalat gleich mit der Wurzel
aus und gab Halbverdautes wieder.

Unter dem Titel *Erteilung einer Zulassung für Veranstalter von bundesweit ausgerichtetem Rundfunk* ist im genannten Paragrafen schwer
verdauliche Kost aufgetischt:

»Eine Zulassung darf nicht erteilt werden an juristische Personen
des öffentlichen Rechts …, an deren gesetzliche Vertreter und leitende
Bedienstete sowie an politische Parteien und Wählervereinigungen.
Gleiches gilt für Unternehmen, die im Verhältnis eines verbundenen
Unternehmens im Sinne des § 15 des Aktiengesetzes zu den in Satz 1
Genannten stehen. Die Sätze 1 und 2 gelten für ausländische öffentli-
che oder staatliche Stellen entsprechend.«[43]

Demnach dürfen die Landesmedienanstalten allen öffentlich-
rechtlich und ähnlich konstruierten Antragstellern (»öffentliche und
staatliche Stellen«) keine Rundfunklizenz gewähren. Stöber schließt
daraus:»Laut § 53 (3) darf eine Zulassung … nicht an öffentliche und
staatliche Stellen im In- und Ausland erteilt werden. Dieses Gebot der
Staatsferne resultiert aus den **Erfahrungen des** (sic!) **Nationalsozialismus.**«[44]

Diese Behauptung missdeutet den Zweck des § 53, nämlich öffentlich-rechtliche Veranstalter und staatliche Behörden nicht per Lizenz
der Landes-Medienanstalten in den Kreis der privaten (kommerziellen) Rundfunkveranstalter hineinwuchern zu lassen; mit dem Gebot
der Staatsferne des Rundfunks nach den schlimmen **Erfahrungen
mit** dem Großdeutschen Rundfunk **im** Nazi-Reich hat das gar nichts
zu tun. Der Begriff »Staatsferne des Rundfunks« taucht im gesamten
Vertrag überhaupt nicht auf. Er ist ein vom Bundesverfassungsgericht
normiertes Auslegungsmerkmal.

Und schließlich: Am Umgang mit dem Genitiv (Stöber:»Erfahrungen **des** Nationalsozialismus«) sind schon bedeutendere Qualitätsjournalisten gescheitert.

Die »staatlichen Stellen«

Wesentlich übler ist, dass Stöber indirekt nahelegt, RT DE sei eine (behördengleiche) »staatliche Stelle« und deshalb gemäß Medienstaatsvertrag nicht lizenzierbar. Bei gründlicherer Nachschau hätte sie festgestellt: Der mit zahlreichen internationalen Preisen ausgezeichnete Fernsehsender-Verbund RT »ist eine autonome, gemeinnützige Organisation, die öffentlich aus dem Haushalt der Russischen Föderation finanziert wird«[45]; er ist privatrechtlich konstruiert,[46] und das gilt entsprechend für RT DE.[47] Die Unterstellung »russischer Propagandasender« ist eine typische *Psychologische Projektion* (= ich übertrage meine Schuld auf dich[48]) von ARD-aktuell.

RT DE bekomme nur 32 Millionen Euro, wie Autorin Stöber schreibt;[49] der Jahresetat des Mutterkonzerns RT beträgt weniger als 100 Millionen Euro.[50] Unsere 14 deutschen Landesmedienanstalten bekommen hingegen jährlich 125 Millionen Euro, obwohl ihre Bürokraten bloß für formale Fragen wie die Lizenzvergabe an private Rundfunkanbieter oder für die Überwachung von deren Sendungen zuständig sind (unter anderem hinsichtlich der Regeln für Werbung und Sponsoring).

Den Sumpf, in den diese Unsumme fließt, besichtigen wir gleich. Stöber hatte dazu in ihrer »Analyse« wohl keine Zeit. Nicht nur der öffentlich-rechtliche Rundfunk deutscher Prägung, auch die Medienanstalten sind in einem engmaschigen Netz von Partei- und Regierungspolitikern, Staatskanzlisten, Vertretern einflussreicher »gesellschaftlich relevanter« Gruppen und dubioser Syndikate gefangen (Pars pro Toto: Atlantikbrücke, Kirchen). Über wichtige personelle Fragen und politische Ausrichtung wird in diesen Kreisen hinter verschlossenen Türen entschieden. Das Gerede von der Staatsferne des deutschen Rundfunks ist eine Schimäre.

Stöbers Hinweis macht aber – offenbar unabsichtlich – klar, was eigentlich Sache ist: »Die Bundesregierung bewertet RT Deutsch und andere Medien oder Tochterunternehmen als ›Schlüsselakteure‹ in einem komplexen Netzwerk, das ihre Narrative im Auftrag russischer staatlicher Stellen verbreitet, unter anderem mit dem Ziel, den politischen Meinungsbildungsprozess in Deutschland zu beeinflussen.«[51]

Mit anderen Worten: Einflussnahme auf die Meinungsbildung des Bundesbürgers steht nur unserer Regierung zu. Toll. Die Behauptung der Außenministerin Baerbock in Moskau, staatliche Behörden hätten sich nicht in die RT-DE-Angelegenheiten eingemischt, ist ohnehin falsch.[52] Darüber und über die Intrigen zur Blockade des russischen TV-Senders in Deutschland schweigt ARD-aktuell sich aus.

Stöbers Elaborat über den wahrscheinlich rechtswidrigen Versuch der Medienanstalten, den neuen Programmanbieter RT DE auszuheben, war genauso unvollständig und irreführend wie Baerbocks konfuses Geschwätz. Im Jargon eines Restaurantprüfers: Sie servierte miserable Fritten mit Schmiersauce, und die Zwiebelringe dazu taugten auch nix.

Die Geheimpolizei fingert mit

RT DE hatte zunächst in Luxemburg eine Sendelizenz für Europa beantragt. Auf deutschen Druck hin wurde das Begehren abgeschmettert. Die *Süddeutsche Zeitung* schrieb über die Dreistigkeit der Bundesregierung:»Und eben das war der Grund, warum sich Ende Mai deutsche und luxemburgische Beamte in einer vertraulichen Runde zusammenschalteten, um die Lage zu besprechen. Die Meldungen hatten sich verdichtet, der Antrag könne unmittelbar bevorstehen. Die luxemburgische Medienaufsicht saß bei dem Treffen ebenso mit am Tisch wie Diplomaten aus beiden Ländern und ein Vertreter der im Bundeskanzleramt angesiedelten Beauftragten für Kultur und Medien (Anm. d. Verf.: Staatsministerin Monika Grütters, CDU[53]). Sogar der deutsche Verfassungsschutz und der luxemburgische Geheimdienst SREL saßen dabei. Sie hatten für eine abhörsichere Leitung gesorgt.«[54]

Am Kampf um die Deutungshoheit und gegen informationelle Vielfalt nimmt die Geheimpolizei teil. Na bravo.

Derzeit hat die Medienanstalt Berlin-Brandenburg[55] die Verhinderung von Gegenstimmen gegen den Chor der gleichgeschalteten deutschen TV-Sender übernommen. Direktorin Dr. Eva Flecken bildet mit den 13 Leitern der anderen Landesmedienanstalten die *Kommission zur Zulassung und Aufsicht.* Voraussichtlich Anfang Februar wird dieser Kungelclub den Beschluss fassen, RT DE die Lizenz zu verweigern, denn angeblich besteht »keine rechtliche Grundlage« für eine Zulassung.[56]

Prachtbeispiele für Parteienfilz

»Kungelclub« steht hier für politischen Filz und sagenhafte Geldverschwendung. Auszug aus einem Rechnungshofs-Bericht:

»Die Medienanstalt Berlin-Brandenburg (MABB) ist seit Jahren erheblich überfinanziert … Eine solche, nicht am Bedarf orientierte Finanzierung einer Anstalt des öffentlichen Rechts ist mit den Grundsätzen einer wirtschaftlichen und sparsamen Haushalts- und Wirtschaftsführung nicht vereinbar … «[57]

Über die sächsische Landesmedienanstalt heißt es: »Ein der Vergütung zugrunde liegendes Maß der Verantwortung (bei 25 Mitarbeitern) ist nicht dokumentiert. Die Leitungsebene ist zum Teil außertariflich vergütet. Die **Vergütung** ist in diesen Fällen **höher als die Vergütung des Präsidenten des Landeskriminalamtes Sachsen mit 800 Mitarbeitern.**«[58]

Der Kritik der Rechnungshöfe schloss sich die »Kommission zur Ermittlung des Finanzbedarfs des öffentlich-rechtlichen Rundfunks« (KEF) schon vor Jahren an: »Die Rechnungshöfe haben … festgestellt, dass durch die Finanzierungsform unwirtschaftliches Verhalten der Medienanstalten gefördert werde. Die Kommission schließt sich diesen Feststellungen an.«[59]

Die 14 Landesmedienanstalten[60] beschäftigen rund 500 Mitarbeiter und beziehen jährlich 1,9 Prozent des Rundfunkbeiträge-Aufkommens von insgesamt mehr als sieben Milliarden Euro. Diese automatische Teilhabe wurde wiederholt von den Rechnungshöfen des Bundes und der Länder sowie von der KEF beanstandet.[61] Als angeblich staatsunabhängige Institutionen fließen der Medien Bürokratur nicht nur die rund 125 Millionen Euro aus den Zwangsbeiträgen zu, sondern sie darf darüber hinaus Bußgelder, Verwaltungsgebühren et cetera einnehmen.[62] Das sind in der Tat Insignien einer »staatlichen Stelle«.

Die Führungskräfte der Landesmedienanstalten werden nach undurchsichtigen Kriterien ausgeguckt und in oft reichlich obskuren Prozeduren in ihre Ämter gehievt. Zeitungsschlagzeile und vor allem: **Personalie mit G'schmäckle.**[63] Die ZAK ist eine ehrenwerte Gesellschaft ehemaliger hochrangiger politischer Beamter und Staatsdiener. Ihr Vorsitzender Wolfgang Kreißig war sieben Jahre Leiter des Referats Medienpolitik im Staatsministerium Baden-Württemberg. Sein Vertreter Torsten Schmiege kommt wie bereits sein pensionierter Vorgänger aus der Bayrischen Staatskanzlei.[64] Martin Heine aus Sachsen-Anhalt war jahrelang bei der Treuhand und im Justizministerium seines Landes tätig.

Der Drehtür-Effekt – raus aus der Politik, rein in die Medienwelt und wieder zurück – sowie anderes schräges Einwirken sind gut zu beobachten.[65] Die gesellschaftspolitische Elite bleibt unter sich. Deshalb riecht es im Umfeld auch schon mal nach Korruption und Vetternwirtschaft, auch wenn im ARD-Diskurs die Medienanstalten mittlerweile als respektable »objektive« Behörden figurieren.[66] Die Zeiten, da *Der Spiegel* die Abschaffung der Landesmedienanstalten forderte, sind vorbei.[67]

Die Unfreiheit der Andersdenkenden

Im Meinungs-Oligopol, angeführt von ARD-aktuell, herrscht offenkundig Zufriedenheit darüber, dass die Landesmedienanstalten auch als Gedankenpolizei fungieren. Das hilft, den Besitz der politischen Deutungshoheit vor der Konkurrenz der bewussten Medien zu schützen. Seit Februar 2021 gehen die Landesmedienanstalten wie eine Zensurbehörde gegen kritische Medien vor. Sie unterhöhlen und entkräften damit deren Verfassungsrechte auf Meinungs- und auf Rundfunkfreiheit.

Das Etiketten-Verkleben ist voll im Schwange: »Rechtsextrem«, »Verschwörungstheoretiker« und so weiter dienen dem Abstempeln und sind zugleich eine unverfrorene Kompetenzanmaßung. Seit Inkrafttreten des neuen Medienstaatsvertrages[68] wurden in offensichtlich abgestimmter Aktion bereits 13 Onlinemedien bezüglich »Fake News« unter die Lupe genommen.[69] Als ob die grundgesetzlich garantierte Meinungsfreiheit nicht auch falsche und faktenwidrige Äußerungen einschlösse, wovon beispielsweise ARD-aktuell auch rege Gebrauch macht … Welches Ausmaß die Zensurversuche noch annehmen werden, ist nicht abzusehen.[70]

Und: Ein Fernsehsender RT DE würde es schließlich einem noch größeren Publikum ermöglichen, »auch die andere Seite anzuhören« und sich damit eine fundierte Meinung zu bilden. Ihn zuzulassen, wäre ein Beitrag zur politischen Hygiene. Die aber hätte unser Gemeinwesen dringend nötig. Denn die regierungsfromme Tagesschau unterschlägt doch zu viel, was einer fundierten Meinungsbildung dienlich wäre. Wie gerade erst die Informationen über den begnadeten Baerbock-Auftritt in Kiew, einen Tag vor dem oben erwähnten Besuch der Ministerin in Moskau: »… unsere Haltung ist bekanntermaßen bekannt …« … »… und wir haben bei unserem Gespräch darüber gesprochen …« … »… das unmissverständliche und vor allem einstimmlije (sic!) Bekenntnis der EU …« … »… einen hohen Preis für das russische **Regime** (sic!) hätte …«[71]

Es gilt das gesabbelte Wort – der Außenministerin der Bundesrepublik Deutschland.

»Heilig's Blechle«, stöhnt der Schwabe. Und der Berliner: »Da biste platt, wa?«

***

Die fehlende Distanz zu den Mächtigen bezieht sich aber nicht nur auf die deutsche Politik. Auch gegenüber den USA und der westlichen Politik gibt es grundsätzlich kaum kritische Stimmen. Letztendlich werden deren Szenarien und Vorgaben übernommen, Ministerin Baerbocks Phrasendrescherei bejubelt und die vermeintlichen Paria der Weltpolitik diskreditiert. Dass diese Politik nicht im Interesse der Bevölkerung Westeuropas liegt, darf als gesichert gelten. Hier können Sie sich selbst beantworten, auf welcher Seite der öffentlich-rechtliche Rundfunk steht.

Putins Gas statt Bidens Bomben

zuerst erschienen am 02.11.2022 [20]

Im Diskurs über den Europäischen Krieg ist das meiste noch vom Kopf auf die Füße zu stellen / Die Ossis sind die besseren Wessis

Achtung, ein kapitaler Baerbock:»Sind die Deutschen bereit, für die Freiheit zu sterben? Wir sind es.« Dieser unsäglich dumme Spruch – Zitat in Anführungszeichen! – dient als Überschrift eines Artikels in der *Neuen Zürcher Zeitung*. Andernorts taucht er nicht auf; zuzutrauen ist er unserer Hasspredigerin im Außenamt allemal. Ein übler Treppenwitz, was diese Frau unter Diplomatie und außenpolitischer Strategie versteht. Kennen Sie den schon?»Wir sind die Guten!«[72] Früher gab es für derart ungezogenes Lügen eins hinter die Löffel. Heute qualifiziert es für die Mitgliedschaft im Kabinett des roten Ampelmännchens. Grün ist die Heide drum herum; schafsköpfige Tagesschau-Redakteure weiden dort, intellektuell anspruchslose Wesen. Sie werden gebraucht, damit das deutsche Publikum fürs Einschlafen was zum Zählen hat.

Annalena Baerbock stellte das, was sie unter Außenpolitik versteht, erwartungsgemäß mit den angesagten Beiwörtern dar. »Feministisch« soll ihre Politik sein. »Werteorientiert«. Und natürlich »regelbasiert«, wie *little* Blinken in Washington es vorbetet. Was eben ein Plappermaul so daherredet, wenn der dranhängende Kopf nicht mal halbwegs intelligent verlogene Formeln auf Lager zu haben scheint. Es handelt sich bei Baerbocks Hudelei[73] halt um kitschige Stimmungsmache für die imperiale Machtpolitik der USA. Die mörderischen Folgen (fürs eigene Volk wie für die anderen) muss Baerbock mit dem schönen Schein unserer moralischen Überlegenheit tarnen, damit ja niemand dagegen aufbegehrt. Das ist ihr Job. Der Regierungsrundfunk, voran die Tagesschau, ist dabei wie immer der beste Helfer.

---

20 https://publikumskonferenz.de/blog/2022/11/02/putins-gas-statt-bidens-bomben/

Baerbock im Bundestag: »Wir sagen eben nicht: Wir konzentrieren uns nur noch auf das, was vor unserer eigenen Haustür passiert, was unglaublich wichtig ist, sondern ganz im Gegenteil: Genau in diesem Moment nehmen wir weiter unsere Verantwortung in der Welt wahr. … Uns geht es auch darum, uns gemeinsam mit den Menschen vor Ort den Kräften entgegenzustellen, die nichts auf Menschenrechte geben, nichts auf Demokratie und nichts auf eine regelbasierte Ordnung.«[74]

Von wem und was spricht die Frau? Ach so, sie ist darüber sauer, dass die Regierung des nordwestafrikanischen Staates Mali die Nase endgültig voll hat von den USA und deren Vasallen; dass man die Anwesenheit auch der Bundeswehr nicht mehr ertragen will und sich lieber vom russischen Militär unterstützen lässt. Die Hofberichterstatter der ARD-aktuell leisten Baerbock ideelle Schützenhilfe und applaudieren Baerbocks Geschwätz. Ungeprüft und ohne Gegenrecherche bei den Beschuldigten teilen sie mit, malischen Soldaten und russischen Sicherheitskräften werde »ein Massaker an etwa 300 Zivilisten vorgeworfen«.[75]

Was deutsche Soldaten in Mali eigentlich verloren haben, braucht die Tagesschau selbstredend nicht darzulegen. Erst recht nicht, was entschieden gegen diese Art Auslandseinsatz spricht.[76] Wo kämen wir da hin! Da würden ja sogar die urdeutschen Sofadrücker erkennen, dass »regelbasierte Ordnung« ein Begriff aus der Gaunersprache ist und unter anderem den Raub fremder Rohstoffe verschleiert.[77] In diesem Fall malisches Uran, Gold und andere reiche Bodenschätze, die in Europa heiß begehrt sind.[78]

Mollusken im Ministeramt

Gleich nach ihrem Antrittsbesuch beim Amtsbruder, dem »lieben Tony« Blinken, schleimte Baerbock hemmungslos: »Wir sind Freunde und Wertepartner.«[79]

Sie ließ somit keinen Zweifel daran, was sie unter »wertebasierter« Außenpolitik versteht: sich der US-Elite als allzeit bereite Politmätresse anzudienen. Oder, wie ihr Kabinettskollege Habeck trefflich formulierte, »eine dienende Führungsrolle« zu spielen.[80] Der Ami braucht noch nicht mal »bücken!« zu rufen, B&H liegen ihm schon zu Füßen.

Die USA als »Wertepartner« zu bezeichnen heißt, die monströsen Verbrechen ihrer Regierungen zu billigen: imperiale Kriege mit Millionen Toten, systematischen Völkerrechtsbruch, Massaker in aller Welt, Entführungen, Folterungen, Attentate, Rassismus, »Erst schießen, dann fragen«-Unkultur, Ressourcen-Diebstahl, Todesstrafjustiz, Staatsterrorismus. Es heißt, den US-Versuch zu unterstützen, die Konkurrenten Russland und China mit militärischen Drohungen und Übergriffen sowie mit weltweit verheerender Sanktionspolitik niederzuringen.

Wer wie die »Ich-komm-eher-ausm-Völkerrecht«-Baerbock[81] von dort nichts weiter mitgebracht hat als sich selber, der übersieht natürlich das Foltergefängnis Guantanamo, das Justizverbrechen an Julian Assange, die unzähligen Drohnenmorde unter dem Deckmantel »Krieg gegen den Terror«, die Finanzierung antidemokratischer Putschisten und Farbrevolutionen, die grobe rechtswidrige Einmischung in die inneren Angelegenheiten fremder Länder. »Wertepartnerin« Baerbock hat vermutlich nicht einmal auf dem Zettel, dass die Politik ihrer US-Freunde einer blutrünstigen Tradition folgt: 219-mal in ihrer kurzen Geschichte haben die USA andere Länder angegriffen, ohne jemals selbst angegriffen worden zu sein.[82] (Der japanische Überfall auf Pearl Harbour war keine Ausnahme, sondern von Roosevelt herbeiprovoziert, um die kriegsunwillige US-Bevölkerung für einen Kriegseintritt zu gewinnen.[83])

Mörderische Tradition

Insgesamt sind die USA seit dem Zweiten Weltkrieg wegen ihrer martialischen Überfälle auf andere Länder für den Tod von schätzungsweise 20 bis 30 Millionen Menschen verantwortlich.[84] Allein in den vergangenen 20 Jahren hat unsere westliche »Wertegemeinschaft« vier Millionen Muslime umgebracht, vom Neugeborenen bis zum Greis; angeblich, um den weltweiten Terrorismus auszurotten. Baerbocks

»Wertepartnerschaft« erinnert wahrlich streng an Goethes Aphorismus über den Charakter:

»Sage mir, mit wem du umgehst, so sage ich dir, wer du bist; weiß ich, womit du dich beschäftigst, so weiß ich, was aus dir werden kann.«[85]

Es ist die wichtigste Aufgabe unserer längst gleichgeschalteten Massenmedien, das Verbrecherische am transatlantischen »Kampf für Demokratie und Menschenrechte« nur ja nicht ins öffentliche Bewusstsein dringen lassen. Beim Täuschen, Fälschen und Desorientieren ist der öffentlich-rechtliche Rundfunk Vorreiter. Tagesschau, Tagesthemen, Deutschlandradio und Deutsche Welle als vermeintlich seriöse Informationsquellen garantieren, dass die Hetze gegen Russland, China und andere missliebige Staaten professionell und effizient ausgeführt wird.

Der englische Dramatiker Harold Pinter erinnerte in seiner Rede zur Verleihung des Nobelpreises 2005 an das »weitverzweigte Lügengespinst, von dem wir uns nähren«. Damit die Macht der herrschenden Eliten »erhalten bleibt, ist unabdingbar, dass die Menschen unwissend bleiben, dass sie in Unkenntnis der Wahrheit leben«.[86]

Sachlichen, um Information und Aufklärung bemühten Nachrichtenjournalismus darf man vom Regierungsrundfunk nicht erwarten. Die Massenmedien verschwiegen zum Beispiel, dass die seinerzeitige Grünen-Doppelspitze Habeck und Baerbock schon lange vor den Bundestagswahlen zu würdeloser Liebedienerei bei den US-Amerikanern und zum Betrug am deutschen Wähler bereit war: Der Wunsch der Ukraine nach »Defensivwaffen« sei angesichts der »russischen Bedrohung« (!) »berechtigt«, man könne ihn »schwer verwehren«.[87]

Zu jener Zeit hatten die ukrainische Armee und die ihr angegliederten Neonazi-Regimenter bereits 14000 Ost-Ukrainer massakriert.[88] Für ein Ende der Schlächterei und für einen Friedensschluss mit den gepeinigten russischsprachigen Landsleuten gemäß dem Minsker Abkommen[89] haben sich die Spitzen der Grünen, der SPD, der FDP und der Union in Kiew nie starkgemacht. Im Gegenteil, sie haben es erst mit Poroschenko und dann mit Selenskyj sabotiert.

Kein Raum für Scham

Die USA haben Kiew von Anfang an unterstützt. Das Minsker Abkommen war ohne sie von Deutschland und Frankreich mit Russland verabredet und von Washington missbilligt worden. Habeck und Baerbock wussten davon und richteten sich danach. Beide machten devot kenntlich, dass ihre Agenda mit der des US-Präsidenten aufs Innigste harmoniert. Den Stopp von Nord Stream 2 inbegriffen.

US-Präsident Biden äußerte am 27.7.21:»Ich denke, es ist mehr als wahrscheinlich, dass wir in einem Krieg enden werden – einem echten Krieg mit einer Großmacht …«[90]

Daran orientierte sich Großmaul Baerbock und tat sich mit Sprüchen wie»Russland ruinieren« und es derart zu schädigen,»dass es volkswirtschaftlich jahrelang nicht mehr auf die Beine kommt«[91], hervor. Die Außenministerin schämte sich dieser einzigartig undiplomatischen Entgleisung nicht. Dass ihr blanker Russenhass, ausgelebt in Serien von völkerrechtswidrigen Sanktionen, inzwischen die deutsche Volkswirtschaft zum Abgrund treibt, den Russen nicht wirklich schadet, aber das Geschäft der Amis erblühen lässt, das nimmt sie hin. Hätte sie substanziellen politischen Anstand und Loyalität gegenüber ihrer eigenen Nation, wäre sie niemals Mitglied im wirtschaftselitären»Young Global Leaders«-Club des Weltwirtschaftsforums WEF geworden.[92]

Die von den Regierenden und ihren medialen Scharfmachern gepflegte Fiktion, dass die USA, die NATO und damit auch Deutschland sich nicht im Krieg mit Russland befinden,[93] ist längst als pure Heuchelei zu erkennen. Pech, dass US-Präsident Biden sich bereits im Übergang von der Senilität zur Debilität befindet und die wahren US-Ziele versehentlich erkennen ließ: erst mal Regime-Change in Moskau, danach Zerstückelung Russlands und Ausbeutung seiner gigantischen Ressourcen.[94]

Das ist den US-amerikanischen Imperialisten das Risiko eines Atomkriegs wert – fern der Heimat, versteht sich. Sie planen bereits seit Jahren den begrenzten Einsatz von Atomwaffen in einem Erstschlag.[95] In Rede ist ein Krieg, der Europa zerstört, aber die USA nicht tangiert.

Auf »Endsieg«

Der Diskurs über eine »schmutzige« ukrainische Atombombe müsste die Bundesregierung veranlassen, eine Springflut diplomatischer Aktivitäten in Gang zu setzen; das wäre verantwortungsbewusste Politik. Mit den Grünen-Kriegstreibern in Berlin ist sie aber nicht zu machen. Baerbock setzt auf den Endsieg. »Und ja, wir werden auch die Ukraine weiter intensiv mit Waffen unterstützen. Denn wir liefern nicht nur Rüstungsgüter in die Ukraine, um Menschenleben zu retten. Sondern mit diesen Lieferungen, so hoffe ich, geht auch ein Schub Vertrauen und Solidarität einher.«[96]

Würstchen wollen seit jeher groß rauskommen. Friedensverhandlungen? Nichts da. Der Berliner Reichstagsrasen ist fascho-grün gedüngt, dort schießen die Gurken ins Kraut. Sie treiben – siehe oben – prächtige sprachlichen Blüten.

Unmoral und die Perversion jeglichen Rechtsbewusstseins sind US-Markenzeichen. Wovon unsere hörigen Staatsfunker gerne mit scheinobjektiver Berichterstattung über die »Freunde« ablenken. Tagesschau-Beispiel:

»Die US-Regierung hat zusätzliche Unterstützung für die Menschen in Afghanistan angekündigt. Sie stellt weitere 327 Millionen Dollar für humanitäre Hilfen bereit. Davon sollen auch Afghanen profitieren, die in die Nachbarländer geflohen sind.«[97]

Welch US-amerikanische Großzügigkeit! Das bringt die Tagesschau ja prächtig rüber. Und unterschlägt zugleich die unumgängliche Information über den politischen Kontext: dass US-Präsident Biden als Rache für die Niederlage gegen die Taliban das afghanische Staatsvermögen beschlagnahmt hatte, sieben Milliarden Dollar. Statt Entschädigung für die Verwüstung Afghanistans im mehr als 20-jährigen US-Terrorkrieg zu zahlen und echte Wiederaufbauhilfe zu leisten, betätigte sich Biden als Straßenräuber und Leichenfledderer. Und trieb die Scheinheiligkeit auf die Spitze: Seine Regierung werde die Hälfte der geraubten Beute, 3,5 Milliarden Dollar, an die Hinterbliebenen des Anschlags auf die Zwillingstürme in New York (»9/11«) auszahlen.[98] Obwohl Afghanistan erweislich nichts mit jenem Terrorakt zu tun hatte, den der Verbrecher George Dabbeljuh Bush nur als Vorwand für seinen Angriffskrieg brauchte.[99]

Afghanistan ist heute, nach den Worten David Beasleys, des Exekutivdirektors des Welternährungsprogramms,»die Hölle auf Erden, die größte humanitäre Krise der Welt«.[100] 20 Millionen Menschen – fast die Hälfte der Bevölkerung – leiden akut unter Hunger. Es mehren sich Berichte über Verzweifelte, die eine ihrer Nieren anbieten, um an Geld für Lebensmittel zu kommen.[101] Keine Frage, dass es viele Interessenten an diesem Organhandel gibt.

Partner? Komplize!

Deutschland kann bezüglich unmenschlicher Politik mit den Amis aber mal wieder gut mithalten. Aydan Özoğuz (SPD), Vizepräsidentin des Deutschen Bundestages:»Es liegt auf der Hand, dass Deutschland der Taliban-Regierung überhaupt kein Geld direkt zukommen lassen kann. Denn dieses käme kaum dort an, wo wir uns das wünschen. Darum ist es undenkbar, dass ein Regime nach Art der Taliban Gelder aus Deutschland in Empfang nehmen und dann unkontrolliert verteilen sollte.«[102]

Wer's nicht fassen kann, schaue nach Syrien. Die USA hatten unter lebhafter EU- und deutscher Mitwirkung versucht, die Regierung in Damaskus zu stürzen. Zur Ablenkung vom eigenen Völkerrechtsbruch ließen die christlichen Kreuzritter die Drecksarbeit von Kopfabschneidern der IS-Dschihadisten erledigen. Der Umsturzversuch misslang, weil die Regierung Assad sich Hilfe aus Russland holte.

Dafür strafte sie der Westen mit vernichtenden Sanktionen. Die bereiten der syrischen Zivilbevölkerung unvorstellbares Leid. Es herrscht Hunger im Land am Euphrat. Syrien hat zwar reiche Öl- und Gasquellen, doch die sind von US-Militär besetzt. Dessen Soldaten begleiten mehrmals wöchentlich kilometerlange Tanklaster-Konvois mit geraubtem syrischen Öl in den Irak und in die Türkei.[103] Den Verkaufserlös, kürzlich vom Außenministerium in Damaskus mit 107 Milliarden US-

Dollar beziffert, entziehen die USA der darbenden syrischen Bevölkerung und sacken ihn selber ein.[104]

Schlimm, das alles. Aber wo bleibt die Pointe? Ja richtig, da war doch Baerbocks russophober Beißreflex: Putin führe mit seiner Blockade des Getreideexports der Ukraine einen »Hungerkrieg« gegen die notleidenden Menschen in der Dritten Welt.[105] Und wieder erweist sich, dass die ARD-aktuell-Redaktion in Berlin (und Hamburg) dafür Belege hätte verlangen müssen, statt sich als kritikloser Transporteur volksverhetzender Propaganda zu bewähren.

»Die Hauptziele für den laufenden ukrainischen Getreideexport lagen im Juli und im August allerdings nicht in den Hungergebieten Afrikas. Hauptabnehmer von ukrainischem Weizen und Mais war vielmehr die Türkei. ... Danach folgen verschiedene EU-Länder.«[106]

Die Tagesschau hätte gemäß ihrer Sorgfaltspflicht (Medienstaatsvertrag, § 6)[107] Putins Begründung für das Aussetzen des Getreide-Abkommens objektiv und vollständig übermitteln müssen: Nicht nur hatte er ukrainische Angriffe auf den Hafen Sewastopol und auf den Schutzkorridor für den Getreideexport genannt, sondern auch, dass das Abkommen seine humanitären Ziele verfehlt habe.[108]

Ossis gehen auf die Straße

Im Osten unserer Republik wächst der Widerstand gegen die antirussische Politik der Ampel. An den Demonstrationen beteiligen sich Tausende, und von Woche zu Woche werden es mehr. Viele Ossis haben tieferen politischen Durchblick als ihre Landsleute im Westen, im kritischen Urteil über Politiker und deren Wirken sind sie geübter. Sie sind erheblich stärker sozial sensibilisiert als die meisten Wessis; der Schaden, den Habeck und Baerbock verursachen, trifft sie zudem härter. Sogar die Tagesschau kam nicht umhin, über den Volkszorn zu berichten.[109]

Auch Dämlichkeit ist ein Menschenrecht. Niemand außer uns Wählern kann Habeck und Baerbock daran hindern, sich als subalterne Hanswurste in den Dienst der USA zu stellen. Aber von öffentlich-rechtlichen Qualitätsjournalisten muss man verlangen, dass sie der quasi regierungsamtlichen Hetze gegen »Feind«-Staaten entgegentreten. Merksatz, wie im Titel oben: Putins Gas ist besser als Bidens Bomben. Haben wir das geschnallt, Annalena? Capito, Zamperoni?

* * *

Es wird darüber hinaus aber auch unkommentiert und undistanziert wiedergegeben, dass die USA und ihre Verbündeten auf Konfrontationskurs zur Volksrepublik China gegangen sind, vorgeblich im Namen des Völkerrechts. Deutschland ist mit von dieser Partie, macht auch beim Säbelrasseln mit, schickt gar die Fregatte »Bayern« auf Machtdemonstrationsfahrt in den Südwestpazifik.

Eine kritische Einordnung solcher Vorgänge erfolgt nicht. Auch hier fungiert der öffentlich-rechtliche Rundfunk nur als Sprachrohr der deutschen Regierung und des US-State Department in Washington.

US-Faustrecht geht vor Völkerrecht

zuerst erschienen am 15.08.2021 [21]

Das Geschwätz von einer »regelbasierten internationalen Ordnung« unterstützt Washingtons Verstöße gegen die UN-Charta

Seit zweieinhalb Wochen ist die Fregatte »Bayern« der Bundesmarine unterwegs zum Südwestpazifik. Was soll sie da, 5 000 Seemeilen fern der Heimat? Chinesen erschrecken? Danach klingt leider, was Außenminister Maas und Verteidigungsministerin Kramp-Karrenbauer vor dem Ablegen des Kriegsschiffs im Marinestützpunkt Wil-

---

21 https://publikumskonferenz.de/blog/2021/08/15/us-faustrecht-geht-vor-voelker recht/

helmshaven kundtaten. Maas: »… Im Indopazifik entscheidet sich die Ausgestaltung der internationalen Ordnung der Zukunft … wir wollen diese mitgestalten und Verantwortung übernehmen für den Erhalt der regelbasierten internationalen Ordnung.«[110] Kramp-Karrenbauer, noch eine Schwulst-Tonlage höher: »Unsere (sic!) regelbasierte Ordnung wird auch zu Wasser verteidigt – und die deutsche Marine steht im Dienst des Friedens, der Freiheit und des Rechts.«[111] Ganz schön gemein: Die beiden wollen anscheinend, dass sich die Chinesen totlachen.

Logisch, dass ARD-aktuell den Schmarren bierernst übertrug, ohne den Versuch zu machen, Motive, Ziele und die Problematik der Schiffsmission anzusprechen, unbeeindruckt vom aufgeblasenen Gewäsch des ministeriellen Dilettanten-Duos.[112]

Die Frage drängte sich auf, interessierte die Tagesschau aber nicht weiter: »Was hat ein deutsches Kriegsschiff heutzutage vor der Küste der VR China verloren?« Das Publikum musste sich mit dem Erklärschnipsel des Außenministers zufriedengeben, die »Bayern« beteilige sich auch an der »Überwachung der UN-Sanktionen gegen Nordkorea«.[113]

Nordkorea. Im Südwestpazifik.

Der meinte das ernst. Der meint wirklich, man nehme ihn noch ernst.

Statt mit erhellenden Informationen und Erläuterungen zu dienen, trötete auch die Tagesschau die Mode-Floskel »regelbasierte Ordnung« nach, fünfmal allein innert einer Woche. 188-mal erschien dieses so dummdreiste wie gemeingefährliche Geblubber in den letzten Jahren schon in Veröffentlichungen des Außenministeriums.[114] Bereits bei der zeitweiligen Übernahme des Vorsitzes des Weltsicherheitsrats vor zwei Jahren hatte Heiko Maas getönt:

»Als global vernetztes Land setzen wir uns für eine regelbasierte Weltordnung ein, die von der Stärke des Rechts und nicht durch das Recht des Stärkeren geprägt ist.«[115]

Der Mann ist ein Meister der Realitätsverweigerung. Weshalb er alsbald auch gegen das Verbot von Atomwaffen stimmte.[116] Seine

Kriecherei in Richtung Rektum des US-Imperators sollte mithelfen, Deutschland einen ständigen Sitz im Weltsicherheitsrat zu verschaffen. Natürlich wurde nichts daraus. Die Tagesschau verschwieg den Schweinkram mit gewohnter Zuverlässigkeit.

Schwarzer Ruß, zusammengemixt

»Regelbasierte Ordnung« ist sprachlich so falsch wie der »weiße Schimmel«; jede Ordnung stellt bereits selbst ein Regelwerk dar, sie braucht nicht zusätzlich auf Regeln zu »basieren«. Der sprachliche Unfug »regelbasierte Weltordnung« dient zur Tarnung des bösartigen politischen Konzepts, wonach das US-Imperium willkürlich die Regeln bestimmt und jene, oft genug unter Verletzung des Völkerrechts, durchzusetzen versucht. Die übrigen Mitglieder der transatlantischen Staatengemeinschaft, insbesondere Deutschland, haben sich diesem US-Absolutismus längst unterworfen und unterstützen ihn.[117]

Regierungen, die sich der »westlichen Wertegemeinschaft«, WWG, widersetzen, wird gewöhnlich unterstellt, sie störten die »regelbasierte internationale Ordnung«. Russland und China sowie deren politisches Umfeld werden ständig dessen bezichtigt. Gegen schwächere Staaten geht die WWG rücksichtslos mit Sanktionen vor und oft auch mit brutaler militärischer Gewalt. Irak, Syrien und Libyen sind jüngste Beispiele für den permanenten WWG-Völkerrechtsbruch. Die Charta der Vereinten Nationen, das Völkerrecht, ist die einzige global gültige zivile Ordnung. Sie hindert die WWG jedoch nicht an ihren modernen Kolonialkriegen.[118]

Die Aggressoren setzen sich nicht nur über die UN-Charta hinweg, sondern beschuldigen zur Selbstrechtfertigung – »Haltet den Dieb!« – ihre jeweiligen Opfer des Rechtsbruchs. Und die Tagesschau plappert das stets fügsam und kritiklos nach. Es gibt kein unabhängiges Weltgericht, an das sich die Angegriffenen wenden könnten und das die Machtmittel hätte, dem Völkerrecht Respekt zu verschaffen. Der Internationale Strafgerichtshof? Wenn der es wagt, Vorermittlungen gegen die USA und gegen Israel aufzunehmen, sieht er sich massiven Drohungen aus Washington ausgesetzt.[119] Das WWG-Bündnis wahrt seine Vorherrschaft, militärisch und im Welthandel, hier hauptsächlich mithilfe seines Bankensystems und des Petro-Dollars.

Ein besonders schändliches Beispiel für Missachtung des Völkerrechts: der wahrscheinlich von türkischem Territorium aus lancierte Giftgasangriff auf Douma in Syrien.[120] Sogleich und beweislos wurde Präsident Assad dessen beschuldigt. Die USA, Frankreich und England beschossen Ziele bei Damaskus mit mehr als 100 Raketen.[121] Damit verstießen sie unzweifelhaft gegen das umfassende Gewaltverbot nach Art. 2 Nr. 4 der UN-Charta. Ihr Angriff auf Syrien war nach Auffassung von Völkerrechtsexperten weder gerechtfertigt noch angemessen.[122] Aber Bundeskanzlerin Merkel erklärte im Ganovenjargon der WWG: »Wir unterstützen es, dass unsere amerikanischen, britischen und französischen Verbündeten als ständige Mitglieder des UN-Sicherheitsrats in dieser Weise Verantwortung übernommen haben.«[123]

Für den Kotzkübel

Volksmund tut Wahrheit kund: »Sage mir, mit wem du gehst, dann sage ich dir, wer du bist.« Wenn man eine Kriegshandlung, die nicht vom Weltsicherheitsrat gebilligt wurde und folglich ein Verbrechen ist, nicht mal als Verbrechen bezeichnen will, dann tönt man eben von »Verantwortung übernehmen«. Es ist die Sprache der Gewohnheitslügner.

»Regelbasierte internationale Ordnung«: Dass unsere Regierung den Begriff so häufig anführt, begründet Volker Perthes, vormals Leiter der regierungsnahen Stiftung Wissenschaft und Politik, SWP (Modewort: »Denkfabrik«), akademisch präzise: »Eine Allianz williger Staaten muss internationale Regeln ersinnen, ohne den Verdacht zu erwecken, dass es dabei um westliche Dominanz geht.«[124]

Die sich aufdrängende Kritik ist von der Tagesschau nicht einmal in Untertönen zu hören. Die selbst gewählte Rolle der ARD-aktuell-Redaktion ist, sich unter allen Umständen gefügig in den Dienst deutscher und US-amerikanischer Regierungspropaganda zu stellen.

Die Berichterstattung über die Sprechblasen der Saarland-Größen Maas/Kramp-Karrenbauer bei Verabschiedung der Fregatte »Bayern« (Anm. 1, 2) beweist es zum gefühlt millionsten Mal. Besagtes Kriegsschiff ist übrigens für die U-Boot-Jagd ausgerüstet.[125] Es soll sich aber, was die Tagesschau und unser saarländisches Komiker-Duo mitzuteilen »vergaßen«, zumindest offiziell nicht am alljährlich vor Chinas Küsten laufenden US-Manöver »Freedom of Navigation« (= »Freiheit der Seefahrt«) beteiligen.[126] Allerdings wird die Entsendung der Fregatte von der Bundesregierung selbst durchaus als Zeichen verstanden, chinesischen Hoheitsansprüchen im südchinesischen Meer »entgegenzutreten.«[127] Die SWP bestätigt es indirekt:

»Besonders vonseiten der USA wächst der Druck auf Staaten in und außerhalb der Region, inklusive auf Deutschland und andere EU-Mitgliedstaaten, sich zum Konzept des Indo-Pazifik direkt oder indirekt zu bekennen«, zu einem Konzept, das primär als eine auf China ausgerichtete Eindämmungsstrategie zu verstehen sei.[128]

Dabei hatte die Bundesregierung in ihren eigenen »Indo-Pazifik-Leitlinien« aus dem Vorjahr noch eine relativ souveräne, vernunftgeleitete Haltung eingenommen:

»… nicht zuletzt angesichts der starken Verflechtung der Volkswirtschaften und der Komplexität globaler Herausforderungen wie Klimawandel, Friedenssicherung und fragile Staatlichkeit – sind Eindämmungs- und Entkoppelungsstrategien nicht zielführend.«[129]

Einschwenken auf den Kriegspfad

Diese Leitlinien stammen allerdings aus einer Zeit, in der Donald Trump noch US-Präsident war. Seit sein Nachfolger Biden gemäß den Wünschen seiner Hinterleute einen hochaggressiven Kurs gegen China vorlegt, sind deutsches Einknicken und Einschwenken auf den Kriegspfad angesagt. Das zeigt sich zunehmend unverblümt in Äußerungen unserer politischen Elite und in den Meldungen der Tagesschau. China wird zum »Feind« stilisiert. Die pösen Chinösen brauchen eins vor'n Latz:

»Die Bundeswehrfregatte solle ein Signal setzen gegen die chinesischen Machtansprüche in der Region. Von denen fühlen sich andere Länder wie Japan und Südkorea bedroht … China hat in den vergangenen Jahren militärisch aufgerüstet …«[130]

Dass die »Machtansprüche« Chinas und seine Aufrüstung eine stark defensive Komponente und zudem einen politischen Kontext haben, der sie sehr begreiflich macht, fällt offenbar keinem Tagesschau- und WWG-Mainstream-Journalisten auf. »US-Experten« schwadronieren schon seit Jahren von einem Krieg gegen China: »Ein militärischer Konflikt zwischen den beiden ist … nicht unmöglich.«[131]

US-Präsident Biden kürzlich: »Ich denke, es ist mehr als wahrscheinlich, dass wir in einem Krieg enden werden – einem echten Krieg …«[132]

NATO-Generalsekretär Stoltenberg: Gemeinsam müsse man sich gegen Russland positionieren, aber auch gegen China. Das Land werde schon bald die stärkste Wirtschaftsmacht der Welt sein … »Es teilt unsere Werte nicht.« Damit ließ er erkennen, dass es dem Wertewesten im Konflikt mit China nicht um die behauptete Gefahrenabwehr geht, sondern um die Niederschlagung einer konkurrierenden Wirtschaftsmacht. Die Tagesschau jedoch verharmlost den Kalten Krieger und lässt ihn (Stoltenberg) behaupten, der Westen betrachte China zwar als Gegner, aber nicht als Feind.[133] Naiver lässt sich über den Mann nicht berichten, man muss ihn nur reden lassen.

Die WWG will mit allen Mitteln verhindern, dass China stärkste Wirtschaftsmacht der Welt wird. Strauchdiebe denken so, wenn sie einen Konkurrenten vernichten wollen, den sie nicht ausrauben können. Überlegungen, China mit einer Seeblockade zu strangulieren, gibt es längst: »Wenn eine Blockade durchgeführt wird, könnte sie der chinesischen Wirtschaft und dem Staat ruinöse Kosten verursachen.«[134]

Das Zerrbild vom aufrüstenden Friedensgefährder China provoziert eine Entgegnung mit Fakten: Die USA haben 39 Prozent Anteil an den weltweiten Militärausgaben, China 13 Prozent und Russland nicht mal 3,5 Prozent.[135]

Strauchdieb-Denken

Es ist wahr, China hat Grenzstreitigkeiten. Mit Indien (beide verhandeln derzeit aber) und – im Südchinesischen Meer – mit Vietnam, Malaysia, Indonesien, Brunei und den Philippinen. Dabei hatte Beijing bisher, wenn man das große Ganze betrachtet, jedoch stets das Nachsehen.[136] Die USA sorgen dafür, dass die Spannungen bleiben: mit beständiger Interventionspolitik, mit häufigen Seemanövern, mit provokanter Durchfahrt ihrer Flugzeugträgerflotten, mit aggressiver Einmischung in die regionalen Wirtschafts- und Handelsbeziehungen und mit Sanktionspolitik. Die Bundesregierung macht sich, ob mit Absicht oder nicht, in Gestalt der »Bayern«-Mission zum Handlanger. Es geht ihr, daran lässt Ministerin Kramp-Karrenbauer auch keinen Zweifel[137], offenkundig darum, auch militärisch wieder eine weltpolitische Rolle zu spielen, indem sie sich der Anglo-Achse zur »Eindämmung« Chinas andient.[138]

Strauchdieb-Triebkräfte treten auch in Deutschland vermehrt zutage. Kanzlerkandidatin Baerbock plappert von »mehr Härte« und hält wirtschaftliche Boykottmaßnahmen gegen China für angebracht.[139] Kanzlerkandidat Armin Laschet und Verteidigungsministerin Kramp-Karrenbauer fordern unverhohlen einen »strategischen Schulterschluss mit den USA« und deutsche Mitwirkung an deren Feindseligkeiten gegen China. Andernfalls drohe eine chinesische Kontrolle der »Märkte«, auch in Deutschland.[140] Erschütternd, wie viel Ahnungslosigkeit und Bedenkenlosigkeit sich hier entblößen.

Warum fragt kein Mikrofonhalter der Tagesschau bei Benz, BMW und VW nach, ob die enge Wirtschaftsverzahnung von Deutschland und China derartige, den USA gefällige deutsche Aggressivität noch erlaubt – und welche Folgen sie für hiesige Lieferketten und den Arbeitsmarkt zeitigen könnte? China war anno 2020 zum fünften Mal in Folge wichtigster Wirtschaftspartner Deutschlands. Handelsvolumen: 212,1 Milliarden Euro, drei Prozent mehr als im Jahr zuvor. Auf Platz zwei folgten die Niederlande mit 172,8 Milliarden Euro (-8,7 %). Erst auf Platz drei die USA mit 171,6 Milliarden Euro (-9,7 %).[141] Müsste nicht, wenn schon nicht aus Friedfertigkeit, dann wenigstens aus ökonomischen Gründen bei uns endlich Vernunft einkehren?

Sesselpupser im Rundfunkrat

Diesen fundamentalen Aspekt klammert ARD-aktuell in ihrer konfligenten Berichterstattung über China allerdings aus. Ob das mit journalistischer Unfähigkeit oder vordergründiger Propagandaverpflichtung zu erklären ist, kann dahingestellt bleiben. Eine korrigierende Einflussnahme auf die schizophrene Berichterstattung ist ausgeschlossen. Das dafür zuständige Gremium – der NDR-Rundfunkrat – setzt sich mehrheitlich aus ignoranten Laiendarstellern zusammen, aus bräsigen, fremdbestimmten Sesselpupsern. Sie sind weder willens noch in der Lage, problematische Fehler in der Berichterstattung zu erkennen und sofortige Korrektur zu veranlassen. In der Tagesthemen-Sendung vom 2. August heißt es (ab Minute 16), die Route der »Bayern« führe auch in die chinesische Stadt Schanghai an der Pazifikküste und auf dem Rückweg von dort dicht an Taiwan (!) vorbei. [142] Das war voll daneben.

Kanzlerin Merkel und SPD-Fraktionsvorsitzender Rolf Mützenich wollen, offenkundig mit Rücksicht auf die wirtschaftlichen Beziehungen zu China und im Gegensatz zur instinktlos-vorauseilenden US-Platzanweiserin Kramp-Karrenbauer, keine deutschen Provokationen. Sie veranlassten, dass die »Bayern« weder in chinesische Hoheitsgewässer eindringt noch überhaupt den Eindruck macht, sie sei auf Konfrontationskurs. Mit echt teutonischer Plumpheit ließ Maas also im chinesischen Außenministerium anfragen, ob die »Bayern« Schanghai zu einem Hafenbesuch anlaufen dürfe. [143]

Das durchsichtige Doppelspiel, sich einerseits als kampfbereiter Vasall den aggressiven USA anzudienen und sich an deren militärischer »Eindämmungspolitik« mit der Entsendung eines Kriegsschiffs indirekt zu beteiligen (Kramp-Karrenbauer unter anderem), andererseits aber so zu tun, als wäre keine Provokation beabsichtigt (Maas unter anderem), kam bei den Verantwortlichen in China allerdings schlecht an. Deren bündige Antwort:

»Die deutsche Seite hat China ersucht, ihr Kriegsschiff ... Schanghai besuchen zu lassen. Aber in Bezug auf diese Kriegsschiff-Operation sind die von deutscher Seite vorher und nachher veröffentlichten

Informationen zu widersprüchlich. China wird eine Entscheidung treffen, nachdem die deutsche Seite die diesbezüglichen Absichten vollständig geklärt hat.«[144]

Dumm gelaufen

Jetzt steht unser politisches Spitzenpersonal auf dem Schlauch. Es kann halt nicht »klären«, was in sich unstimmig ist. Kanzlerin Merkel hätte den Schlamassel verhindern können, aber sie entschwebte ja bereits den Niederungen der Regierungsarbeit. Bezüglich der »Bayern« ist also Sendepause zwischen Beijing und Berlin. Die Großspurigkeit der definitiv unqualifizierten Ministerin Kramp-Karrenbauer und des peinlichen Aufschneiders Maas verhagelt die Beziehungen zu China. Erwartungsgemäß und gleichermaßen stümperhaft sprang ihnen aber ARD-aktuell bei und protzte mit vermeintlichem Wissen über den Aufbau einer »gewaltigen chinesischen Seearmada in einem Gebiet, in dem China Inseln und Riffe zu Marine-Basen umgebaut hat«.[145]

Schaumschlägerei, fern jeder realistischen Betrachtung der Gegebenheiten.[146]

Fazit: Die USA und ihre Kriegsknechte haben nach 20-jährigem verlustreichen Kolonialkrieg gegen Afghanistan jetzt vom Hindukusch ab – mit einem deutlich sichtbaren Taliban-Fußabdruck auf dem Hintern. Der reicht offenkundig nicht. Die Damen und Herren Präsidenten, Kanzler und Minister sind scharf auf einen Nachschlag im Pazifik. Besonders unsere Kriegsministerin AKK gibt mal wieder die durchgeknallte Pfadfinderin, die am Lagerfeuer »Einmal noch nach Taiwan / oder nach Schanghai …«[147] plärrt, laut genug, dass man's in Washington bemerkt. Keine Sorge, die Tagesschau wird das schon auch noch im O-Ton bringen.

* * *

Während, wie oben gezeigt, die Objekte und Adressaten der westlichen Politik ohne kritische Infragestellung diskreditiert werden, werden die westlichen Verbündeten von den Medien einseitig als »die Guten« dargestellt und – jetzt kommt hier der Fußball-Stürmerstar Bruno Labbadia zu Wort – zu Friedenskämpfern »hochsterilisiert«. Auf die Darstellung des ukrainischen Staatspräsidenten Selenskyj passt Labbadias verbaler Missgriff im übertragenen Sinne bestens, denn aus der Beschreibung dieses korrupten Zeitgenossen wird alles herausgeschnitten und entfernt, was ihn und seine Politik negativ erscheinen lassen könnte, vor allem seine Vernetzung mit Rechtsextremen und Neonazis und seine Mitschuld an Massenmorden und Folterungen.

Scholz-HiWis polieren Sankt Selenskyjs Scheinheiligen-Schein

zuerst erschienen am 12.06.2022[22]

Der Ukrainer nutzt den Krieg und die Faschisten, um sich an der Macht zu halten

Preisfrage: Wann lief die letzte 20-Uhr-Tagesschau ohne Beitrag über Ukraines Präsidenten Selenskyj – albern kostümiert in NATO-Oliv, Waffen und Geld fordernd? »Selenskyj« im Suchfeld auf tagesschau.de ergibt für die letzten drei Monate mehr als 1 400 Treffer.[148] Tagesschau.de listet darunter mehr als 500-mal Selenskyj-Videos: Heldenverehrung für einen ferngesteuerten Gewaltherrscher, der den Kriegszustand zur Festigung der eigenen Position verlängert[149] und dafür täglich Hunderte Menschenleben opfert. Hingegen verschwieg die Tagesschau den weltweit beachteten Rat des einstigen US-Außenministers Henry Kissinger, Selenskyj solle zur Vermeidung einer gesamteuropäischen Katastrophe freiwillig Territorium an

22 https://publikumskonferenz.de/blog/2022/06/12/scholz-hiwis-polieren-sankt-selenskyjs-scheinheiligen-schein/

Russland abtreten und Frieden schließen.[150, 151] **Kissingers Realismus passte der giftgrün-linientreuen ARD-aktuell-Redaktion ersichtlich nicht in den Propagandakram.**

Selenskyj ist US-Präsident Bidens Büttel in Europa, vor dem sich die hiesigen Regierungschefs untertänigst zu verneigen haben. Warum sie buckeln, anstatt sich an ihren mutigen lateinamerikanischen Kollegen ein Beispiel zu nehmen, könnte vielleicht der US-Geheimdienst NSA näher erklären. Er hört schließlich ungehindert und flächendeckend bei uns ab, Ex-Kanzlerin Merkel kann's bezeugen.[152] Politiker erpressen gehört zu den leichteren Formen der US-Regierungskriminalität.

Selenskyj erfüllt das Interesse des US-geführten militärisch-industriellen Komplexes an einem langen Krieg. Schließlich verbraucht die Ukraine derzeit in drei Monaten »das Äquivalent von mindestens zwei Jahresproduktionen der gesamten westlichen Rüstungsindustrie«.[153]

Alastair Crooke, vormals britischer Diplomat, Vermittler mehrerer Waffenstillstandsabkommen in Nahost, verweist auf den übergeordneten geopolitischen Hintergrund: »Die Fixierung auf die Ukraine ist im Grunde nur ein Deckmantel, der über die Realitäten einer in Auflösung begriffenen globalen Ordnung gelegt wird.«[154]

Erst seit er den Kriegsfürsten von Washingtons Gnaden spielen darf, genießt der Showman Selenskyj die intensive Zuwendung seiner westeuropäischen Kollegen. Davor hatten sie und ihre Medien ihn als Wichtigtuer abgetan. Noch ein Jahr nach seinem Amtsantritt kommentierte ARD-aktuell-Korrespondent Demian von Osten: »Anders will er sein – und macht große Versprechungen ... ›Ich bin bereit, das Sterben unserer Soldaten um jeden Preis zu stoppen!‹ ... Der in Paris vereinbarte Waffenstillstand hat (aber) nicht geklappt. Wie schon oft zuvor.«[155]

In jenem Mai 2020 nahm Russland es noch hin, dass die ukrainische Armee ihre Mitbürger im Donbass blutig bekriegte und Kiew jedes Waffenstillstandsabkommen brach.

Versager in jeder Hinsicht

Selenskyj stand zeitweise im Wertewesten sogar auf der »Verschissliste«, zum Beispiel, weil er den korruptionsverdächtigen US-Präsidenten Biden und dessen Sohn Hunter bei ihrer privaten Abzocke im Ukraine-Gasgeschäft nicht ausreichend effektiv abgeschirmt hatte (angeblich strichen Vater und Sohn Biden damals nebenher schlappe 1,5 Millionen US-Dollar ein). Zudem unternahm Selenskyj nichts gegen die übermächtigen ukrainischen Oligarchen.[156]

Um seine Macht abzusichern, war er nur allzu schnell bereit, entgegen seinem Wahlversprechen »Beendigung des Bürgerkrieges in der Ostukraine«[157] auf die Rückeroberung des Donbass und der Krim zu setzen. Zum Wohlgefallen Washingtons und der NATO-Kriegsknechte behauptete er einfach, Russland bedrohe ganz Westeuropa. Schon während seines Antrittsbesuchs bei Bundeskanzlerin Merkel in Berlin warb er dafür, die Russlandsanktionen zu verschärfen; Merkel war damals klug genug gewesen, das abzulehnen.[158]

Dass das Präsidentenamt etliche Nummern zu groß für ihn ist, lässt sich mit Zahlen und Fakten aufzeigen: Bis kurz vor dem Krieg kehrten vier Millionen Ukrainer ihrer von heimischen Oligarchen und westlichen »Investoren« ausgesaugten Heimat den Rücken. Das waren zehn Prozent der Gesamtbevölkerung. Gegen den entschiedenen Willen seiner Mitbürger hob Selenskyj am 1. Juli 2021 das sakrosankte Verbot auf, staatlichen Wald- und Ackerboden an private Käufer zu veräußern. Er entsprach damit der erpresserischen Forderung des Internationalen Währungsfonds, im Gegenzug für acht Milliarden Dollar Kriegskredite.

Ukrainische Oligarchen können jetzt zulasten vieler Pächter aus ärmeren Bevölkerungsschichten Land aufkaufen und auch als Strohmänner westlicher Immobilienhaie agieren.[159] Größter Gewinner beim Ausverkauf der Ukraine dürfte der US-amerikanische Spekulant George Soros werden.[160, 161]

Größter politischer Verlierer bei der miesen Nummer war Selenskyj selbst. Hatten ihm zu Beginn jenes Jahres noch 61 Prozent der Ukrainer vertraut, so fand er am Ende nur noch 38 Prozent Zustimmung.[162]

Wundersame Wandlung

Im vorigen Jahr verzeichnete die Ukraine 9,4 Prozent Inflation.[163] Wie hoch der Geldwertverlust seither ist, lässt sich wegen des Krieges nicht abschätzen. Das monatliche Durchschnittseinkommen fiel von 641 Dollar im Dezember 2021 auf nur noch 521 US-Dollar im Januar.[164] Wie niedrig es seit Kriegsbeginn wurde, ist unbekannt. (Zum Vergleich: Das durchschnittliche Monatseinkommen in Deutschland beträgt 4800 Dollar).

Bereits vor dem russischen Einmarsch hatte Präsident Selenskyj die Ukraine stark militarisiert und den Bürgerkrieg gegen die Maidan-Gegner im Osten intensivieren lassen, trotz Kiews ökonomisch desolater Verhältnisse und seiner korrupten Strukturen. Er ist mitverantwortlich für den gewaltsamen Tod von 14000 Zivilisten im Donbass: Sein verheerender Feuerüberfall vom 16. Februar beim Versuch, den Widerstand der Ostukrainer endgültig niederzuschlagen, veranlasste die russische Invasion.

Mehr als 1000 ukrainische Artilleriegranaten und Raketen schlugen an jenem Tag in die Wohngebiete der Donbass-Republiken ein; die OSZE registrierte in den fünf folgenden Tagen jeweils noch höhere Zahlen.[165]

Selenskyjs Bürgerkrieg machte ihn jedoch nicht etwa zur Unperson, sondern die transatlantische US-Gefolgschaft inszenierte seine wundersame Wandlung – vom großmäuligen Versager zum verehrungswürdigen Freiheitskämpfer. Zum umschwärmten Oberhaupt eines Staatsgebildes, das es aus westlicher Sicht rechtfertigt, den Dritten Weltkrieg zu riskieren.

Es ist und bleibt unfassbar: Die US-NATO-EU-Eliten und ihre journalistische Entourage haben es geschafft, die Mehrheit unserer Mitbürger zu kritiklosen Unterstützern einer ukrainischen Präsidentenmarionette zu deformieren. Zu Befürwortern umfangreicher Waffenlieferungen und Geldgeschenke in Milliardenhöhe, obwohl uns das mitschuldig werden lässt am Massensterben und an ungezählten Verbrechen in der Ukraine. Wir sind angeblich »zur Hilfe verpflichtet«, obwohl uns das zur Kriegspartei macht; obwohl viele deutsche Waffen auf den

Schwarzmarkt und in die Hände von internationalen Terroristen geraten; obwohl die Euro-Milliarden in ein Fass ohne Boden fließen. Dass ein beachtlicher Teil der Hilfsgelder in privaten Taschen verschwindet, lässt sich ja nicht mehr leugnen.[166]

Die weitgehende Gleichgültigkeit gegenüber dem Jahrhundertskandal ist ein Meisterstück der Massen-Manipulation mithilfe unserer Leitmedien.

Nachdenken unerwünscht

Ohne selbst von Russland bedroht zu sein, nehmen wir essenzielle Einschränkungen unseres Alltags in Kauf: explodierende Lebenshaltungskosten, Gefährdung der Grundversorgung, der Arbeitsplätze, des sozialen Friedens, unserer Freiheitsrechte. Dies alles zugunsten eines korrupten und verkommenen Staates, mit dem wir nichts am Hut haben und über den die meisten Deutschen kaum etwas wissen. Über das gleichgeschaltete Tagesschau-Niveau hinaus können sie sich über die Lage in der Ukraine ja nur mit großem Zeitaufwand und vieler Mühe zutreffend informieren. Das verhindern schon die EU und die deutschen Zensurbehörden. »Feind-Medien« sind verboten.[167, 168] Hatten wir das alles nicht schon mal ...?

Unter solchen Rahmenbedingungen machen in Deutschland Kriegsbefürworter und Flachdenker Karriere. Die FDP-Politikerin Strack-Zimmermann, bedauerlicherweise zur Vorsitzenden des Verteidigungsausschusses des Deutschen Bundestages avanciert, reagierte auf die Bemerkung, »die Ukraine ist ein hochgradig korrupter Oligarchenstaat ohne Pressefreiheit«, mit folgendem Aberwitz:

»Es ist Fakt, dass in den vergangenen Jahren die Ukraine ein deutliches Problem mit Korruption hatte. Präsident Selenskyj setzt sich seit seiner Wahl dafür ein, dieses Problem zu lösen. ... Im Gegensatz zu Russland herrscht in der Ukraine Pressefreiheit.«[169]

Nur ein Schelm gibt mehr, als er hat. Die hier wörtlich zitierte Lindner-Vertraute ist eben intellektuell nicht so begütert, um ohne derartigen Unsinn auszukommen.

Nicht nur hat die Ukraine ein »Problem mit Korruption«, Selenskyj persönlich ist korrupt. Seinen Wahlkampf ließ er sich vor drei Jahren vom Oligarchen und Medienmogul Kolomoyskyi finanzieren und besetzte zum Dank dafür wichtige Staatsämter mit Leuten aus Kolomoyskyis Dunstkreis. Der Banker und Milliardär Kolomoyskyi war wegen Betrügereien nach Israel geflüchtet, Interpol fahndete nach dem Mann mit den drei Pässen.[170, 171] Nach Selenskyjs Wahl durfte er trotzdem zurückkehren, Strafverfolgung musste er nicht mehr befürchten. Oligarch Rinat Achmetow, der reichste Mann der Ukraine, ließ seine Beziehungen spielen und erreichte, dass Selenskyj Denys Schmyhal zum Ministerpräsidenten ernannte, einen Manager aus Achmetows Firmenimperium.[172]

»Pressefreiheit in der Ukraine«: Vor einem Jahr hatte Selenskyj drei oppositionelle Nachrichtensender verbieten lassen,[173] ohne jegliche Rechtsgrundlage. Kritische Journalisten lässt er verfolgen, Andersdenkende haben in der Ukraine das Fürchten gelernt.[174] Zum Instrumentarium seines repressiven Vorgehens gehören Gewaltandrohung, Lizenzentzug und Kontensperrungen, darüber hinaus die willkürliche Festnahme.[175]

Unkenntnis oder Verlogenheit

Die von Strack-Zimmermann demonstrierte Unkenntnis – falls es sich nicht nur um simple Verlogenheit handelte, womit die Frau ja nicht alleine wäre – lässt ahnen, wie es den westlichen Eliten und ihrer journalistischen Gefolgschaft möglich war, den Schlimmfinger Selenskyj binnen Kurzem zur Lichtgestalt zu modulieren: dreist lügen, Realität ignorieren.

Wenn Selenskyj in TV-Sendungen sein schamloses Mantra runterleiert – »Waffen, Waffen, Waffen« und »Geld, Geld, Geld« –, dann serviert die Tagesschau im O-Ton. Das Publikum ist längst abgestumpft. Dem vollends angewiderten Zuschauer bleibt nur das Abschalten. Wer hält auch einen TV-»Star« wie Botschafter Andrij Melnyk noch aus? Den ließ die Tagesschau in den vergangenen Wochen 131-mal per Meldung und 18-mal in Videoclips seine so unfasslichen, ungestraften Unverschämtheiten vortragen.[176]

Selenskyj gibt sich siegessicher.[177] Unberührt davon, dass die Russen bereits 20 Prozent seines Staates unter militärischer Kontrolle und zu 100 Prozent die Lufthoheit über die Ukraine haben. Sieben Millionen Menschen, zumeist Frauen und Kinder, sind vor dem Krieg ins Ausland geflüchtet, täglich sterben bis zu 500 Männer den »Heldentod«. Selenskyj aber weiß sich bei seinen Durchhalteparolen einig mit gewissenlosen US-Marionetten wie dem Briten Boris Johnson; er stützt sich darüber hinaus auf Kanzler Scholz, dessen Vize Habeck sowie auf Trampoline Baerbock. Das Credo dieser nicht eben hellsten Glühbirnen im geopolitischen Raum:

»Die Ukraine muss gewinnen.«[178]

Die dumpfe Russophobie liegt vermutlich in der deutschen DNA. Rache für Stalingrad geht vor Nachdenken und Differenzieren? Unsere Volksvertreter können oder wollen aus Ignoranz, Borniertheit oder Hass nicht würdigen, dass die Sowjets friedfertig aus der DDR abgezogen sind, dass Russland sich gegenüber Deutschland stets vertragstreu verhalten und uns nie mit Angriff oder harter Kante bedroht hat. Wenn sich Aggressivität zeigte, dann war sie deutschsprachig. Obwohl es für Moskau ein Leichtes wäre, mit einem Stopp aller Energie- und Rohstofflieferungen den Exportweltmeister Deutschland in den Abgrund zu kippen.

Von Faschisten abhängig

Selenskyj ist ein Blender. Es geht ihm nicht um sein Land. Die Leiden seiner ukrainischen Bürger rühren ihn offenkundig nicht wirklich, er sieht nur sein Ego: »Heute ist mein Leben schön. Ich glaube, dass ich gebraucht werde. Ich glaube, das ist der wichtigste Sinn des Lebens – gebraucht zu werden. Zu spüren, dass man nicht nur eine Leere ist, die nur atmet, geht und etwas isst. Du lebst.«[179]

Die ukrainische Wissenschaftlerin Olga Baysha befürchtet, Selenskyj genieße die einmalige Gelegenheit, auf einer globalen Bühne aufzutreten, die ihm der Krieg bot: »Er hat sein Leben schön gemacht; er lebt. Im Gegensatz zu Millionen von Ukrainern, deren Leben überhaupt nicht schön ist, und zu Tausenden von denen, die nicht mehr am Leben sind.«[180]

Selenskyj hat sich nie rechtsextremistisch geäußert. Tatsächlich aber duldet er, dass nationalistische Ultras, Faschisten und Neonazis den politischen Prozess in der Ukraine kontrollieren und gewaltsam gegen alle vorgehen, die es wagen, sich ihnen und ihrer Kriegstreiberei gegen Russland entgegenzustellen. Mithilfe dieser faschistischen Kreise sichert der Schauspieler seine Macht.

Der Bundesregierung ist das selbstverständlich bekannt. Über den Einfluss der Rechtsextremisten auf die Politik der Ukraine urteilte die staatlich finanzierte Stiftung Wissenschaft und Politik, SWP:»Auch wenn rechte und rechtsextreme Parteien bei den Wahlen seit 2014 keine nennenswerten Erfolge erzielen konnten, hat nationalistisches Gedankengut in der gesellschaftlichen Auseinandersetzung um den Konflikt im Osten (wie auch bei anderen Themen) erheblichen Einfluss. Es gelingt nationalistischen Akteuren immer wieder, die politische Führung zur Anpassung ihrer Politik zu zwingen.«[181]

Angesichts all dessen sind die»*standing ovations*« im Deutschen Bundestag – für den präsidialen Komplizen ukrainischer Faschisten! – erst recht nicht mehr zu begreifen.

Präsident und Steuerbetrüger[182]

Die Angaben über Selenskyjs Privatvermögen schwanken: Sie reichen von 30 Millionen bis 1,4 Milliarden US-Dollar. Nach Angaben der Bundeszentrale für Politische Bildung steht fest: Er war an Offshore-Briefkastenfirmen beteiligt und bezog dafür steuerfrei 41 Millionen Dollar vom Oligarchen Ihor Kolomojskyj. Vor seiner Wahl zum Präsidenten hatte er diese Firmenanteile zwar formell auf Dritte überschreiben lassen, gleichwohl aber weiter Zahlungen aus diesem Vermögen empfangen. Vermittels Tarnfirmen seien in London Luxuswohnungen für mehrere Millionen Dollar gekauft worden, auch eine teure 413-qm-

Villa in Italien, die allerdings inzwischen wieder verkauft wurde.[183] Das Wirtschaftsmagazin *Forbes* schätzt Selenskyjs Vermögen auf rund 30 Millionen Dollar, bestehend aus Aktien, Luxuswohnungen, Grundeigentum, Schmuck und Autos.[184]

Mittlerweile stinkreich, fühlt er sich nun dazu berufen, im Auftrag und Interesse der USA den permanenten Krieg in Europa zu schüren. Er hält es für sein gutes Recht, seinen hiesigen Verbündeten auf der Nase herumzutanzen, Unsummen aus ihren Staatskassen abzugreifen und ihre Repräsentanten nach Belieben vor den Kopf zu stoßen. Als er sich jüngst den Besuch des Bundespräsidenten Steinmeier in Kiew verbat und unserer Silberpappel vom Schlosspark Bellevue die Einreise in die Ukraine sogar verbot, schleimte die Tagesschau nur in typisch miesem Deutsch: »Die Absage der Ukraine für eine Reise von Bundespräsident Steinmeier nach Kiew hat bei der Bundesregierung Verwunderung ausgelöst. Die Verstimmung in der Ukraine ist offenbar gewaltig.«[185]

Diese Verharmlosung entspricht dem in Westeuropa regierenden Unterdurchschnitt von Scholz über Habeck, Baerbock und Lindner bis von der Leyen, die den Selenskyj wie einen Säulenheiligen behandeln und ihm Opfergaben darbringen (es ist ja nicht ihr eigen Geld, sondern nur das der Steuerzahler). Tagesschau-Meldung: »Haushaltsdebatte im Bundestag: 50 Milliarden neue Schulden wegen Ukraine-Krieg.«[186]

Kaum jemand regt sich darüber auf. Obwohl damit mehr als erklärlich ist, dass in Deutschland die Preise für Energie und Nahrungsmittel durch die Decke gehen und der konjunkturelle Absturz droht. So wirkt die Meinungsmache hierzulande: »… grassierende Fremdbestimmung durch Manipulationen und groß angelegte Kampagnen … Als Ergebnis wäre festzustellen, dass es immerhin, ziemlich scharf getrennt vom gläubigen Publikum, einen verlässlichen Kreis von kritischen, aufgeklärten Mitmenschen gibt. Leider noch eine Minderheit.«[187]

Daraus kann allerdings eine frustrierte und erzürnte Mehrheit werden – wenn die Tagesschau so weitermacht und mit schäbigster journalistischer Konfektion die Bildungs- und Chancenlosen blendet.

* * *

Regierungsfrömmigkeit und Konformismus des öffentlich-rechtlichen Rundfunks gehen mittlerweile so weit, dass nicht nur die Folgen der Sanktionspolitik nicht mehr thematisiert und ihre Fehlsicht und Fehlschläge analysiert werden, sondern dass zum Beispiel auch keine journalistisch saubere Aufarbeitung des Terroranschlags auf Nord-Stream 2 erfolgt; stattdessen werden allenfalls Döntjes darüber erzählt oder abenteuerliche Räuberpistolen produziert. Weil nicht sein kann, was nicht sein darf? Der Ami war's, das lässt sich doch rational gar nicht bestreiten.

Kanzler Scholz gibt den Watschenmann

zuerst erschienen am 28.03.2023 [23]

Für die Rolle bestens geeignet / Zensur und Selbstzensur kaschieren das deutsche Elend, derweil die Rechtsstaatlichkeit schwindet

Deutschland, der Pausenhof: Big Joe knallt dem Olaf ein Ding an den Nischel, so einen Wumms hält kein Gasrohr aus. Olaf sieht Sterne und Streifen. Aber er versichert den Umstehenden: »Unsere Partnerschaft ist enger und vertrauensvoller denn je.«[188] Big Joe bestellt den Olaf wenig später zu sich nach Übersee und flüstert ihm was. Die ARD-aktuell aber macht daraus einen »Besuch bei Freunden«.[189] Manipulation gehört eben zur Tagesschau wie Mattscheibe zur Caren Miosga. Drei Tage später heißt es aus Hamburg, Big Joe habe dem Olaf überhaupt keine reingehauen, sondern, ganz anders, einige pro-ukrainische Rüpel[190] hätten mit einem Segelboot Knallfrösche in Olafs Badewanne ... Man verzeihe uns das Geschnodder, es soll darauf aufmerksam machen, dass die USA eine intellektuelle Flugverbotszone über unser Land verhängt haben; deshalb liefern

---

23 https://publikumskonferenz.de/blog/2023/03/28/kanzler-scholz-gibt-den-watschenmann/

unsere Leit- und Konzernmedien Nachrichten vom hier dargestellten informationellen Gehalt.

Unser Gemeinwesen verkrüppelt unter solcher Deutungshoheit zusehends zu einem protofaschistischen US-Protektorat. Widerstandskräfte dagegen entwickeln sich erst allmählich. Konkrete Erfahrungen mit realem Faschismus hat in Deutschland nur noch ein sehr kleiner Kreis von Hochbetagten, die Hitlers Drittes Reich erlebt haben. Die Jüngeren müssen erst selbst dahinterkommen, wo welche Gefahrenquellen für unseren Rechtsstaat sprudeln.

Seine Verächter zeichnen sich durch ihren abgrundtiefen Zynismus und US-Konformismus aus. Selbstbestimmte Persönlichkeitsentfaltung, unabhängige Meinungsbildung, freies Denken und Reden sind ihnen zuwider. Ihr Ideal ist der Angepasste, der sich ihren Vorgaben unterordnet und ihnen besinnungslos nachbetet. Die einst übliche Todesstrafe fürs Abhören von »Feindsendern« brauchen sie für ihre Zwecke nicht mehr. Mit von elektronischer Datenverarbeitung unterstützter Zensur sowie mit Agitation und Propaganda in Dauerschleife gelingt es schon jetzt, ein vollkommen verzerrtes Weltbild als Realität auszugeben und mehrheitlich akzeptabel zu machen. Rechtsnihilismus und Willkürjustiz unterstützen den Erfolg.

Kein Nachrichtentag vergeht, ohne dass wir vom »brutalen russischen Angriffskrieg gegen die Ukraine«[191] zu hören kriegen. Wer diese USA-NATO-EU-Sichtweise öffentlich infrage stellt, ein Ende der gigantischen Waffenlieferungen an die Ukraine und die Aufnahme von Verhandlungen mit Russland fordert, lernt schnell deutsche Staatsanwälte kennen. Die nennen so viel kritischen Widerspruch gegen die »herrschende« Meinung nämlich

»Billigung eines Angriffskrieges, die geeignet ist, den öffentlichen Frieden zu stören«.[192]

Das gilt als Straftat und wird mit bis zu drei Jahren Haft oder Geldstrafe geahndet. Entsprechende Urteile sind bereits ergangen.[193]

Deutsche Gerichte berücksichtigen nicht, dass der globale Süden, die Mehrheit der Weltbevölkerung, sich nicht an der westlichen Sanktionspolitik beteiligt. Zudem lassen die deutsche Justiz (und füglich auch die konformistische Tagesschau) außer Acht, dass sich Russland bei seiner militärischen Aktion gegen die Ukraine – ob zu Recht oder Unrecht, bleibt offen – auf Art. 51 der UN-Charta beruft; dieser Artikel betrifft die Selbstverteidigung und schließt sogar eine präventive (= vorbeugende) Selbstverteidigung nicht aus.[194]

Justitia, die Göttin der Gerechtigkeit, ist angeblich blind und wird meist mit verbundenen Augen dargestellt. Ihre deutsche Ausgabe gibt sich hingegen als offen einäugig. Sie setzt durch, dass die Masse der Bevölkerung das Geschehen in der Ukraine nicht einmal mehr von beiden Seiten betrachten kann: von der NATO-transatlantischen und von der russischen Seite – der Beleg unserer zunehmenden Unfreiheit.

Ex-Kanzlerin Schamlos und Kanzler Tunichtgut

Das lässt sich exemplarisch auch am Umgang mit dem Eingeständnis der Altkanzlerin Merkel sowie der vormaligen Staatspräsidenten Poroschenko (Ukraine) und Hollande (Frankreich) aufzeigen. Alle drei gaben bekanntlich aus freien Stücken zu erkennen, das völkerrechtlich abgesicherte Minsk-II-Abkommen mit voller Absicht gebrochen und Putin hintergangen zu haben. Sie wollten den seit Mitte 2014 von Kiew geführten Bürgerkrieg[195] gegen die ukrainischen (russischsprachigen) Donbass-Provinzen nicht beenden (das Abkommen sah dafür enge Fristen von wenigen Monaten vor), sondern – vertragswidrig – der Ukraine jede Menge »Zeit geben« zu hemmungsloser Hochrüstung. Sie kalkulierten Russlands militärische Reaktion und brachen somit einen völkerrechtlich gültigen Vertrag.

Schon Monate vor Russlands Invasion hatten sie bis ins Detail geplant, womit sie ihren schon mehr als zehn Jahre geführten Wirtschaftskrieg zu verschärfen gedachten; die Angeberei des Merkel-Nachfolgers und vordem Vizekanzlers Scholz im Bundestag verrät alles: »… Sanktionen …, die ihresgleichen suchen. Über Monate hinweg haben wir sie bis ins kleinste Detail vorbereitet … Weltweit haben wir für Unterstützung geworben.«[196]

Sie wussten, was kam. Sie hatten es ja genau darauf angelegt.

ARD-aktuell berichtete über diesen Skandal mit keinem Wort. Wenn schon einäugige Justiz, dann erst recht tendenziöser Qualitätsjournalismus.

Keine offizielle Instanz in Deutschland regt sich darüber auf, dass Ex-Kanzlerin Merkel in ihrem »Zeit«-Interview[197] zugleich einen mehrfachen Verfassungsbruch schamlos eingestand: Das Grundgesetz bindet nämlich alle staatlichen Organe an die »allgemeinen Regeln des Völkerrechts«.[198] Zugleich verbietet es »Handlungen, die geeignet sind und in der Absicht vorgenommen werden, das friedliche Zusammenleben der Völker zu stören«.[199] Offen bleibt die Frage, ob außerdem noch ein strafbarer Fall von Friedensverrat vorliegt.[200]

Reden wir lieber über den regierenden Kanzler Scholz und seine infantile Außenministerin Baerbock. Beider Rechtsverständnis reicht ebenfalls nicht so weit, dass sie sich um eine Wiederbelebung des Minsk-II-Abkommens bemühten. Im Gegenteil, sie verweigern Gespräche mit Moskau und konterkarieren das, was die UN-Generalversammlung gerade erst wieder beschlossen hat: »Die Generalversammlung fordert nachdrücklich die sofortige friedliche Beilegung des Konflikts zwischen der Russischen Föderation und der Ukraine durch politischen Dialog, Verhandlungen, Vermittlung und andere friedliche Mittel.«[201]

Mit Ignoranz und Arroganz setzen sie vielmehr auf weitere Waffenlieferungen an die Ukraine,[202] auf grundgesetzwidrige Kriegsbeteiligung mittels Ausbildung ukrainischer Soldaten an deutschen Angriffswaffen[203, 204] und auf völkerrechtswidrige Sanktionen. Im Gegensatz zu aller Berliner Heuchelei dient diese Politik den USA und deren Ziel, den Krieg zu verlängern. Das Einzige, was man Kanzler Scholz zugutehalten kann:

Er hat sich noch nicht öffentlich bei den Amis für ihren Terroranschlag auf die Nord-Stream-Gasleitungen bedankt.

Aber das kann ja auch noch kommen.

Legal, illegal? Scheißegal

Man sollte eigentlich meinen, die UN-Charta sei auch in Art. 2 Absatz 4 unmissverständlich: »Alle Mitglieder unterlassen ... jede gegen die territoriale Unversehrtheit oder die politische Unabhängigkeit eines Staates gerichtete oder sonst mit den Zielen der Vereinten Nationen unvereinbare Androhung oder Anwendung von Gewalt«[205], doch machte man dann die Rechnung ohne den Wirt. Nach Auslegung der USA ist in der Charta lediglich die »militärische Gewalt« gemeint. Der globale Süden beharrt hingegen darauf, das Gewaltverbot gelte auch für Wirtschaftssanktionen.[206] Wird hier Haarspalterei betrieben? Das kann nur jemand meinen, der nicht wahrhaben will, dass Sanktionen eine ebenso existenzvernichtende, für Millionen Menschen tödliche Gewaltform darstellen können wie die militärische Gewalt.

Damit auch das endlich geklärt ist: Baerbocks großmäulige Ansage, die Sanktionen würden (sollten) »Russland ruinieren«,[207] ist eine Missachtung des Völkerrechts. Ein Ausdruck vollendeter selbstherrlicher Ignoranz. Denn laut UN-Charta ist nur der UN-Sicherheitsrat und niemand sonst ausdrücklich befugt, zur zwischenstaatlichen Streitbeilegung und zur Sicherung des Friedens schwerwiegende Sanktionen zu verhängen.[208]

Mit hasserfülltem Aktionismus verfügte die EU allein in den ersten zwei Monaten nach Beginn der russischen Militäroperation sage und schreibe 3 913 Sanktionen.[209] Per Verordnung, ohne gesetzliche Grundlage, auf rechtlich äußerst fragwürdiger Basis.

Dass diese überschäumende Sanktionitis ihren gegen Russland gerichteten Zweck verfehlt, ist das eine; das andere aber, dass sie inzwischen die deutsche Wirtschaft massiv schädigt. Das führte selbst in Baerbocks Ministerium zu Nebenwirkungen: »Bei vielen Mitarbeitern hat sich ein enormes Maß an Frustration und Fremdscham angehäuft ... zunehmendes Unverständnis über die Art und Weise der Sanktionspolitik ohne jede Rücksichtnahme auf deutsche Interessen ...«[210]

Ob die Sanktionen mit dem in Deutschland geltenden Recht vereinbar sind, ist längst nicht so eindeutig geklärt, wie die führenden Politiker und ihre journalistischen Wasserträger uns weismachen wollen.[211] Beabsichtigt war, die russische Bevölkerung dazu zu bringen, den innenpolitischen Druck auf ihre Führung zu verstärken, um deren Außenpolitik zu ändern. Das Gegenteil ist eingetreten. Putin wird von 80 Prozent der Russen unterstützt.[212] Logisch und rechtlich geboten wäre es folglich, die Sanktionen aufzuheben.

Über Berge von Leichen

Doch weder mit Logik noch mit rechtsstaatlichem Bewusstsein ist unsere Ampelregierung sonderlich gesegnet. Vielmehr treibt sie der gleiche krankhafte Wille, die Widersacher der USA zu vernichten, wie ihn Washington gegenüber Kuba, Venezuela, Irak, Iran und derzeit in schlimmster Form gegenüber Syrien auslebt. Da gehen die Scholz-Regierung und die Biden-Administration Arm in Arm – und zwar über Berge von Leichen.

Menschenleben zählen nicht, entgegen dem frommen Schein auch keine ukrainischen. Waffen liefern für den Krieg, auf dass er bald zu Ende gehe? Gegenfrage: Kennen Sie in der vieltausendjährigen Geschichte der Menschheit auch nur einen einzigen Fall, dass ein Krieg mittels Waffenlieferungen beendet wurde?

Michail Gorbatschow, der letzte Präsident der abgestorbenen Sowjetunion, politischer Vater auch der DDR-Selbstaufgabe und einst der Deutschen Lieblingsrusse: »Die deutsche Presse ist die bösartigste überhaupt.«[213]

Sie ändert sich nicht und garantiert damit, dass sich auch in unserem politischen Alltag nichts Wesentliches ändert. Gleiches gilt für die EU und den gesamten »Werte-Westen«: Ihre »regelbasierte Ordnung« ist ein orchestrierter Bruch des Völkerrechts. Menschenverachtende Willkür. Gäbe es außerhalb der bewussten Medien (Internet-Portale, Blogs, einige kleine Tages- und Wochenzeitungen) tatsächlich einen distanziert-kritischen, um Wahrhaftigkeit und um Aufklärung bemühten Journalismus, dann gingen die Massen heute nicht nur zu Arbeitskämpfen auf die Straße, sondern regelmäßig auch gegen politische Korruption und gegen Kriegstreiberei.

Die Pest der Zensur

Mit ihr weiß unsere politische und gesellschaftliche Elite allerdings gut umzugehen und dem Volkszorn vorzubeugen. Mit Zuckerbrot (Journalisten schmieren, sie mit gut dotierten Posten und Privilegien korrumpieren[214]) und Peitsche: Maulkorb und Strafandrohung, von Staats wegen.

Über die Informationsfreiheit heißt es in Art. 11 der Charta der Europäischen Union: »Jede Person hat das Recht auf freie Meinungsäußerung. Dieses Recht schließt die Meinungsfreiheit und die Freiheit ein, Informationen und Ideen ohne behördliche Eingriffe und ohne Rücksicht auf Staatsgrenzen zu empfangen und weiterzugeben. Die Freiheit der Medien und ihre Pluralität werden geachtet.«[215]

Das Entsprechende in unserem Grundgesetz Art. 5: »Jeder hat das Recht, seine Meinung in Wort, Schrift und Bild frei zu äußern und zu verbreiten und sich aus allgemein zugänglichen Quellen ungehindert zu unterrichten. Die Pressefreiheit und die Freiheit der Berichterstattung durch Rundfunk und Film werden gewährleistet. Eine Zensur findet nicht statt.«[216]

Diese Grundrechte sind das Papier nicht mehr wert, auf dem sie gedruckt stehen. Bereits bevor Russland in den Ukraine-Krieg eingriff, verweigerten deutsche und europäische Behörden RT DE die Sendeerlaubnis, obwohl RT bereits eine europaweit geltende, von Serbien ausgestellte Sendelizenz hatte.[217] Die russische Nachrichtenagentur »Sputnik« wurde ebenfalls gesperrt. Ausgerechnet EU-Kommissionspräsidentin von der Leyen, selbst unter Korruptionsverdacht und geübt in schamloser Lüge, durfte sich da hervortun:

»Als Sprachrohre Putins haben diese Fernsehkanäle seine Lügen und Propaganda erwiesenermaßen aggressiv verbreitet.« Man solle ihnen »keine Bühne mehr zur Verbreitung dieser Lügen geben«.[218]

Tobias Schmid, Direktor der Landesmedienanstalt Nordrhein-Westfalen, sah für das Vorgehen allerdings keine Rechtsgrundlage: »Die Europäische Kommission ist gefordert, eine gesetzgeberische Lösung zu finden.«[219]

Mit anderen Worten: Das Verbot war rechtswidrig. Und das ist es bis heute.

Die Bundesnetzagentur gab sich zur Durchsetzung der Zensurmaßnahmen her.[220] Auch sie handelte rechtswidrig, wenn man eine grundlegende Entscheidung des Bundesverfassungsgerichts beachtet:

»Dem Einzelnen soll ermöglicht werden, sich seine Meinung auf Grund eines weitgestreuten Informationsmaterials zu bilden. Er soll bei der Auswahl des Materials keiner Beeinflussung durch den Staat unterliegen. Da die Informationsfreiheit … auch dazu bestimmt ist, ein Urteil über die Politik der eigenen Staatsorgane vorzubereiten, muss das Grundrecht vor Einschränkungen durch diese Staatsorgane weitgehend bewahrt werden. Die Informationsfreiheit wurde … verfassungsrechtlich garantiert, um die ungehinderte Unterrichtung auch aus Quellen, die außerhalb des Herrschaftsbereiches der Staatsgewalt der Bundesrepublik bestehen, zu gewährleisten. Wenn die Informationsquelle an irgendeinem Ort allgemein zugänglich ist, mag dieser auch außerhalb der Bundesrepublik liegen, dann kann auch ein rechtskräftiger Einziehungsbeschluss nicht dazu führen, dieser Informationsquelle die Eigenschaft der allgemeinen Zugänglichkeit zu nehmen.«[221]

Diese vorbildliche Entscheidung stammt allerdings aus einer Zeit, als Politiker und Richter noch bemüht waren, »Demokratie zu wagen«.

Zwei staubige Brüder

Hatten wir eingangs des Kanzlers charakterlos schleimige Bemerkungen zitiert, so wollen wir hier mit vergleichbar Geistreichem von ihm fortfahren. Scholz: »Niemand steht über Recht und Gesetz.«[222]

Um Legendenbildungen vorzubeugen: Er bezog das auf Putin, nicht auf sich selbst.

Ein klassischer Fall von Cum-ex-Gedächtnislücke. Doch bei diesem folgenlosen Vorwurf wollen wir es nicht belassen. Scholz habe am neuesten Märchen über die Nord-Stream-Gasröhren mitgestrickt, behauptet der weltbekannte Investigativ-Journalist Seymour Hersh[223]; er habe beim Tête-à-Tête mit US-Präsident Biden in Washington vereinbart, dessen Täterschaft zu vertuschen. Beide hätten die CIA und den BND beauftragt, eine Tarngeschichte für die Zerstörung der Nord-Stream-Röhren zu erfinden und sie zu lancieren.

Heraus kam dabei die Story von ukrainischen Segelbootfahrern als angebliche Nord-Stream-Bombenleger. Die Tagesschau behauptete sogar, nicht die Einflüsterung der Geheimdienste, sondern eigene

Recherchen der ARD hätten zu dieser »Spur« geführt.[224] Das klang so großmäulig wie unglaubwürdig.

Sollte Hersh mit seiner Behauptung recht haben, Scholz sei Mitwisser der fiesen Geschichte, dann gehörte der Kanzler wegen eines Bündels von Straftaten vor den Richter, unter anderem wegen Unterstützung einer ausländischen terroristischen Vereinigung[225] und Strafvereitelung im Amt.[226]

Was aber macht ein deutscher Bundeskanzler heutzutage, wenn er mit schändlich unterwürfigen Aussagen gepatzt hat? Zieht er sich ins Trappistenkloster zurück und legt ein Schweigegelübde ab? Aber nicht doch! Entgegen seiner Pflicht, selbst aktiv zur Konfliktbewältigung beizutragen, tut er so, als sei sein geopolitischer Widerpart ein Schwachkopf – und lässt schnellstmöglich die nächste Sottise raus: »Es ist wichtig, dass Putin versteht, dass er seine Truppen zurückziehen muss.«[227]

Man nennt das verbale Vorne-Verteidigung. Die Tagesschau bringt derart hohle Phrasen garantiert im O-Ton und kommentarlos auf den Schirm, statt sie als Realsatire zu brandmarken. Das Publikum lässt es sich ja gefallen. Noch.

* * *

Eine Möglichkeit, diesem Parteienfilz in Politik und Medien entgegenzuwirken, wäre die Einführung des bundesweiten Volksentscheids, also die anteilige Übernahme von Merkmalen der direkten Demokratie in unsere Verfassungswirklichkeit. Das würde das faktische Machtmonopol der Parteien auflösen, ganz im Sinne unseres Grundgesetzes; es weist den Parteien nur ein Mitgestaltungsrecht an der politischen Willensbildung zu, kein Alleinbestimmungsrecht. Das umzusetzen liegt »natürlich« nicht in deren Interesse und füglich auch nicht im Interesse des öffentlich-rechtlichen Rundfunks. Denen geht es in ihrer Symbiose schließlich bestens.

Kriegskabinett Scholz gegen Volksentscheid

zuerst erschienen am 27.02.2023 [24]

Unsere Parteien-Oligarchie garantiert, dass Träume von direkter Demokratie auch Träume bleiben

Ein Kanzler ohne Glaubwürdigkeit. Ein Vizekanzler ohne Sachverstand. Eine bildungsferne Außenministerin ohne Kontrolle über ihr Mundwerk: drei Repräsentanten einer grauenhaften Regierung, die den üblen Zustand unserer Republik zu verantworten hat und mit ihrem antirussischen Kriegsgeschrei Deutschlands Vernichtung riskiert. **»Wem Gott ein Amt gibt, dem gibt er auch den Verstand«, behauptet der Volksmund. Auf derlei Kalendersprüche ist nur leider kein Verlass. Der Satiriker Uwe Steimle, pulvertrocken: »Man kann Kabinett nicht mehr von Kabarett unterscheiden.«**[228] **Vor solchen Geistesblitzen sind die Regierungs-Hiwis der ARD-Tagesschau allerdings gut geschützt. Sonst könnte ihr Zentralinstitut für »mediale Massenverblödung«**[229] **seine staatstragende Aufgabe auch nicht erfüllen. Zu resignieren brauchen wir aber nicht; es wachsen Umfang und Kräfte der basisdemokratischen Gegenöffentlichkeit.**

Bleiben wir protokollarisch korrekt. Nehmen wir uns die genannten »Volksvertreter« in deren Rangfolge zur Brust. Zuerst also Olaf Scholz, den Chef. Als er noch Finanzminister des Merkel-Kabinetts war, ließ seine Rolle im Wirecard-Skandal im Bundestags-Untersuchungsausschuss die Frage aufkommen: »Kann ein Finanzminister Kanzler werden, der trotz seines riesigen Apparats, trotz Warnungen und Hinweisen, den größten Bilanzskandal der Nachkriegsgeschichte übersehen hat?«[230]

Er konnte, wir mussten es erleben. Als Befragter vor dem Untersuchungsausschuss der Hamburger Bürgerschaft zum Cum-ex-Skan-

---

24 https://publikumskonferenz.de/blog/2023/02/27/kriegskabinett-scholz-gegen-volksentscheid/

dal[231] berief sich Scholz auf Gedächtnislücken. Angeblich wusste er nicht einmal mehr, ob und was er mit dem Inhaber der Warburg-Bank über dessen 47-Millionen-Euro-Steuerschuld beraten hatte.[232] Das kostete ihn »nur« den Verlust seiner Glaubwürdigkeit, seine Karriere beendete es nicht.

Kaum zum Kanzler gewählt, bewährte sich Scholz als Washingtons Spielball. Er kniff vor US-Präsident Biden den Schwanz ein, als »Sleepy Joe« ihm mit der Zerstörung der Nord-Stream-Pipeline drohte.[233] Er unterstützte zum Schaden der deutschen Volkswirtschaft die aggressive und kontraproduktive Sanktionspolitik der Amis und der EU gegen Russland, China und den Iran. Er leitete eine gigantische zusätzliche Staatsverschuldung ein (»Doppel-Wumms«[234]) und übernahm schließlich sogar die Spitze bei den westeuropäischen Waffenlieferungen an die Ukraine. Es ist sein Werk, dass die Bundeswehr jetzt Ukrainer an deutschen Waffen ausbildet[235] und dass Deutschland damit Kriegspartei gegen Russland wurde.[236]

Scholz wäre ein klassischer Grund für einen Regierungssturz, wenn, ja wenn …

Wie der Herr, so's Gescherr

Kommen wir zu seinem Vize, Wirtschaftsminister Robert Habeck. Dass der für sein Amt kaum mehr Eignung und Fachwissen mitbrachte als ein Sack Rindenmulch (vom Bio-Sägewerk), hat sich unaufhaltsam herumgesprochen. Häufig wird Bezug auf einen seiner lächerlichen Fernseh-Auftritte genommen, in dem er wissen ließ, dass eine erzwungene Betriebseinstellung keine Pleite sei.[237] Seine folgenreichen Fehlleistungen bei der Energieversorgung, seine absurd preistreibenden Gaseinkäufe und seine Unfähigkeit, vor autoritären arabischen Staatenlenkern den Rücken gerade zu halten,[238] haben ihn diskreditiert. Neuerdings ist er voll dabei, ein Einfuhrverbot von russischem Öl durchzusetzen und die brandenburgische Raffinerie Schwedt[239] sowie etliche Chemieunternehmen[240] zu ruinieren, die darauf spezialisiert sind, die schwere Ölsorte »Urals« zu verarbeiten.[241]

Habeck, das ist vorhersehbar, wird als unfähigster Wirtschaftsminister in die Geschichte eingehen. Vier Prozent des deutschen Bruttoinlandsprodukts werden bis zum Ende dieses Jahres verloren gehen. Urteil der Deutschen Handelskammer:»Damit werden rund 160 Milliarden Euro weniger erwirtschaftet – umgerechnet etwa 2000 Euro pro Kopf.«[242]

Die Kostenexplosion bei Gas und Strom verursacht Standortnachteile für die deutsche Exportwirtschaft. Habecks Russenhass trieb ihn dazu, die»Abhängigkeit von russischem Gas und Öl« gegen die wesentlich teurere Abhängigkeit von schlechterem US-Fracking-Gas und ungünstigerem Öl von den Börsen zu tauschen. Ökonomisch blanker Unfug, ökologisch kontraproduktiv und für die ärmeren Staaten weltweit Ursache einer katastrophalen Teuerungswelle.

Habecks vorerst letzte Schubkarre zum Scherbenhaufen: der superteure Gaslieferungsvertrag mit Norwegen. Unsere Nachbarn im Norden können ihn auf Dauer nur erfüllen, wenn sie neue Öl- und Gasfelder erschließen. Sie haben dazu bereits die Arktis ins Visier genommen.[243] Ein fundamentaler Konflikt mit ihren eigenen Umweltschützern und mit dem russischen Anrainer ist vorprogrammiert. Norwegen kann sein Gas zum Spitzenpreis an Deutschland verkaufen, und unsere UShörige Regierung muss es abnehmen; so zahlen wir den Norwegern die US-Belohnung für ihre Mithilfe bei der Sprengung der deutsch-russischen Pipelines.[244] Nebenwirkung: Polen, der Stammkunde im norwegischen Gashandel, muss die Höchstpreise nun ebenfalls zahlen.[245] Das verschärft den Zoff zwischen Warschau und Berlin.[246]

Einen Habeck juckt das alles nicht. Wie viele seiner Kollegen (z. B. Lauterbach, Özdemir) fantasiert er sich geradezu zwanghaft die Welt zurecht. Für heuer prognostiziert er ein Wirtschaftswachstum von 0,2 Prozent. Und der Großdeutsche Rundfunk aus Hamburg verbreitet das als eine unbestreitbare Tatsache.[247]

Zur Vervollständigung des Habeck-Kurzporträts nur noch dies: Beamte des Wirtschaftsministeriums, die sich erlaubten, eigene, abweichende Meinungen zu äußern, ließ der Chef vom Verfassungsschutz überprüfen.[248] Man kann das getrost als faschistoiden Meinungsterror bezeichnen. Das Passstück zu dieser Niedertracht ist Habecks Absicht, sich von einem Leibfotografen begleiten zu lassen und 350 000 Euro Steuergeld zu verschwenden, damit der seinen Minister von der Schokoladenseite zeigt.[249] Es sei wichtig, die »Bürgerinnen und Bürger transparent über seine Arbeit und Termine zu informieren«, hieß es aus dem Grünen Gespensterhaus.[250]

Habeck wäre ein klassischer Grund für einen Regierungssturz, wenn, ja wenn …

Annalena Sabbeltasche

Kommen wir zur Außenministerin Annalena Baerbock. Inzwischen gibt es bereits Internetseiten, die den dummdreisten und fallweise gefährlichen verbalen Unfug dieser Fehlbesetzung sammeln und dokumentieren.[251] Immerhin machte sie quasiamtlich, dass wir Krieg gegen Russland führen (»…we are at war against Russia«).[252]

Die »*Egal, was meine Wähler denken*«-Grüne genießt angeblich trotzdem große Beliebtheit (zu den Umfrage-Instituten kommen wir gleich). Wie schafft sie das, ungeachtet ihrer zahlreichen Attentate auf menschliche Intelligenz? Etwa damit, dass sie sich auf Steuerzahlers Kosten für sagenhafte 136 500 Euro pro Jahr schminken und frisieren lässt?[253] Kann maßlos kostspieliges »Styling« tatsächlich Baerbocks intellektuellen Notstand kaschieren? So, wie das lose Mundwerk ihren erschütternden Bildungs- und Kenntnismangel überplätschert?[254]

Kann »der Wähler« wirklich fortwährend ignorieren, dass Annalena Baerbocks »Erst quatschen, dann denken« sie schon meilenweit über die Grenze zur Peinlichkeit hinausgetragen hat? Meinte sie doch tatsächlich, die Völker hätten schon zu Napoleons Zeiten über Panzer verfügt;[255] es gebe Länder, die »Hunderttausende Kilometer« entfernt von uns liegen;[256] zwischen Deutschland und Nigeria laste »dunkle Kolonialgeschichte«.[257]

Dass Baerbock nicht nur an Bildungsarmut leidet, sondern es ihr auch an Wahrheitsliebe mangelt, trat bereits im Wahlkampf zutage.[258] Dass sie sich gegenüber dem Kanzler illoyal verhält und gerne auch öffentlich gegen ihn stänkert,[259] macht sie durchaus nicht respektabler.

Baerbock wäre ein klassischer Grund für einen Regierungssturz, wenn, ja wenn …

Auftrag: Volksverdummung

Wenn, ja wenn der öffentlich-rechtliche Rundfunk seine gesetzliche Informationspflicht erfüllte! Doch ARD-aktuell, ZDF-heute und Deutschlandradio »dokumentieren«,»… dass ehemalige gut bürgerliche Nachrichtenorgane längst zu kriminellen Vereinigungen mutiert sind«.[260]

Wenn der Tagesschau-Sprecher statt der gewohnten AgitProp ein Rezept für *Grünkohl mit Pinkel* verläse, wäre das schon ein Qualitätssprung – wegen des größeren Realitätsbezugs dieser Ansage. Leider aber dürfen die journalistischen Olaf-Scholz- und Robert-Habeck-Versteher dem friedliebenden Mitmenschen tagtäglich die Meinung verbiegen. Gegen selbstständiges Denken hat sich deshalb schon eine Herdenimmunität entwickelt.

Dazu tragen die Demoskopie-Institute bei. Im Auftrag der Massenmedien ermitteln sie per (meist telefonischer) Umfrage die Urteile ihrer Zufallsopfer über Politik und Politiker, ohne Vorprüfung des Kenntnisstandes und der Kompetenz der Befragten. Aus dieser Flickensammlung stoppeln sie in jeweils eigener, pseudowissenschaftlicher Methodik »Meinungsbilder« zusammen. Welch dürftige Aussagekraft die haben, zeigt das ZDF-»Politbarometer« ganz schamfrei:

»Bei der Beurteilung nach Sympathie und Leistung (»Was halten Sie von?«) steigt Neuzugang Boris Pistorius gleich auf Platz eins ein.«[261]

Zum Zeitpunkt dieser Umfrage war der Mann gerade mal drei Wochen im Amt und hatte nur gezeigt, wie locker ein Sozi sich in die Riege der Kriegstreiber einfügt.

Das gleiche kleine Methodik-Karo weist auch der ARD-Deutschland-Trend auf: »Rund 33 Prozent waren mit der politischen Leistung der Bundesregierung um Kanzler Olaf Scholz jedoch (sehr) zufrieden.«[262]

Außen vor bleibt bei solchen demoskopischen Verfahren, dass sich ein sattes Viertel der Wahlberechtigten dem pseudodemokratischen

Wahlzirkus verweigert.[263] Der Anteil der Wähler der rot-gelb-grünen Regierungskoalition am gesamten Wählerpotenzial beträgt lediglich 39 Prozent.

Die im Reichstag etablierten Herrschaften verdanken ihre Sinekure dem deutschen Haltungsjournalismus,»… der nicht mehr faszinieren, aufdecken und anklagen will, sondern nachbetet, reproduziert und darstellt, was der Regierung gefällt«.[264] Um ihre einflussreichen Posten und Diäten zu behalten, müssen sie natürlich»vieles mitmachen, wovor gut erzogene Mitmenschen zurückschrecken würden«.[265] Den Bruch von Wahlversprechen inklusive.

Heute versprochen, morgen gebrochen

Laut ihrem Wahlprogramm 2021 wollten die Grünen Rüstungsexporte »an Diktatoren, menschenrechtsverachtende Regime und in Kriegsgebiete« verbieten. Sie waren dann die Ersten, die schwere Waffen für die Ukraine forderten. Die SPD wollte sich vor der Wahl für»restriktive Rüstungsexportkontrolle« einsetzen. Ein halbes Jahr später drängten sie darauf, Panzer, Geschütze und Raketensysteme in die Ukraine zu schicken – zur Unterstützung des Neonazi-affinen und korrupten Selenskyj-Regimes.

Gegen den Bruch von Wahlversprechen[266] gibt es mindestens bis zur nächsten Wahl keine Handhabe. Wenn wieder zu diesem längst kindisch anmutenden Ritual der Schaufensterauslage-Demokratie aufgerufen wird, ist der vorausgegangene, systemtypische Wähler-Betrug längst vergessen. Die Herrschenden tun und lassen, was beliebt. Ihre anlassbezogene Abwahl ist rechtlich nicht vorgesehen.

Deutschlands politische Klasse umfasst Figuren, die unter obskuren Umständen in den Parteiapparaten hochgespült wurden. Ihr Werdegang setzt ein gerüttelt Maß an Schauspielerei, Anpasserei und Rücksichtslosigkeit voraus. Die Parteien sollen laut Grundgesetz lediglich »an der politischen Willensbildung des Volkes mitwirken«,[267] haben aber faktisch das Monopol auf die Vergabe von Kandidaturen für Direktmandate und Listenplätze. Noch nie ist es einem unbekannten

Parteilosen (Non-Promi) gelungen, aus eigener Kraft einen Parlamentssitz zu ergattern.

Angesichts der systembedingt verengten Kandidatenauswahl verwundert es nicht, dass medial Allgegenwärtige wie Baerbock, Kühnert, Klingbeil, Göring-Eckardt, Lindner, Strack-Zimmermann, Röttgen und viele andere ohne besondere Leistungsnachweise an die Fleischtöpfe im Reichstag gelangen. Mit Aussicht auf Rente vom Allerfeinsten.

2021 waren 60,4 Millionen Deutsche wahlberechtigt.[268] Die Bundestagsparteien haben zusammengezählt aber nur 1,2 Millionen Mitglieder.[269] Großzügig gerechnet sind das gerade mal 1,8 Prozent Anteil an der Wählerschaft. Doch diese winzige Minderheit genügt in der repräsentativen Demokratie, die Vormacht der Parteien zu zementieren. Entsprechend gering ist das Vertrauen in diese Apparate. Laut Umfragen bringen es nur 30 Prozent der Befragten auf.[270] Denkt man an Skandalfiguren vom Schlage »Andi« Scheuer[271], Franziska Giffey[272], Ursula von der Leyen[273], Philipp Amthor[274], Jens Spahn[275] oder Nancy Faeser[276], dann versteht man das Misstrauen.

Dass der ins Parlament gehievte Politiker selbst nicht eben viel für Demokratie und Volkswillen übrig hat, wies eine von der Regierung eingesetzte Expertengruppe nach. Sie hatte untersucht, inwieweit die Regierung (im Zeitraum 1998–2015) tatsächlich mit Beschlüssen und Gesetzen dem Willen der Bevölkerung nachkam.[277] Ergebnis:

»Was Bürger mit geringem Einkommen in besonders großer Zahl wollen, hatte ... eine besonders niedrige Wahrscheinlichkeit, umgesetzt zu werden.«

Beispielsweise stimmten 70 Prozent der Armen der Idee zu, Vermögende stärker zum Abbau der öffentlichen Schulden heranzuziehen; nur 43 Prozent der Reichen waren gleichfalls einverstanden. Die Regierung orientierte sich an der ablehnenden Mehrheit der Reichen. Dem möglichst schnellen Abzug der Bundeswehr aus Afghanistan stimmten 75 Prozent der Armen zu, nur 43 Prozent der Reichen waren dafür (anno 2007). Die Regierung steigerte jedoch den Afghanistan-Einsatz.[278]

Das kommt davon, dass unsere bürgerliche Gesellschaft an die Verkümmerung des unabhängigen, kritischen Journalismus gewöhnt und zum kritiklosen Konsum demokratieschädigender Propaganda verleitet wurde: pro US-NATO-EU-Aggression, pro Selbstbestrafung per Sanktionspolitik, pro mordwillige Panzerlieferung aufs Ukraine-Schlachtfeld, aber kontra Friedenssuche und Verhandlungsbereitschaft. Das gewollte und konzertierte Medienversagen ermöglichte den kollektiven Rückfall in die allerprimitivste Art, Andersdenkende zu betrachten; daher auch die Hasstiraden gegen unseren vorgeblichen Feind Russland, die wir gegenwärtig wieder von früh bis spät zu hören kriegen. Ein Goebbels oder eine Neuauflage des sozialen Elends vor 1933 waren zu diesem kulturellen Absturz nicht mehr notwendig.

Was tun?

Volksentscheide wären das wirksamste Mittel gegen die finale Erosion der Demokratie. Direkte Bürgerbeteiligung nach Schweizer Vorbild sei ein Schrecken für unser politisches Führungspersonal und ein Segen für alle aufrechten Demokraten; an wessen Widerstand sie bisher scheiterte, beschreibt Paul Schreyer in »*Die Angst der Eliten – wer fürchtet die Demokratie?*«[279] höchst anschaulich und aufschlussreich.

Im Grundgesetz, Art. 20, (2) heißt es: »Alle Staatsgewalt geht vom Volke aus. Sie wird vom Volke in Wahlen und Abstimmungen … ausgeübt.«[280]

Dieser Vorgabe gemäß wurde ein Bündel von Gesetzen verabschiedet, mit Regeln für die Organisation und Durchführung von Wahlen. Eine Gesetzgebung für das Verfahren bei Abstimmungen – »Volksentscheiden« – aber fehlt bis heute, obwohl sie jederzeit möglich wäre. Mit ihr hätte unser Vasallenstaat zwar noch längst keine echte Verfassung und volle Souveränität. Doch ein erster demokratischer, freiheitlicher Fortschritt wäre getan.

Die im DDR-Sterbebett geborene Bürgerrechtsbewegung »Demokratie Jetzt«[281] verkümmerte in der bundesdeutschen Realität. Aber ihr Idearium überlebte und organisierte sich neu: Mehr Demokratie e.V.[282] und Abstimmung24 e.V.[283] kämpfen für den Volksentscheid. Gemeingut in Bürgerhand e.V.[284], abgeordnetenwatch.de[285], Lobby Control[286] und andere verfolgen anteilige Ziele. Würden sie unter Verzicht auf eigenbrötlerische Geltungsbedürfnisse einen Dachverband bilden und fände sich der zur Zusammenarbeit mit einer ebenso wünschenswerten Kooperative der bewussten (»alternativen«) Medien zusammen, dann, ja dann …

… dann hätten wir ihn in Reichweite, den Volksentscheid.

Ein Deutschland mit Elementen der direkten Demokratie ließe Träume wahr werden. Sie wurden schon einmal geträumt, 2013 war das, zu Zeiten der schwarz-roten »großen« Koalition. Deren Kanzlerin Merkel machte die Pläne zunichte.[287] Hätte sie ihnen stattgegeben, dann wäre Deutschland wahrscheinlich heute keine Kriegspartei. Es könnte sogar eine weltweit geachtete Vermittlerrolle übernehmen. Volksentscheide würden mutmaßlich auch die ruinöse Sanktionspolitik beenden.

Und was ist jetzt mit dem Volksentscheid? Die rot-gelb-grüne Ampel hat ihre Abneigung dagegen unter einer dicken Schicht verbaler Sülze versteckt: »… neue Formen des Bürgerdialogs wie etwa Bürgerräte nutzen, ohne das Prinzip der Repräsentation aufzugeben …«[288]

Ein oberfaules Ablenkungsmanöver. Die Lordsiegelbewahrer unserer Fassadendemokratie lassen sich eben nicht vom gemeinen Volk in die Suppe spucken. Mal sehen, wie lange sie das noch durchhalten.

V Schluss: »Das Prinzip Dumm-Dreist«

Welchen Rundfunk hätten Sie denn gern?

Mag sein, dass man Sie, den Beitragszahler, gelegentlich danach fragt, denn vor den allgegenwärtigen Demoskopen ist niemand sicher. Ein Volksentscheid darüber ist allerdings unwahrscheinlich; Rundfunkfragen sind Sache der Bundesländer. Die Kritik am Informationsangebot generell wird jedoch lauter und eindringlicher werden. Namhafte Publizisten wie Gerhard Mersmann fragen sich schon jetzt öffentlich, wie lange es die Gesellschaft wohl noch hinnehme, »seitens der Politik und ihrer Medien nach Strich und Faden für dumm verkauft und verhöhnt zu werden. Oder anders ausgedrückt: Wie lange hält sich das Prinzip Dumm-Dreist?«[1]

Die ältesten Mitbürger unter uns erinnern sich vielleicht noch an eine öffentlich-rechtliche ARD, die sich ernsthaft als »Vierte Gewalt« im Staate versuchte. Im Rahmen der Kulturhoheit der Bundesländer gestaltete sie ihre Nachrichten und Magazine dermaßen distanziert und regierungskritisch, dass es dem ersten Kanzler der Bundesrepublik, Konrad Adenauer, CDU, entschieden zu viel wurde: Er versuchte, mit einer Art staatsgelenktem Privatfernsehen dagegenzuhalten und das ARD-Rundfunkmonopol zu brechen.

Das Bundesverfassungsgericht unterband jedoch im Jahr 1961 Adenauers Vorhaben, unter der bundeseigenen Dachgesellschaft Deutschland-Fernsehen-GmbH ein Programm zu starten. Deshalb wurde das zwar öffentlich-rechtliche, aber CDU-nähere ZDF ins Leben gerufen (Spottname: Jesus-Fernsehen). Spätestens von diesem Zeitpunkt an entwickelte sich auch der politische Konformismus in den öffentlich-rechtlichen Rundfunkanstalten. Heute steht er dort in voller Blüte. Im Lauf der folgenden Jahrzehnte haben die Richter in Karlsruhe dem öffentlich-rechtlichen Rundfunk in einem Dutzend Entscheidungen immer wieder die Haut gerettet. Es ging allerdings fast ausschließlich um Struktur- und Sachfragen, zum Beispiel, welche Art von Programm wann erlaubt sei, ob und wann Werbung, ob zeitungsähnliche Formate, welche Archivierungs- und Wiederholungsrechte, und so weiter. Die inhaltliche Qualität speziell der Informationssendungen stand in Karlsruhe bisher nicht zur Debatte.

Das wird nicht so bleiben. Die Qualitätsfrage wird eines Tages für die Existenz des öffentlich-rechtlichen Rundfunks in Deutschland wieder entscheidend werden, wie schon einmal zu Adenauers Zeiten.

Der allmähliche Wechsel des Fernsehpublikums vom analogen zum digitalen Programmangebot fördert die Entwicklung und Kräftigung einer Gegenöffentlichkeit. Sie reagiert mit Widerspruch auf die sichtbare Gleichschaltung, auf den Einheitsbrei an politischen Nachrichten in den Massenmedien, den öffentlich-rechtlichen wie den kommerziellen. Sie wirft auch die Frage auf:

Weshalb eigentlich noch bezahlen, wenn Gleiches anderweitig kostenlos zu haben ist?

Genau darüber hat das Bundesverfassungsgericht im Juli 2018 entschieden und die allgemeine Beitragspflicht für Rundfunkteilnehmer als verfassungsgemäß bestätigt. Der Tradition ihrer früheren Urteile folgend betonten die Richter, unabhängiger Rundfunk sei Voraussetzung für den Bestand der Demokratie. Es sei unabdingbar, der Bevölkerung ein umfassendes Programm zur Information, Bildung und Unterhaltung zugänglich zu machen und zu sichern. Die Beitragsfinanzierung ermögliche es dem öffentlich-rechtlichen Rundfunk, »ohne den Druck zu Marktgewinnen die Wirklichkeit unverzerrt darzustellen«.

Das massenhafte Informationsangebot in den nunmehr auch digitalen Programmen, so urteilten die Richter, führe jedoch zu »neuen Unsicherheiten hinsichtlich Glaubwürdigkeit von Quellen und Wertungen. Angesichts dieser Entwicklung wächst die Bedeutung der dem beitragsfinanzierten öffentlich-rechtlichen Rundfunk obliegenden Aufgabe, durch authentische, sorgfältig recherchierte Informationen, die Fakten und Meinungen auseinanderhalten, die Wirklichkeit nicht verzerrt darzustellen und das Sensationelle nicht in den Vordergrund zu rücken«.

Der öffentlich-rechtliche Rundfunk habe die Pflicht,»ein vielfaltsicherndes und Orientierungshilfe bietendes Gegengewicht zu bilden«. Es spricht für sich, dass die Tagesschau an jenem 18. Juli 2018 ihre Hauptausgabe um 20 Uhr zwar unter dem Titel»Rundfunkbeitrag mit dem Grundgesetz vereinbar« startete und umfangreich darüber berichtete, dabei aber zwei wesentliche Aussagen des Urteils ausließ und auch später nicht brachte: nämlich über die Aufgabe des öffentlich-rechtlichen Rundfunks,»authentische, sorgfältig recherchierte Informationen« zu liefern und ein»vielfaltsicherndes und Orientierungshilfe bietendes Gegengewicht zu bilden«.

Dass ARD-Tagesschau, ZDF-heute und DRadio ein die Meinungsvielfalt sicherndes Gegengewicht zum Mainstream darstellen, kann nun wahrlich niemand behaupten, der noch halbwegs bei Verstand ist. Die öffentlich-rechtlichen Rundfunkanstalten sind vielmehr Hauptakteure der demokratiegefährdenden Meinungsmache.

Der»Qualitätsjournalismus« dieser Nachrichtenanbieter sichert den Bestand unserer USA-NATO-EU-BRD-regelbasierten Werteordnung. Indem sie sich damit in krassen Widerspruch zum Urteil des Bundesverfassungsgerichts setzen, schaufeln sie sich selbst ihr Grab. Ihre Impertinenz wird vielleicht eines Tages auch die geduldigen Karlsruher Richter aus der roten Robe fahren lassen.

Uns scheint also der ÖRR, wie im Titel ausgesprochen, journalistisch, intellektuell und auch konzeptionell ziemlich am Ende. Allerdings ist innerhalb der derzeitigen politischen, aber auch wirtschaftlichen Konstellationen kein Ende in Sicht.

Da viele private Akteure mittlerweile indirekt auch von den Beiträgen der ÖRR über Outsourcing leben und die juristischen wie auch politischen maßgeblichen Institutionen und Personen den ÖRR schützen, ist von dieser Seite kein Entsatz zu erwarten.

Der Satz»Der öffentlich-rechtliche Rundfunk ist am Ende, aber ein Ende ist nicht in Sicht« ist vorerst noch ein Oxymoron. Vorerst. Es ist nicht von Dauer, die innere Widersprüchlichkeit wird sich auflösen.

Eine mögliche Entwicklung wäre, dass wir alle brav wieder Tagesschau gucken und uns nicht mehr von Zweifeln anwandeln lassen. Auf die Frage, welches »Schweinderl hätten'S denn gerne«, würden die Mächtigen hierzulande sicher antworten: »Genau dieses!« So ließe sich vortrefflich durchregieren. Das scheint tatsächlich eine Zielvorstellung zu sein. Da gilt Widerspruch als unanständig, und wer ihn wagt, wird in die Ecke gestellt. Einen Gipfel in dieser Disziplin erreichte die Berichterstattung über die Friedensdemo von Alice Schwarzer und Sahra Wagenknecht am 25. Februar 2023. Ihre Teilnehmer ordnete ARD-Reporter Olaf Sundermeyer allem Radikalen zu, was das Land zu bieten hat (Reichsbürger, Querdenker, Rechtsextreme, alte DDR-Linke, altes westdeutsches Linksextremen-Milieu ... Da fehlten nur noch Islamisten und kriminelle albanische Clans. Aber ein bisschen Eskalationspotenzial braucht der öffentlich-rechtlich bestallte Qualitätsjournalist ja noch).[2]

Die Diskrepanz zwischen dem, was berichtet wird, und dem, was ist, würde (und wird) bei Verbleib auf diesem Kurs immer größer werden. Der Krug geht so lange zum Brunnen, bis er bricht.

Quellen

Alle Links wurden am 21.7.2023 zuletzt eingesehen und überprüft, es sei denn, es ist in der Endnote anders vermerkt.

I. Über die Unzulänglichkeiten des öffentlich-rechtlichen Rundfunks

1. www.youtube.com/watch?v=hw4USqa5lqo
2. https://seymourhersh.substack.com/p/trading-with-the-enemy www.youtube.com/watch?v=pi0jRy9JiI4
3. https://www.epd.de/fachdienst/epd-medien/schwerpunkt/debatte/ unabhaengigkeit-durch-kompetenz
4. www.nachdenkseiten.de/?p=89603; s. a. www.zeit.de/2022/43/ friedenspreis-des-deutschen-buchhandels-ukraine-krieg-russenhass-serhij-zhadan?utm_referrer=https%3A%2F%2Fduckduckgo. com%2F
5. https://overton-magazin.de/top-story/selenskij-steht-seit-anfang-des-krieges-unter-dem-druck-der-extremisten/
6. www.ndr.de/fernsehen/sendungen/zapp/zapp456.html; www.tagesspiegel.de/gesellschaft/medien/ein-fruher-investigativ-journalist-4027051.html; www.abendblatt.de/kultur-live/ article107053661/NDR-Darf-man-so-mit-Kollegen-umgehen.html
7. www.ndr.de/der_ndr/unternehmen/rundfunkrat/satzung120.pdf (§24 Abs.6,10)
8. www.nordkurier.de/panorama/stuermische-zeiten-der-ndr-und-sein-eigener-klimabericht-1540748
9. www.telepolis.de/features/Scholl-Latour-Wir-leben-in-einer-Zeit-der-Massenverbloedung-3364167.html?seite=2
10. EMNID-Institut GmbH & Co, Untersuchungsbereich empirische Sozialforschung, Tabellenteil zum Thema »Rundfunkfreiheit«, August 1979, Bielefeld

11. www.sueddeutsche.de/medien/jobst-plog-ndr-krise-klimabericht-1.5778716?reduced=true
12. Jobst Plog/Volker Herres, in: Wolfram Köhler (Hg.): Der NDR zwischen Programm und Politik, Hannover 1991, S. 299

II. Zensur

1. www.daserste.de/ard/die-ard/Medienstaatsvertrag-100.pdf
2. www.nachdenkseiten.de/?p=76621;
   www.heise.de/tp/features/RT-DE-verliert-Zugang-zu-europaeischem-Fernseh-Satelliten-6307315.html;
   www.anti-spiegel.ru/2021/rt-de-nach-nur-fuenf-tagen-auf-deutschen-druck-aus-der-satellitenuebertragung-ausgeschlossen/
3. https://snanews.de/20211228/lizenz-ausstrahlung-rt-de-serbien-rechtmaessig-regulierungsbehoerde-4834223.html
4. www.eutelsat.com/de/gruppe/unternehmensstruktur.html
5. www.rtl.de/cms/youtube-sperrt-deutsche-rt-kanaele-propaganda-sender-wehrt-sich-4839470.html
6. www.bild.de/politik/ausland/politik-ausland/ohne-gueltige-tv-lizenz-putin-propaganda-sendet-seit-heute-auf-deutsch-78560584.bild.html
7. www.buboquote.com/de/zitat/51-voltaire-ich-bin-zwar-anderer-meinung-als-sie-aber-ich-wurde-mein-leben-dafur-geben-dass-sie-ihre
8. www.vocer.org/patrick-gensing-medien-duerfen-keine-aengste-schueren/
9. www.tagesschau.de/investigativ/russland-klagen-meinungsfreiheit-101.html
10. www.tagesschau.de/faktenfinder/rtde-youtube-101.html; www.tagesschau.de/investigativ/rtde-covid-propaganda-desinformation-101.html
11. www.fondationdescartes.org/de/2021/05/institut-fur-strategischen-dialog-das-einmaleins-der-desinformationserkennung/
12. www.telemedicus.info/bverfg-gedenken-an-rudolf-hess-geschuetzt-aber-doch-verboten/
13. www.zeit.de/news/2021-12/26/verfassungsschutz-vorerst-keine-zahlen-zu-querdenkern
14. www.isdglobal.org/partnerships-and-funders/
15. www.isdglobal.org/isd-board/; https://www.capital.de/wirtschaft-politik/pr-rat-ruegt-guttenberg-fuer-wirecard-lobbyarbeit

16. www.isdglobal.org/isd-publications/ein-virus-des-misstrauens-der-russische-staatssender-rt-de-und-die-deutsche-corona-leugner-szene1/

17. www.heise.de/tp/features/RT-DE-startet-Fernsehprogramm-und-provoziert-heftige-Kritik-6298495.html

18. https://en.wikipedia.org/wiki/UKUSA_Agreement

19. www.tagesschau.de/faktenfinder/rtde-youtube-101.html

20. www.tagesschau.de/faktenfinder/rtde-youtube-101.html

21. www.dw.com/de/oppositionspolitiker-alexej-nawalny-ruft-zum-wählerstreik-auf/a-41930021

22. www.dw.com/ru/пять-стратегий-протестного-поведения-на-выборах-президента-россии/a-42911866

23. www.ndr.de/der_ndr/zahlen_und_daten/Aufgaben-des-Norddeutschen-Rundfunks-in-der-ARD; ardaufgaben100.html https://www.tagesschau.de/faktenfinder/russland-ukraine-manifest-101.html; https://web.archive.org/web/20200115171523/www.tagesschau.de/faktenfinder/ausland/russian-rt-101.html

24. www.kostenlose-urteile.de/VG-Kassel_1-K-67720KS_Ablehnung-der-Zulassung-zur-Veranstaltung-und-Verbreitung-eines-privaten-Rundfunkprogramms-in-Hessen-bestaetigt.news31070.htm

25. www.kostenlose-urteile.de/VG-Kassel_1-K-67720KS_Ablehnung-der-Zulassung-zur-Veranstaltung-und-Verbreitung-eines-privaten-Rundfunkprogramms-in-Hessen-bestaetigt.news31070.htm

26. https://snanews.de/20211228/lizenz-ausstrahlung-rt-de-serbien-rechtmaessig-regulierungsbehoerde-4834223.html

27. www.myzitate.de/karl-valentin/

28. https://form7.wordpress.com/2022/02/07/auslandsjournal-feindbild-china-als-auftakt-zu-olympia-neue-debatte/

29. https://peymani.de/millionen-deutsche-in-sorge-auf-dem-weg-in-den-totalitaeren-staat/

30. www.tagesschau.de/multimedia/sendung/ts-49669.html

31. www.tagesschau.de/multimedia/sendung/tt-9153.html

32. www.baden-wuerttemberg.de/de/service/presse/pressemitteilung/pid/hoogvliet-zur-schliessung-des-bueros-der-deutschen-welle-in-moskau/

33. https://rm.coe.int/168007b0f0

34. www.freidenker.org/?p=12140

35. www.medienpolitik.net/2022/02/rt-de-kann-grundsaetzlich-eine-lizenz-beantragen/
36. www.auswaertiges-amt.de/de/newsroom/aa-rus-massnahmen-gegen-deutsche-wellea/2510042
37. www.sueddeutsche.de/medien/RT-DEutsch-youtube-russland-1.5489418
38. www.anti-spiegel.ru/2022/ganz-schoen-viele-zufaelle-ist-die-bundesregierung-gegen-rt-de-aktiv-geworden/
39. www.faz.net/aktuell/feuilleton/putin-gegen-freie-medien-vergeltung-17777481.html
40. www.bmi.bund.de/SharedDocs/downloads/DE/publikationen/themen/sicherheit/vsb-2020-gesamt.pdf?__blob=publicationFile&v=5
41. https://dserver.bundestag.de/btd/19/220/1922076.pdf
42. www.spiegel.de/politik/ausland/russland-europaeische-union-tritt-gegen-putins-propaganda-an-a-1060182.html
43. www.tepsa.eu/wp-content/uploads/2015/12/Kimber.pdfhttps://euvsdisinfo.eu/de/desinformation-ueber-den-aktuellen-russland-ukraine-konflikt-sieben-mythen-entlarvt/; https://de.wikipedia.org/wiki/Presse-_und_Informationsamt_der_Bundesregierung
44. www.wuv.de/agenturen/syzygy_wird_digitalagentur_der_bundesregierung
45. https://euvsdisinfo.eu/de/desinformation-ueber-den-aktuellen-russland-ukraine-konflikt-sieben-mythen-entlarvt/
46. https://mltoday.com/new-document-us-promised-not-to-expand-nato-eastward/
47. www.heise.de/tp/features/Osterweiterung-Wie-die-Nato-wortbruechig-wurde-6347016.html
48. www.monde-diplomatique.fr/2007/07/CALVO_OSPINA/14910; https://publikumskonferenz.de/forum/viewtopic.php?f=53&t=1083
49. www.tagesschau.de/multimedia/sendung/tt-9153.html
50. www.dw.com/de/die-mitglieder-des-rundfunkrats/a-305442
51. www.bundesregierung.de/breg-de/suche/die-staatsministerin-fuer-kultur-und-medien-claudia-roth-zum-sendeverbot-der-deutschen-welle-in-russland-lizenzrechtliche-probleme-des-senders-rt-nicht-fuer-eine-politische-reaktion-missbrauchen–2003102: https://web.archive.org/web/20220210122441/ https://www.tagesschau.de/multimedia/video/video-983271.html https://web.archive.org/

web/20220210122441/ https://www.tagesschau.de/multimedia/video/video-983271.html

52. www.tagesschau.de/multimedia/video/video-983271.html
53. https://app.handelsblatt.com/politik/deutschland/plaene-des-intendanten-deutsche-welle-soll-anti-putin-sender-werden/10749874.html?ticket=ST-9909453-ScIPotWrCAzKTIw4FYRl-ap4
54. https://detv.us/2022/02/07/balanced-journalism-or-propaganda-rt-de/
55. www.dwdl.de/nachrichten/74228/russland_wirft_deutscher_welle_politische_einmischung_vor/
56. https://rm.coe.int/168007b0f0
57. www.spiegel.de/kultur/tv/russischer-staatssender-rt-de-der-medienkrieg-hat-gerade-erst-begonnen-a-d720e82e-f185-463e-9de2-e0a4cbcbbbcb
58. www.tagesschau.de/multimedia/sendung/ts-27213.html
59. Ebd.
60. www.tagesschau.de/inland/frontal21-zdf-reporter-polizei-101.html
61. www.dw.com/de/ist-der-pegida-nahe-lka-mitarbeiter-ein-sicherheitsrisiko/a-45208143
62. www.tagesschau.de/multimedia/sendung/tt-6207.html
63. https://southfront.org/saudi-led-coalition-kills-more-than-20-children-in-new-massacre-in-western-yemen-video/
64. https://archive.is/kgogr; https://web.archive.org/web/2018082417 0924/https://de.sputniknews.com/gesellschaft/20180824322072591-wyschinski-verhaftung-pressefreiheit/; https://de.sputniknews.com/politik/20180628321341091-ukraine-journalisten-bedraengung-kritik-ejf/
65. https://publikumskonferenz.de/blog/2018/05/11/weniger-schmiergeld-fuer-die-weisshelme/
66. https://covid19.who.int/table (Stichtag 9. Nov. 2020) Die Tabelle der WHO wurde seither automatisch fortgeschrieben.
67. Ebd.
68. Ebd.
69. www.dw.com/de/china-hilft-italien-in-der-corona-krise/a-52858981?maca=de-rss-de-all-1119-xml-atom
70. www.tagesschau.de/ausland/china-corona-137.html
71. www.datenschutz.org/google-datenschutz/

72. https://web.archive.org/web/20131020041807/ http://www.
    rechtzweinull.de/archives/203-schufa-plant-sammlung-von-daten-
    aus-facebook-xing-co-datenschutzrechtlich-zulaessig-oder-absolutes-
    no-go.html
73. https://ec.europa.eu/digital-single-market/en/news/commission-
    and-germanys-presidency-council-eu-underline-importance-
    european-health-data-space
74. https://web.archive.org/web/20201023035531/ https://www.br.de/
    nachrichten/netzwelt/staatstrojaner-geheimdienste-sollen-zugriff-
    auf-chats-bekommen,SE91OLg
75. www.gesetze-im-internet.de/pauswg/BJNR134610009.html
76. www.verdi.de/presse/pressemitteilungen/++co++8777f162-0b79-
    11ea-a0a2-525400940f89
77. https://metager.de/meta/meta.ger3?eingabe=Anzahl+der+Überwach
    ungskameras+in+Berlin&submit-query=&focus=web
78. www.sueddeutsche.de/panorama/ueberwachung-in-deutschland-
    kameras-werden-niemanden-von-straftaten-abhalten-1.3312098
79. www.heise.de/newsticker/meldung/Bundesregierung-Videoueber
    wachung-mit-Gesichtserkennung-als-Black-Box-1848471.html
80. www.tagesschau.de/inland/gesichtserkennung-147.html
81. www.heise.de/tp/features/Unter-Generalverdacht-Fingerabdruck-
    fuer-Personalausweis-4951377.html; https://digitalcourage.de/blog/
    2020/fingerabdruecke-personalausweis-anhoerung-innenausschuss
82. Diese Ermächtigung ist inzwischen – am 9. Juli 2021 – erfolgt.
    www.bgbl.de/xaver/bgbl/start.xav?startbk=Bundesanzeiger_
    BGBl&jumpTo=bgbl121s2274.pdf
83. www.heise.de/news/Trojaner-fuer-Geheimdienste-Datenschuetzer-
    sieht-die-Demokratie-bedroht-4937993.html
84. www.spiegel.de/netzwelt/netzpolitik/umfrage-59-prozent-gegen-
    massenueberwachung-a-1024022.html
85. www.tagesschau.de/inland/btw21/programmvergleich-
    digitalisierung-111.html
86. www.tagesschau.de/inland/gesichtserkennung-147.html
87. www.daten-speicherung.de/index.php/meinungsumfrage-freiheit-
    von-uberwachung-ist-nicht-verwirklicht/comment-page 1/
88. https://deutsche-wirtschafts-nachrichten.de/503140/Umfrage-Jeder-
    Zweite-hat-nichts-gegen-Handy-UEberwachung-im-Kampf-gegen-
    Corona

89. www.rtl.de/videos/corona-warn-app-verpflichtend-fuer-alle-buerger-5fa40dfd2d28a513ac2b6092.html

90. https://web.archive.org/web/20201118121302/https://daserste.ndr.de/annewill/archiv/Corona-Infektionen-erreichen-Hoechstwerte-hat-Deutschland-noch-die-richtige-Strategie,erste11542.html Nida-Rümelin, ab ca. 13'25«; www.t-online.de/nachrichten/wissen/geschichte/id_88582030/harari-zur-pandemie-corona-hat-das-potential-die-welt-besser-zu-machen-.html

91. www.heise.de/news/Bundestag-Temporaer-eingefuehrte-Anti-Terror-Befugnisse-gelten-dauerhaft-4949908.html

92. https://blog.tagesschau.de/2020/08/05/die-explosionen-in-beirut-in-der-tagesschau-und-den-tagesthemen/

93. www.heise.de/tp/features/Scholl-Latour-Wir-leben-in-einer-Zeit-der-Massenverbloedung-3364167.html?seite=all

III Sagen, was ist

1. www.tagesschau.de/ausland/asien/taiwan-china-luftwaffe-101.html

2. www.bild.de/politik/ausland/politik-ausland/invasion-im-luftraum-china-fliegt-mit-39-kampfjets-ueber-taiwan-77854072.bild.html

3. www.tagesschau.de/ausland/asien/taiwan-china-flugzeuge-101.html

4. www.tagesschau.de/multimedia/sendung/ts-45203.html

5. www.tagesschau.de/ausland/asien/taiwan-china-luftwaffe-101.html

6. www.bild.de/politik/ausland/politik-ausland/invasion-im-luftraum-china-fliegt-mit-39-kampfjets-ueber-taiwan-77854072.bild.html

7. www.tagesschau.de/ausland/asien/taiwan-china-flugzeuge-101.html

8. www.bild.de/politik/ausland/politik-ausland/invasion-im-luftraum-china-fliegt-mit-39-kampfjets-ueber-taiwan-77854072.bild.html

9. www.google.com/maps/@20.5807139,116.8865343,7.12z

10. https://de.wikipedia.org/wiki/Dongsha-Inseln

11. https://goo.gl/maps/wHhoV4FTpLWNp8VDA

12. https://bit.ly/3ipQ7e6; https://www.mnd.gov.tw/english/Publish.aspx?title=News%20Channel&SelectStyle=Military%20News%20Update%20&p=79128

13. https://de.wikipedia.org/wiki/Abkürzungen%2FLuftfahrt

14. https://de.wikipedia.org/wiki/Lufthoheit

15. https://en.wikipedia.org/wiki/Air_defense_identification_zone

16. https://w//en.wikipedia.org/wiki/Air_defense_identification_zone

17. https://web.archive.org/web/20211005073857/ https://image.jimcdn.

com/app/cms/image/transf/none/path/sa512a6954d219eb2/image/
id5b99c44f7abdcb0/version/1633359934/image.png

18. https://de.wikipedia.org/wiki/Ausschließliche_Wirtschaftszone
19. www.ripleybelieves.com/countries-that-recognize-taiwan-2651
20. https://deutsche-wirtschafts-nachrichten.de/515029/Bericht-US-
Spezialeinheiten-waren-auf-Taiwan-aktiv
21. https://twitter.com/mondefense/status/1443975956578795522
22. www.globalsecurity.org/military/world/taiwan/adiz.htm

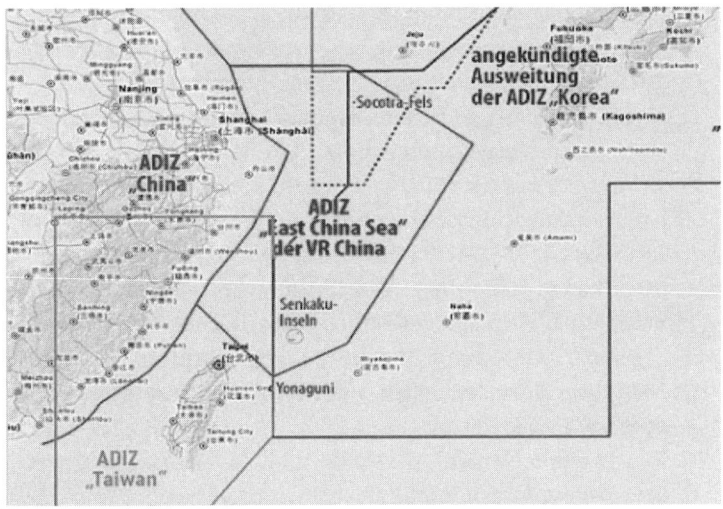

23.
24. https://web.archive.org/web/20210411150637/ https://www.mnd.
gov.tw/english/PublishTable.aspx?types=Military%20News%20
Update&Title=News%20Channel&Page=1
25. www.reuters.com/world/asia-pacific/evoking-mao-china-likens-
taiwan-foreign-minister-shrilling-fly-2021-10-01/
26. https://apnews.com/article/tensions-flare-chinese-flights-near-tai-
wan-02b30ed449f663cf53ef0782482e35e9
27. https://webcache.googleusercontent.com/search?q=cache: https://
www.mnd.gov.tw/english/PublishTable.aspx%3Ftypes=Military%
2520News%2520Update%26Title=News%2520Channel%26Page=1
28. https://web.archive.org/web/20211002195905/ https://www.mnd.
gov.tw/english/Publish.aspx?title=News%20
Channel&SelectStyle=Military%20News%20Update%20&p=79128
29. www.tagesschau.de/ausland/asien/taiwan-china-luftwaffe-101.html

30. www.reuters.com/world/asia-pacific/evoking-mao-china-likens-taiwan-foreign-minister-shrilling-fly-2021-10-01/
31. www.scmp.com/news/china/military/article/3150933/25-chinese-warplanes-enter-taiwans-air-defence-zone
32. www.dw.com/de/deutschland-schickt-fregatte-bayern-in-den-indopazifik/a-58730154
33. www.giga-hamburg.de/de/publikationen/20691035-south-china-lawfare-fighting-over-freedom-navigation/#
34. https://foreignpolicy.com/2021/04/06/freedom-of-navigation-operation-china-us-maritime-law/; www.wsws.org/en/articles/2021/07/20/scse-j20.html; https://southfront.org/hms-queen-elizabeth-leads-16-more-international-warships-into-south-china-sea-on-freedom-of-navigation-patrol/
35. www.rnd.de/politik/china-sagt-besuch-von-deutscher-fregatte-bayern-in-suedchinesischem-meer-ab-PRWFGLDLJ5EMRK5ZFFBQEAFA4Q.html; www.heise.de/tp/news/Kanonenboot-Bayern-In-China-nicht-willkommen-6195272.html; https://de.nachrichten.yahoo.com/laschet-warnt-kaltem-krieg-gegen-072051451.html; https://web.archive.org/web/20211011113440/https://de.nachrichten.yahoo.com/laschet-warnt-kaltem-krieg-gegen-072051451.html
36. Zur Syrienproblematik siehe Maren Müllers Beitrag in unserem Originaltext: https://publikumskonferenz.de/blog/2022/01/17/folter-in-syrien-unter-us-schirmherrschaft
37. www.bmeia.gv.at/europa-aussenpolitik/europapolitik/eu-aussenpolitik/europaeische-nachbarschaftspolitik-enp/
38. www.imi-online.de/download/IMI-Studie2012-12_web.pdf
39. Vgl. Verwirrung um Assoziierungsabkommen mit Syrien, euractiv,14.10.2009.
40. https://syriensgeschichteundgegenwart.com/2015/08/03/baschar-al-assad-vom-freundlichen-augenarzt-zum-schlaechter-von-damaskus-in-nur-zwei-monaten/
41. Kaim, Markus: Interventionsoptionen. Käme es zu einer Militärintervention, stünde Deutschland in der Pflicht, in: Internationale Politik, Mai/Juni 2012, S. 72–76.
42. www.democracynow.org/2007/3/2/gen_wesley_clark_weighs_presidential_bid
43. http://www.balqis.de/de/8gruende.html

44. www.washingtonpost.com/blogs/fact-checker/post/hillary-clintons-uncredible-statement-on-syria/2011/04/01/AFWPEYaC_blog.html

45. www.amnesty.ch/de/ueber-amnesty/publikationen/magazin-amnesty/2008-4/usa-lassen-in-syrien-foltern

46. www.deutschlandfunk.de/george-w-bush-blick-zurueck-am-70-geburtstag-100.html

47. https://web.archive.org/web/20160601055608/ https://www.anstageslicht.de/fileadmin/_processed_/csm_el_masri_netz500px_02_bc42a25416.jpg

48. www.ecchr.eu/fileadmin/Publikationen/Folter_und_die_Verwertung.pdf

49. Ebd.

50. www.heise.de/tp/features/Alles-in-Ordnung-3404094.html; www.wallstreet-online.de/diskussion/500-beitraege/1027026-1-500/schaeuble-will-informationen-nutzen-auch-wenn-sie-durch-folter-erpresst-wurden

51. https://web.archive.org/web/20210528083300/ https://www.zdf.de/nachrichten/politik/syrien-assad-wahl-102.html

52. www.freiewelt.net/nachricht/viele-syrer-stehen-nach-wie-vor-hinter-assad-10070664/

53. www.faz.net/aktuell/politik/ausland/krieg-in-syrien-versoehnen-sich-die-araber-mit-al-assad-17326992.html; www.cashkurs.com/gesellschaft-und-politik/beitrag/syrien-assads-rehabilitation-in-der-arabischen-welt

54. www.deutschlandfunk.de/parlamentswahl-in-syrien-nur-scheinbar-alternativen-zu-assad-100.html

55. Zur Unfähigkeit befördert

56. https://de-academic.com/dic.nsf/dewiki/1496908

57. www.agrarheute.com/land-leben/identifiziert-wolf-toetete-herbst-leyens-pony-601035

58. www.judid.de/eu-kommission-will-schutzstatus-fuer-woelfe-ueberpruefen/

59. www.faz.net/aktuell/gesellschaft/menschen/wolf-reisst-ursula-von-der-leyens-pony-dolly-18514538.html

60. https://germany.representation.ec.europa.eu/news/eu-kommissionsprasidentin-von-der-leyen-ukraine-verteidigt-beeindruckend-unsere-werte-2022-05-20_de

61. www.rnd.de/politik/von-der-leyen-100-000-tote-ukrainische-soldaten-

ansprache-sorgt-fuer-irritation-BFHX6742Y42DY5MHLM2RCIJV7E.
html

62. www.n-tv.de/politik/100-000-tote-Soldaten-Ukraine-ist-irritiert-article23754488.html

63. https://bigserge.substack.com/p/russo-ukrainian-war-the-world-blood?r=7ct73

64. https://de.statista.com/statistik/daten/studie/1297855/umfrage/anzahl-der-zivilen-opfer-durch-ukraine-krieg/

65. www.theguardian.com/commentisfree/2022/apr/28/liz-truss-ukraine-war-russia-conservative-power?CMP=twt_gu#Echobox=1651158610

66. https://de.finance.yahoo.com/nachrichten/leyen-eu-ukraine-so-lange-120624747.html

67. www.berliner-zeitung.de/news/ursula-von-der-leyen-fordert-kampfpanzer-fuer-ukraine-li.267564

68. https://lostineu.eu/borrell-wir-helfen-der-ukraine-bis-zum-sieg/

69. www.boerse.de/nachrichten/Von-der-Leyen-fuer-Panzerlieferungen-an-die-Ukraine/34487819

70. www.tagesschau.de/kommentar/waffenlieferungen-ukraine-115.html

71. https://germany.representation.ec.europa.eu/news/eu-kommissionsprasidentin-von-der-leyen-ukraine-verteidigt-beeindruckend-unsere-werte-2022-05-20_de

72. www.capital.de/wirtschaft-politik/wie-mckinsey-bei-der-bundeswehr-zu-auftraegen-kam

73. www.spiegel.de/politik/deutschland/bundeswehr-ursula-von-der-leyen-plant-millionbudget-fuer-berater-a-1082706.html

74. www.spiegel.de/politik/deutschland/katrin-suder-neue-vorwuerfe-gegen-ex-staatssekretaerin-im-verteidigungsministerium-a-8c3e9b9a-5030-4861-a386-087e1a4caefa

75. www.epochtimes.de/politik/deutschland/david-von-der-leyen-mckinsey-und-auftraege-aus-dem-verteidigungsministerium-a2666304.html

76. www.networthacademy.me/david-von-der-leyen-age-net-worth/

77. www.tagesschau.de/inland/berateraffaere-109.html

78. www.juraforum.de/lexikon/datenveraenderung

79. www.deutschlandfunk.de/oeffentlich-rechtlich-vs-privat-100.html

80. https://das-blaettchen.de/2012/07/folter-ganz-demokratisch-14268.html

81. https://daserste.ndr.de/panorama/archiv/1987/-,panorama12350.html

82. https://de.wikipedia.org/wiki/Ursula_von_der_Leyen

83. www.uni-hannover.de/de/universitaet/profil/leibniz/

84. https://ec.europa.eu/commission/presscorner/detail/de/qanda_20_958

85. www.finanzen.net/nachricht/aktien/lieferung-bis-2023-biontech-pfizer-impfstoff-eu-kauft-bis-zu-1-8-milliarden-weitere-dosen-10114774

86. https://de.statista.com/infografik/23690/preise-fuer-eine-dosis-ausgewaehlter-covid-19-impfstoffe/

87. https://netzpolitik.org/2022/100-000-unterschriften-von-der-leyen-soll-chats-mit-pfizer-chef-offenlegen/

88. www.aerzteblatt.de/nachrichten/131360/Von-der-Leyen-wegen-SMS-an-Pfizer-zu-Impfdeal-unter-Druck

89. www.derstandard.de/consent/tcf/story/2000140063063/ermittlungen-wegen-eu-impfstoffkaeufen-was-bisher-bekannt-ist,

90. https://linkezeitung.de/2022/10/23/grenzenlos-die-korruption-der-ursula-von-der-leyen/

91. www.labournet.de/interventionen/grundrechte/kommunikations freiheit/netzzensur/der-krieg-bedroht-auch-die-pressefreiheit-fuer-das-recht-rt-und-sputnik-zu-boykottieren-gegen-staatliche-zensur/

92. www.nd-aktuell.de/artikel/1169076.gemeinnuetzigkeit-nachdenkseiten-verlieren-gemeinnuetzigkeit.html

93. https://mmm.verdi.de/beruf/hausdurchsuchung-bei-radio-dreyeckland-86457

94. www.sueddeutsche.de/politik/berliner-verfassungsschutz-kenfm-ken-jebsen-1.5306180?reduced=true

95. www.atlanticcouncil.org/news/press-releases/atlantic-councils-distinguished-leadership-awards-gala-to-honor-ursula-von-der-leyen-dua-lipa-albert-bourla-ugur-sahin-and-ozlem-tureci/

96. www.infosperber.ch/politik/welt/die-geheime-macht-der-bilderberg-gruppe/

97. www.sueddeutsche.de/wirtschaft/wef-2023-weltwirtschaftsforum-davos-1.5732650

98. https://ec.europa.eu/commission/presscorner/detail/en/SPEECH_21_3288

99. www.handelsblatt.com/politik/international/72-000-euro-fuer-zimmer-eu-kommission-verteidigt-kosten-fuer-von-der-leyens-einzimmer-wohnung/25477986.html

100. www.tagesspiegel.de/politik/von-der-leyen-fliegt-50-kilometer-im-privatjet-5125504.html

101. www.deutschlandfunk.de/interview-der-woche-ursula-von-der-leyen-100.html

102. Ebd.

103. www.economist.com/the-economist-explains/2021/10/27/could-europe-manage-without-russian-gas

104. www.businessworldreport.com/europe-financial-news/eu-aims-to-scrap-long-term-gas-supply-contracts/; zuletzt eingesehen im Januar 2023

105. www.cnbc.com/2021/10/06/europe-made-mistake-in-ditching-long-term-gas-deals-putin.html

106. www.spglobal.com/commodityinsights/en/market-insights/latest-news/natural-gas/042921-gazprom-sees-2021-european-gas-exports-in-range-of-175-183-bcm-burmistrova

107. www.forbes.com/sites/ianpalmer/2021/08/19/why-lng-exports-from-the-us-are-off-to-the-moon/

108. www.zdf.de/nachrichten/politik/gas-ungarn-gazprom-ukraine-krieg-russland-100.html

109. www.tageblatt.lu/nachrichten/international/bruesseler-milliarden-poker-gegen-orban/

110. www.deutschlandfunk.de/interview-der-woche-ursula-von-der-leyen-100.html

111. https://energiemarie.de/gaspreis

112. www.telepolis.de/features/Europa-nicht-den-Leyen-ueberlassen-7265667.html

113. www.deutschlandfunk.de/volksabstimmung-in-den-niederlanden-referendum-als-102.html

114. www.bpb.de/kurz-knapp/lexika/das-europalexikon/177232/referenden-zum-eu-vertrag/

115. www.tagesschau.de/wirtschaft/raffinerie-schwedt-habeck-101.html

116. www.focus.de/politik/deutschland/biografin-erklaert-methode-

habeck-fuer-seinen-gegner-mag-es-sich-wie-noetigung-anfuehlen_
id_24293361.html

117. www.nachdenkseiten.de/?p=83221
118. https://seniora.org/politik-wirtschaft/dringend-was-ist-um-die-ukraine-los-ergebnisse-des-kuestenfunks
119. https://twitter.com/i/status/1521334491494686722
120. www.heise.de/tp/features/Arschloch-Leberwurst-Putin-Versteher-Die-Top-Ten-der-Andrij-Melnyk-Attacken-7081189.html
121. https://qpress.de/2022/05/11/putin-kann-der-eu-bei-russland-sanktionen-helfen/
122. www.rnd.de/politik/waffen-fuer-ukraine-habeck-kritisiert-promis-fuer-brief-an-kanzler-scholz-2C2SR2M5TVC7BO6BG7OYQSTVYQ.html
123. www.digitaljournal.com/world/ukraine-seeks-to-stall-relentless-russian-onslaught-in-donbas/article
124. https://deutsche-wirtschafts-nachrichten.de/519291/Gefaehrlicher-Blindflug-Habeck-hat-keinen-Plan-wie-es-nach-einem-OEl-Embargo-weitergehen-soll
125. www.focus.de/politik/deutschland/besuch-in-den-usa-habeck-sieht-deutschland-in-einer-dienenden-fuehrungsrolle_id_61552626.html
126. www.tagesschau.de/inland/innenpolitik/habeck-lemke-101.html
127. www.presseportal.de/pm/9377/5212964
128. https://scheerpost.com/2022/03/25/ted-postol-what-you-really-need-to-know-about-the-threat-of-nuclear-war/
129. https://taz.de/Wirtschafts–und-Klimaministerium/!5822657/
130. www.sueddeutsche.de/politik/inflation-parteien-bundestagswahlkampf-1.5340364
131. www.derwesten.de/politik/hartz-4-satz-erhoehung-2022-robert-habeck-regelsatz-inflation-id234306787.html
132. www.destatis.de/DE/Themen/Wirtschaft/Preise/Verbraucherpreisindex/_inhalt.html
133. www.kreiszeitung.de/politik/gesund-leben-mit-hartz-4-iv-bezieher-empfaenger-allgii-viel-rat-und-wenig-hilfe-aus-der-spd-91499903.html
134. www.handelsblatt.com/unternehmen/flottenmanagement/bundesregierung-das-sind-die-neuen-und-alten-dienstwagen-der-minister/28066820.html

135. www.bundestag.de/resource/blob/824992/ecff38ec4faf0149accb
69f4720878cd/WD-7-142-20-pdf-data.pdf
136. https://de.statista.com/themen/9109/sanktionen-gegen-
russland/#topicHeader__wrapper
137. www.wallstreet-online.de/nachricht/15092545-habeck-rechnet-
folgen-sanktionen-deutschland; https://freier-einblick.
de/2022/02/24/habeck-sanktionen-gegen-russland-werden-auch-
deutschland-treffen/
138. www.tagesschau.de/inland/von-der-leyen-417.html
139. www.n-tv.de/ticker/Nach-Berechnungen-der-UNO-fast-ein-Drittel-
aller-Arbeitsplaetze-in-der-Ukraine-verloren-article23324650.html
140. www.cgdev.org/article/new-analysis-hosting-ukrainian-refugees-
could-cost-nations-around-world-estimated-30-billion;
www.handelsblatt.com/politik/deutschland/ukraine-krieg-streit-um-
fluechtlingskosten-die-ministerpraesidenten-sind-
auf-180-/28235334.html
141. https://sciencefiles.org/2022/05/03/habecks-haerten-sanktionen-zur-
schaedigung-der-eigenen-wirtschaft-bettelarm-aber-gluecklich/
142. www.rnd.de/politik/benzinpreis-robert-habeck-wirft-kritikern-
unehrlichkeit-vor-P36WHXITHNHYLNI4UZ3DV7POLU.html
143. https://de.statista.com/statistik/daten/studie/73902/umfrage/pkw-
kraftstoffverbrauch-der-privaten-haushalte-in-deutschland/
144. www.boerse-frankfurt.de/nachrichten/05d4a804-363d-4744-83c7-
cf7622aec3ee
145. https://krass-und-konkret.de/politik-wirtschaft/usa-importieren-
mehr-russisches-oel-und-heben-sanktionen-fuer-russische-
duengemittel-auf/
146. www.businessinsider.de/wirtschaft/shell-chef-sagt-es-gaebe-kein-
system-um-russisches-oel-zurueckzuverfolgen-das-in-anderen-
laendern-raffiniert-wurde-a/
147. www.freethewords.com/2022/05/04/gruene-juchzen-benzinpreis-
von-drei-euro-rueckt-in-greifbare-naehe/
148. www.wochenblick.at/politik/ard-bildmanipulation-minister-habeck-
ploetzlich-auf-augenhoehe-mit-katar-scheich/; https://aktuelle-
nachrichten.app/ard-bildmanipulation-minister-habeck-ploetzlich-
auf-augenhoehe-mit-katar-scheich/
149. www.tichyseinblick.de/meinungen/habeck-de-industrialisierung-
schreitet-voran/

150. www.zfk.de/politik/deutschland/deutschland-verringert-energieabhaengigkeit-von-russland

151. https://krass-und-konkret.de/politik-wirtschaft/usa-importieren-mehr-russisches-oel-und-heben-sanktionen-fuer-russische-duengemittel-auf/

152. www.n-tv.de/wirtschaft/der_boersen_tag/Neue-Vertraege-fuer-Gazprom-Germania-Toechter-kein-Gas-mehr-ueber-Jamal-article23327854.html

153. https://de.statista.com/statistik/daten/studie/1062780/umfrage/umfrage-zu-den-wichtigsten-problemen-in-deutschland/

154. https://web.archive.org/web/20211025121717/ https://www.tagesschau.de/suche2.html?query=Lebenshaltungskosten&sort_by=date

155. www.zdf.de/comedy/heute-show/heute-show-vom-15-oktober-2021-100.html

156. www.hartziv.org/news/20200702-hartz-iv-erhoehung-2021-so-steigen-die-saetze.html

157. www.heise.de/tp/features/Ein-gescheiterter-Weidmann-tritt-zurueck-6224791.html

158. www.tagesschau.de/faktenfinder/

159. www.berliner-zeitung.de/news/bericht-vw-chef-denkt-offenbar-ueber-massiven-stellenabbau-nach-li.188510; https://efahrer.chip.de/news/massenentlassung-wegen-umstellung-auf-e-auto-deutsche-auto-bosse-sehen-loesung_105588

160. www.rnd.de/politik/umfrage-zukunftsangst-und-politikversagen-verlieren-wir-das-vertrauen-in-den-staat-MWSPNWHQ42WG35JDEM77XVRM4U.html

161. www.sueddeutsche.de/kultur/oeffentlich-rechtliches-fernsehen-in-der-kritik-aber-gebuehren-verlangen-1.414611

162. www.tagesschau.de/inland/innenpolitik/ampel-rente-101.html

163. www.nachdenkseiten.de/?p=76734

164. www.tagesschau.de/inland/rente-selbststaendige-101.html

165. www.daserste.de/ard/die-ard/Medienstaatsvertrag-100.pdf

166. www.mdr.de/nachrichten/deutschland/politik/rente-rentensystem-niederlande-oesterreich-schweden-100.html

167. www.tagesschau.de/inland/interview-florian-blank-renteabsiebzig-101.html

168. www.youtube.com/watch?v=8xMuTKuCAhk(Precht ab Min. 44)

169. www1.wdr.de/nachrichten/sondierungspapier-100.pdf
170. www.fdpbt.de/sites/default/files/2021-02/RUB-Studie_Aktienrente. pdf
171. https://web.archive.org/web/20210826120351/ https://www. tagesschau.de/multimedia/podcasts/malangenommen-aktienrente-101.html
172. Ebd.
173. www.tagesschau.de/wirtschaft/verbraucher/rente-krise-reform-101. html
174. https://de.statista.com/statistik/daten/studie/7031/umfrage/ bundeszuschuesse-an-die-rentenversicherung-seit-1950/
175. https://de.wikipedia.org/wiki/Vermögensverteilung_in_ Deutschland#Erhebung_aus_2019_zu_Personen
176. https://die-wirtschaftsnews.de/rekord-vermoegen-deutsche-haben-ueber-sieben-billionen-euro-angehaeuft/
177. www.der-paritaetische.de/alle-meldungen/paritaetischer-armutsbericht-2020-armut-in-deutschland-auf-rekordhoch/; www. armuts-und-reichtumsbericht.de/DE/Startseite/start.html
178. www.destatis.de/DE/Presse/Pressemitteilungen/2021/01/PD21_ N008_634.html
179. www.o-ton-arbeitsmarkt.de/o-ton-news/hartz-iv-aufstocker-staat-subventioniert-niedrigeinkommen-jaehrlich-mit-milliarden-euro#gallery-1
180. https://fra.europa.eu/de/news/2017/ein-leben-armut-verletzt-das-grundrecht-auf-wurde
181. www.gesetze-im-internet.de/gg/art_14.html
182. https://web.archive.org/web/20210225170858/ https://www. tagesschau.de/ausland/asien/china-armut-101.html
183. https://gutezitate.com/zitat/117916
184. https://web.archive.org/web/20220508214003/ https://www. handelsblatt.com/unternehmen/industrie/vorstandsgehaelter-so-viel-kassierten-die-vw-bosse-2016/19356238.html?ticket=ST-5310719-0vncByebTz1O74IaVU3B-ap4
185. http://www.egbert-scheunemann.de/Chronik-des-neoliberalen-Irrsinns-12.pdf
186. Anm.: Vor 40 Jahren lag das Rentenniveau noch bei 59.5 Prozent, s. http://www.bpb.de/nachschlagen/zahlen-und-fakten/soziale-situation-in-deutschland/61842/standardrentenniveau

187. www.deutsche-rentenversicherung.de/
188. www.tagesschau.de/wirtschaft/rentenpaket-103.html
189. Ebd.
190. https://web.archive.org/web/20180912113027/www.tagesschau.de/
    multimedia/politikimradio/audio-59449.html; https://archive.is/
    L4G7U
191. www.tagesschau.de/inland/rentenpaket-groko-101.html
192. https://wipo.verdi.de/++file++582ebf38f1b4cd68ffa3cbdf/download/
    Wipo_Gutes-Leben-im-Alter.pdf
193. www.fr.de/wirtschaft/chronik-20-jahre-rentenreform-a-1178924
194. www.nachdenkseiten.de/?p=42133
195. https://publikumskonferenz.de/forum/viewtopic.php?f=44&t=1637
196. www.tagesschau.de/inland/klimaziel-2020-101.html
197. www.umweltbundesamt.de/sites/default/files/medien/5750/
    publikationen/2021-03-19_cc_33-2020_klimaschutzprogramm_
    2030_der_bundesregierung.pdf
198. www.energiezukunft.eu/klimawandel/deutschland-verfehlt-
    klimaziele/
199. Ebd.
200. www.tagesschau.de/inland/klimaziele-2030-verfehlt-101.html
201. Ebd.
202. https://archive.is/2FDmT
203. https://web.archive.org/web/20211102154646/ https://www.
    tagesschau.de/regional/nordrheinwestfalen/wdr-story-43729.html
204. www.ardmediathek.de/video/panorama/sneakerjagd-nike-
    vernichtet-neuware/das-erste/Y3JpZDovL25kci5kZS81Nz-
    QwNmNkYi04MWNiLTQxZjMtYTAyNy1mNjEwYmVhYjFjYzE/
205. www.mckinsey.de/news/presse/2020-12-03-net-zero-europe
206. www.wiwo.de/politik/deutschland/bdi-studie-mehrinvestitionen-in-
    hoehe-von-860-milliarden-euro-fuer-klimaziele-2030-
    noetig-/27725788.html
207. www.mckinsey.de/news/presse/2020-12-03-net-zero-europe
208. https://de.statista.com/statistik/daten/studie/4761/umfrage/
    dividendenzahlungen-der-dax-unternehmen/
209. www.mittelstandswiki.de/wissen/Unternehmen_nach_Zahlen
210. www.swr.de/swr2/wissen/archivradio/spd-fdp-koalition-plant-erstes-
    umweltschutzprogramm-100.htm

211. www.oxfam.de/ueber-uns/aktuelles/klimawandel-ungleichheit-reichste-1-prozent-schaedigt-klima-doppelt-so-stark
212. Ebd.
213. www.tagesschau.de/wirtschaft/technologie/cozwei-abgabe-weltweit-101.html
214. https://de.wikipedia.org/wiki/Nuklearkatastrophe_von_Fukushima#Deutschland
215. https://web.archive.org/web/20181201053113/ https://www.bmjv.de/DE/Themen/GerichtsverfahrenUndStreitschlichtung/Schiedsgerichtsbarkeit/Schiedsgerichtsbarkeit_node.html; www.international-arbitration-attorney.com/de/what-is-international-arbitration/
216. https://archive.is/hqCut; https://web.archive.org/web/20200909204254/www.zdf.de/nachrichten/wirtschaft/energie-charta-vertrag-ect-100.html
217. https://energy-charter-dirty-secrets.org/de/
218. www.torial.com/henrik.rampe/portfolio/529731
219. https://archive.is/hqCut
220. www.tagesschau.de/investigativ/swr/fakenews-bundestagswahl-baerbock-laschet-101.html
221. https://de.statista.com/statistik/daten/studie/163740/umfrage/parteipraeferenz-von-politikjournalisten-in-deutschland/
222. https://en.wikipedia.org/wiki/Avaaz
223. www.linksnet.de/artikel/26929; www.infosperber.ch/politik/welt/avaaz-wenn-simplifizierung-zu-falschen-schluessen-fuehrt/; www.barth-engelbart.de/?p=413
224. https://dserver.bundestag.de/btd/19/266/1926600.pdf; http://www.sowibrd.eu/files/aktuelle_infos/Verantwortung_Bundeswehr.pdf
225. www.bundeswehr.de/de/ueber-die-bundeswehr/gedenken-tote-bundeswehr/todesfaelle-bundeswehr
226. www.spiegel.de/politik/deutschland/bundeswehr-auslandseinsaetze-kosteten-21-milliarden-euro-a-1164708.html; https://publikumskonferenz.de/blog/2021/11/28/tagesschau-spezialitaet-feindbildpflege/
227. www.zdf.de/dokumentation/zdfinfo-doku/der-preis-des-krieges-afghanistan-100.html; https://www.mitwelt.org/kosten-opfer-afghanistan-krieg

228. www.demokratisch-links.de/der-bundesrechnungshof; www.mitwelt. org/kosten-opfer-afghanistan-krieg
229. www.bundeswehr.de/de/einsaetze-bundeswehr/anerkannte-missionen/nato-air-policing-baltikum
230. www.bundeswehr-journal.de/2020/schwarzmeer-und-baltikum-russland-testet-die-nato/
231. www.tagesschau.de/ausland/estland-und-litauen-melden-luftraumverletzung-durch-russland-101.html
232. www.deutschlandfunk.de/nato-strategie-kramp-karrenbauer-cdu-russland-ist-eine-100.html
233. www.nachdenkseiten.de/?p=77227
234. www.tagesschau.de/ausland/europa/russland-nato-ukraine-101.html
235. https://snanews.de/20211123/atomschlag-gegen-russland-durchgespielt-4432610.html
236. https://deutsche-wirtschafts-nachrichten.de/502433/USA-simu lieren-russischen-Atomschlag-auf-Europa
237. https://trendy-news.de/us-amerikanische-und-britische-ueber wachungsflugzeuge-umkreisen-kaliningrad/
238. www.washingtonexaminer.com/opinion/as-zapad-gets-underway-once-again-its-america-leading-natos-way
239. www.anti-spiegel.ru/2021/nato-kriegspropaganda-angeblicher-russischer-truppenaufmarsch-an-der-ukrainischen-grenze/
240. Ebd.
241. www.tagesschau.de/ausland/usa-frankreich-russland-101.html
242. www.tagesschau.de/thema/ukraine/
243. www.tagesschau.de/multimedia/video/video-10350.html
244. https://web.archive.org/web/20211201094711/https://www.boerse-online.de/nachrichten/aktien/mh17-ermittler-bitten-russische-militarangehoerige-um-informationen-1030776468;
245. www.tagesschau.de/multimedia/sendung/ts-37651.html; www. tagesschau.de/investigativ/tiergartenmord-prozess-zeuge-ukraine-105.html; https://web.archive.org/web/20210922064043/ https://www.tagesschau.de/ausland/europa/grossbritannien-skripal-dritter-verdaechtiger-101.html; https://archive.is/cCTBN; https:// web.archive.org/web/20210802044245/ https://www.tagesschau.de/ ausland/europa/russland-situation-politik-101.html
246. www.bpb.de/internationales/europa/russland/analysen/342424/ umfragen-meinungsumfragen-zu-deutsch-russischen-beziehungen

247. https://reinhardbuetikofer.eu/2021/09/20/untersuchung-moeglicher-marktmanipulationen-durch-gazprom/

248. www.zeit.de/politik/deutschland/2021-09/gaspreis-russland-annalena-baerbock-nord-stream-2-druck-regierung

249. www.reuters.com/business/us-urges-russia-do-more-european-energy-security-2021-10-14/

250. www.tagesschau.de/wirtschaft/konjunktur/gazprom-erdgas speicher-101.html

251. www.bundesregierung.de/breg-de/aktuelles/pressekonferenz-von-bundeskanzlerin-merkel-zum-eu-westbalkan-gipfeltreffel-am-6-oktober-2021-1965796

252. www.berliner-zeitung.de/wirtschaft-verantwortung/nord-stream/gaspreise-keller-wirtschaft-li.187544

253. www.tagesschau.de/wirtschaft/verbraucher/gas-preiserhoehung-grundversorger-strom-101.html

254. www.tagesschau.de/wirtschaft/verbraucher/wie-entsteht-der-gaspreis-101.html

255. www.moonofalabama.org/2021/10/how-poland-tried-to-win-but-lost-the-gas-game.html

256. www.handelsblatt.com/unternehmen/energie/erdgas-gazprom-will-mit-dumpingpreisen-in-europa-expandieren/25689524.html?ticket=ST-285265-PnHQAWYfKAFcIzDOVcJM-cas01.example.org

257. www.cep.eu/Studien/cepInput_Gaseinkauf/cepInput_Gaseinkauf_DE.pdf

258. www.mdr.de/nachrichten/welt/osteuropa/politik/russland-gaspreise-gazprom-eu-100.html

259. http://www.informationclearinghouse.info/56866.htm

260. https://finance.yahoo.com/news/genoil-discussions-top-putin-aide-120000008.html?guccounter=1

261. www.daserste.de/information/nachrichten-wetter/bundestag-live/videos/bundestag-live-video-150.html

262. Ebd.

263. www.sueddeutsche.de/politik/us-kriegskabinett-die-maenner-um-bush-1.654675

264. www.deutschlandfunk.de/vor-20-jahren-beginn-der-kosovo-krieg-bomben-gegen-belgrad-100.html

265. www.bpb.de/themen/kriege-konflikte/innerstaatliche-konflikte/155323/afghanistan/#node-content-title-3

266. www.unicef.de/mitmachen/ehrenamtlich-aktiv/-/arbeitsgruppe-berlin/neun-jahre-syrienkrieg–ein-ende-der-katastrophe-scheint-in-weiter-ferne/212522
267. http://www.ag-friedensforschung.de/regionen/Libyen/henken2.html
268. www.tagesschau.de/inland/regierungserklaerung-ukraine-russland-scholz-putin-101.html
269. www.textstelle.news/2022/02/27/stoppt-die-eskalation-sorgt-fuer-frieden-in-ukraine-mit-russland/#more-1519
270. https://thesaker.is/america-defeats-germany-for-the-third-time-in-a-century-the-mic-ogam-and-fire-sectors-conquer-nato/
271. Ebd.
272. www.wallstreet-online.de/aktien/aktienkurse
273. https://snanews.de/20220220/kiew-eu-geld-5441700.html
274. www.nzz.ch/international/der-krieg-in-afghanistan-forderte-240000-tote-ld.1640684
275. https://de.statista.com/statistik/daten/studie/163882/umfrage/dokumentierte-zivile-todesopfer-im-irakkrieg-seit-2003/
276. www.imi-online.de/2005/09/10/rot-gruene-kriegsunt/
277. https://multipolar-magazin.de/artikel/schwarze-tage-europas; www.spiegel.de/panorama/krieg-in-der-ukraine-und-der-vergleich-mit-1914-a-efad9f8a-84fb-4ea3-b343-fbee8dcf3b49
278. www.deutschlandfunk.de/putin-rede-ukraine-100.html
279. www.tagesschau.de/ausland/europa/russland-krieg-ukraine-101.html
280. www.tagesschau.de/faktenfinder/russland-propaganda-ukraine-101.html
281. www.nd-aktuell.de/artikel/1161730.ukraine-krieg-nazis-ziehen-in-den-krieg.html
282. http://blauerbote.com/2022/02/24/ukrainischer-praesident-setzt-seit-jahren-nazis-ein-und-vergleicht-jetzt-russland-mit-hitler-deutschland/
283. https://de.wikipedia.org/wiki/Regiment_Asow
284. www.rnd.de/politik/ukraine-lasst-mehr-nato-soldaten-ins-land-ausbildung-fur-kampf-gegen-separatisten-FZCJ2SGTHACNS2O25TYPC34OGY.html
285. https://ukraineforum.de/deutsche-soldaten-nehmen-an-nato-%C3%BCbungen-ukraine-teil-t68996.html

286. www.swp-berlin.org/publikation/donbas-konflikt-schwieriger-friedensprozess

287. www.ardmediathek.de/video/mdr-aktuell-19-30-uhr/demian-von-osten-zu-hintergruenden-des-ukraine-angriffs/mdr-fernsehen/Y3J-pZDovL21kci5kZS9iZWl0cmFnL2Ntcy8wN2Y2N2FlZi04ZDg3LT-Q0ZWQtYTRhNy0wMzdjNTU5OTFmYmY

288. www.tagesschau.de/multimedia/sendung/tt5436.html

289. www.pressenza.com/de/2018/10/hitler-war-ein-grosser-demokrat/; https://publikumskonferenz.de/forum/viewtopic.php?f=44&t=1517

290. www.bpb.de/kurz-knapp/hintergrund-aktuell/340854/vor-80-jahren-massaker-von-babyn-jar/

291. www.rnd.de/politik/eu-will-russische-staatsmedien-rt-und-sputnik-verbieten-GZSNVMUFOHKNUMVC3NZAKC6TUE.html

292. www.ndr.de/kultur/elbphilharmonie/Keine-Distanzierung-von-Putin-Dirigent-Gergiev-muss-gehen,gergiev108.html

293. www.nzz.ch/feuilleton/putins-kuenstler-valery-gergiev-und-anna-netrebko-geraten-im-westen-unter-druck-ld.1671800

294. www.saechsische.de/ukraine-konflikt/schroeder-alle-bueromit arbeiter-kuendigen-5635165.html

295. www.nachdenkseiten.de/?p=81373

296. Vgl. Fußnote 281

297. Ebd.

298. www.daserste.de/information/nachrichten-wetter/brennpunkt/sendung/brennpunkt-krieg-in-der-ukraine-100.html

299. www.tagesspiegel.de/politik/vorlaeufige-bilanz-der-opfer-und-schaeden-im-kosovo-krieg-liegt-vor/79548.html

300. Vgl. Fußnote 281

301. www.tagesschau.de/multimedia/video/video-995301.html

302. https://web.archive.org/web/20150427170057/ http://de.sputniknews.com/politik/20150427/302096922.html

303. https://dserver.bundestag.de/btd/18/047/1804773.pdf (Frage 19, S. 8 f.); www.tvn24.pl/wiadomosci-z-kraju,3/bronislaw-komorowski-gosciem-kropki-nad-i,535828.htm

304. www.sevimdagdelen.de/muendliche_frage_plpr_18_102_etwaige_blumenniederlegung_am_grab_von_stepan_bandera_durch_den_ukrainischen_botschafter/

305. www.strackzimmermann.de/eu-sanktionen-gegen-russland-beschlossen

306. www.un.org/press/en/2021/ga12396.doc.htm; www.jta.org/quick-reads/us-ukraine-alone-oppose-russian-un-vote-condemning-honors-to-nazis

307. https://de.wikipedia.org/wiki/Liste_der_500_reichsten_Deutschen

308. www.n-tv.de/ticker/Deutsche-Bundesregierung-begruesst-diplomatische-Gespraeche-zwischen-Ukraine-und-Russland-article23161875.html

309. www.welt.de/videos/video236690573/Gemeinsame-Erklaerung-Xi-Jinping-und-Wladimir-Putin-demonstrieren-Schulterschluss-im-Konflikt-mit-dem-Westen.html

310. www.tagesschau.de/inland/sicherheitskonferenz-baerbock-blinken-101.html

311. www.tagesschau.de/multimedia/sendung/tt-9197.html

312. www.tagesschau.de/ausland/ukraine-waffen-baerbock-eu-aussen minister-101.html

313. https://web.archive.org/web/20220426091850/ https://www.tagesschau.de/multimedia/video/video-1019485.html

314. www.nachdenkseiten.de/?p=82993

315. https://logon-echon.com/2022/04/15/eingebetteter-journalismus-die-tagesschau-scheitert-an-ihrem-auftrag/

316. www.bpb.de/themen/medien-journalismus/krieg-in-den-medien/130697/was-ist-propaganda/

317. www.rainews.it/tgr/tagesschau/articoli/2022/04/tag-Ukraine-Tote-bei-Angriffen-auf-Kiew-und-Charkiw-f42817c8-8d54-46b3-b9be-24b9d1716909.html

318. www.infobae.com/de/2022/04/04/die-un-bescheinigte-3455-zivile-opfer-in-der-ukraine-seit-beginn-der-russischen-invasion/

319. http://www.ag-friedensforschung.de/regionen/Irak/rose3.html

320. https://open4business.com.ua/number-of-gas-stations-in-ukraine-decreases-3-times-since-beginning-of-war-director-of-a-95/

321. https://web.archive.org/web/20230321213942/ https://background.tagesspiegel.de/mobilitaet/ukraine-100-milliarden-dollar-schaeden-an-bruecken-und-strassen; https://web.archive.org/web/20220417094000/; https://www.n-tv.de/mediathek/videos/politik/Putin-will-die-Ukraine-unbewohnbar-machen-article23272707.html

322. www.n-tv.de/mediathek/videos/politik/Putin-will-die-Ukraine-unbewohnbar-machen-article23272707.html

323. www.zdf.de/nachrichten/politik/buschmann-kriegsverbrechen-fluechtlinge-ukraine-krieg-russland-100.html

324. www.zdf.de/nachrichten/politik/buschmann-kriegsverbrechen-fluechtlinge-ukraine-krieg-russland-100.html

325. www.epochtimes.de/politik/ausland/us-oberst-warnt-mit-waffenlieferungen-draengen-wir-die-ukrainer-sinnlos-zu-sterben-a3741060.html

326. www.spiegel.de/panorama/ukraine-krieg-gas-und-oel-aus-russland-olaf-scholz-hat-recht-kolumne-a-bf8a5981-a91d-4dda-a537-af65146ee8a8

327. www.tagesschau.de/kommentar/ukraine-deutschland-105.html

328. http://www.verfassungen.de/gg/gg-praeambel.htm

329. www.ndr.de/der_ndr/zahlen_und_daten/staatsvertrag202.pdf

330. www.tagesschau.de/inland/ostermaersche-krisenzeiten-101.html

331. http://www.russland.news/stellvertretender-vertreter-chinas-bei-der-uno-waffenlieferungen-und-sanktionen-werden-in-der-ukraine-nicht-zum-frieden-fuehren

332. www.businessinsider.com/trump-said-russia-and-ukraine-should-figure-out-a-solution-2022-4?op=1

333. www.n-tv.de/mediathek/videos/politik/Beschlossenes-Sanktionspaket-wird-Russland-ruinieren-article23155892.html

334. https://web.archive.org/web/20220416105259/ https://www.boerse-online.de/nachrichten/aktien/russland-verschickt-wegen-waffenlieferungen-protestnoten-1031359112

335. www.tagesspiegel.de/politik/drohungen-mit-atomwaffen-der-westen-sollte-putins-eskalationsspiel-nicht-mitspielen/28177310.html

336. www.zeit.de/politik/ausland/2021-12/russland-ukraine-wladimir-putin-usa-europa

337. www.tagesschau.de/inland/waffenlieferungen-ampelkoalition-101.html

338. www.tagesschau.de/inland/scholz-ukraine-militaerhilfe-101.html

339. www.focus.de/politik/ausland/ukraine-krise/kurzsichtig-und-gefaehrlich-das-steckt-hinter-gabriels-scharfer-warnung-an-die-ukraine_id_85366650.html

340. Ebd.

341. https://allesevolution.wordpress.com/2022/03/22/umgang-im-krieg-mit-pluenderern-etc-hier-ukraine/

342. www.n-tv.de/politik/Uno-meldet-fast-13-000-Tote-in-Ostukraine-article20821339.html

343. https://thegrayzone.com/2022/04/17/traitor-zelensky-assassination-kidnapping-arrest-political-opposition; www.barth-engelbart. de/?p=237000

344. www.rnd.de/politik/ukraine-krieg-selenskyj-droht-russland-unterstutzern-im-eigenen-land-5fec099d-15b4-4c97-9ae4-98790647a223.html

345. www.cicero.de/innenpolitik/interview-mit-ex-spd-politiker-torsten-teichert-die-linke-scholz-spd

346. www.welt.de/politik/deutschland/video240581355/Cum-Ex-Skandal-Olaf-Scholz-kann-sich-nicht-erinnern.html

347. www.tichyseinblick.de/meinungen/annalena-baerbock-sicherheitsrisiko-europa/

348. http://blauerbote.com/2022/10/06/habeck-versteht-nicht-warum-us-fluessiggas-so-viel-teurer-ist-als-russisches-pipelinegas%EF%BB%BF/

349. www.faz.net/aktuell/politik/inland/habeck-zu-ukraine-krieg-deutschland-muss-dienend-fuehren-17870492.htm

350. https://web.archive.org/web/20221004024336/ https://www.tagesschau.de/multimedia/video/video-1095747.html

351. www.anti-spiegel.ru/2022/mit-aufnaeher-der-waffen-ss-selensky-besucht-isium/

352. https://web.archive.org/web/20220620121514/ https://www.swr.de/swr2/musik-klassik/kulturmeldung-ukraine-verbietet-russische-musik-100.html

353. https://uepo.de/2022/01/28/sprachpolitik-ukraine-bekaempft-russische-sprache-per-gesetz

354. www.mdr.de/nachrichten/welt/osteuropa/politik/ukraine-schaltet-prorussische-tv-sender-ab-100.html

355. https://weltwoche.ch/daily/wolodymyr-selenskyjs-juengste-forderung-sperrt-alle-russen-in-ihrem-land-ein-und-aus-der-eu-ertoent-beifall/

356. https://weltwoche.ch/daily/wolodymyr-selenskyj-hat-in-der-ukraine-praktisch-alle-parteien-verboten-und-konzentriert-seine-medienmacht-kritik-im-westen-fehlanzeige/

357. https://sicht-vom-hochblauen.de/ein-verraeter-weniger-selenskyj-beaufsichtigt-eine-kampagne-der-ermordung-entfuehrung-und-

folterung-politischer-oppositioneller-von-max-blumenthal-und-esha-krishnaswamy/

358. https://uebermedien.de/76092/hier-wird-ein-bild-gezeichnet-was-nicht-das-wahre-bild-des-ndr-ist/

359. www.ndr.de/fernsehen/sendungen/schleswig-holstein_magazin/Kein-Beleg-fuer-politischen-Filter-beim-NDR-in-Kiel,shmag97670.html

360. www.tagesschau.de/newsticker/liveblog-ukraine-samstag-195.html

361. https://overton-magazin.de/krass-konkret/anschlag-auf-die-krimbruecke/

362. http://ruestungsexport-info.de/ruestung-recht/grundgesetz-ruestungsexport.html

363. www.suhrkamp.de/buch/thomas-meyer-die-unbelangbaren-t-9783518126929

364. www.tagesschau.de/multimedia/video/video-1072447.html

365. https://amerika21.de/analyse/224027/venezuela-manipulation-mit-staatsvertrag

366. https://lostineu.eu/neues-vom-wirtschaftskrieg-129-bruessel-rechnet-mit-blackouts/

367. https://dailycaller.com/2022/10/06/zelensky-pre-emptive-nato-strikes-russia-putin-nukes/

368. www.ndr.de/der_ndr/zahlen_und_daten/staatsvertrag202.pdf

369. www.tagesschau.de/ausland/europa/ukraine-frontverlauf-ratifizierung-annexion-101.html

370. www.infosperber.ch/medien/russische-sender-verboten-ein-fragwuerdiger-eu-entscheid/

371. www.wissen57.de/willy-brandt-ohne-frieden-ist-alles-nichts.html

372. www.rnd.de/politik/krieg-in-der-ukraine-olaf-scholz-betont-wir-werden-nicht-militaerisch-eingreifen-TC27KRJRGFCVJJKZMEF4MJZISA.html

373. www.merkur.de/politik/ukraine-news-krieg-russland-deutschland-soeder-scholz-reaktionen-politil-waffenlieferungen-zr-91569626.html

374. https://overton-magazin.de/krass-konkret/umfrage-mehrheit-der-deutschen-will-dass-der-westen-friedensverhandlungen-anstoesst/

375. https://kritisches-netzwerk.de/forum/polizeigewalt-beim-g20-gipfel-hamburg-2017-keine-einzige-anklage

376. https://kriegsgebiet.com/2022/10/07/keine-kriegspartei-scholz-lobt-

deutsche-waffen-in-der-ukraine-sie-waren-bei-der-gegenoffensive-
besonders-effektiv/
377. www.domradio.de/artikel/jemen-krieg-fordert-bislang-fast-400000-
todesopfer
378. www.daserste.de/information/politik-weltgeschehen/monitor/
videosextern/ruestungsexporte-nach-saudi-arabien-oel-statt-
menschenrechte-100.html
379. www.tagesschau.de/inland/offener-brief-ukraine-verhandlung-101.
html
380. www.tagesschau.de/multimedia/sendung/ts-51943.html
381. www.tagesschau.de/multimedia/sendung/ts-53521.html
382. https://web.archive.org/web/20221004165200/ https://www.
tagesschau.de/inland/regional/nordrheinwestfalen/wdr-story-50907.
html; https://www1.wdr.de/nachrichten/elon-musks-ukraine-
friedensplan-darum-geht-es-100.html
383. www.tagesschau.de/inland/innenpolitik/proteste-153.html
384. http://johnpilger.com/articles/silencing-the-lambs-how-propaganda-
works-
385. www.youtube.com/watch?v=t3ZJJTQxMhM
386. www.bundesregierung.de/breg-de/themen/deutsche-einheit/bush-
fordert-ein-ungeteiltes-europa-403522
387. www.deutschlandfunkkultur.de/das-buch-meines-lebens-franz-jung-
der-weg-nach-unten-100.html
388. www.bpb.de/politik/grundfragen/deutsche-
verteidigungspolitik/238332/afghanistan-einsatz
389. www.tagesschau.de/multimedia/sendung/ts-44577.html
390. www.tagesschau.de/ausland/anschlag-kabul-165.html
391. http://www.news.cn/english/2021-08/31/c_1310158086.htm
392. Mausfeld, Rainer: »Warum schweigen die Lämmer?«, Westend,
2019, S. 40.
393. www.tagesschau.de/thema/afghanistan/; https://de.statista.com/
statistik/daten/studie/159871/umfrage/kosten-fuer-den-
bundeswehreinsatz-in-afghanistan-seit-2002/; https://www.mitwelt.
org/kosten-opfer-afghanistan-krieg
394. www.gesetze-bayern.de/Content/Document/MSIV/true
395. www.laenderdaten.info/am-wenigsten-entwickelte-laender.php
396. https://de.statista.com/statistik/daten/studie/161330/umfrage/

entwicklung-des-bruttonationaleinkommens-bne-in-deutschland-pro-kopf/

397. https://de.statista.com/statistik/daten/studie/159871/umfrage/kosten-fuer-den-bundeswehreinsatz-in-afghanistan-seit-2002/; www.mitwelt.org/kosten-opfer-afghanistan-krieg

398. https://dserver.bundestag.de/btd/19/283/1928361.pdf

399. www.tagesschau.de/ausland/guttenbergafghanistan110.html

400. https://web.archive.org/web/20210828062000/https://anachrichten.de/blog/2021/08/26/ein-staatsoberhaupt-mit-gedachtnislucken/

401. www.tagesschau.de/inland/afghanistan-1019.html

402. https://neue-debatte.com/2021/08/26/demokratie-export-die-beleidigung-der-wahrheit/; http://www.afghanistan-connection.de/koehler/

403. https://watson.brown.edu/costsofwar/costs/human/civilians/afghan

404. www.auswaertiges-amt.de/de/newsroom/140213-bm-bt-isaf/259898

405. www.auswaertiges-amt.de/de/newsroom/maas-bundestag-resolute-support/2445924

406. https://web.archive.org/web/20210904172652/ https://www.tagesschau.de/regional/nordrheinwestfalen/wdr-story-42259.html

407. www.wallstreet-online.de/community/posting-drucken/4912286

408. www.tagesschau.de/ausland/afghanistan/afghanistan-taliban-behoerden-103.html

409. http://www.luftpost-kl.de/luftpost-archiv/LP_10/LP10410_190410.pdf

410. www.solidarwerkstatt.at/frieden-neutralitaet/afghanistankrieg-bitterkeit-und-zorn

411. www.strategic-culture.org/news/2021/08/28/terror-attacks-in-kabul-suspiciously-on-cue-who-gains/

412. www.voltairenet.org/article213829.html

413. www.german-foreign-policy.com/news/detail/8688/

414. www.tagesschau.de/multimedia/sendung/ts-44557.html

415. www.nzz.ch/international/afghanistan-die-gruende-fuer-das-klaegliche-scheitern-der-armee-ld.1640577

416. www.imi-online.de/2011/11/14/experimentierfeld-af-2/

417. www.schatzwert.de/rohstoffe/bodenschaetze/bodenschaetze-afghanistan/

418. www.merkur.de/politik/geber-frieren-milliarden-fuer-afghanistan-ein-zr-90930527.html

419. www.tagesschau.de/ausland/afghanistan-konferenz-113.html

420. www.hintergrund.de/globales/kriege/zerfall-und-neuordnung-im-nahen-osten/

421. https://asiatimes.com/2021/08/who-profits-from-the-kabul-suicide-bombing/

422. www.ibtimes.com/russia-claims-us-supplying-weapons-terrorists-afghanistan-unmarked-helicopters-2655899

423. xttps://www.youtube.com/watch?v=w5awK8DcRvQ

424. www.tagesspiegel.de/gesellschaft/medien/wie-die-ard-kommuni zieren-soll-kommt-allen-gegnern-bloss-moralisch/23973830.html

425. Siehe dazu Hunderte von Programmbeschwerden, dokumentiert auf den Seiten der »Ständigen Publikumskonferenz öffentlich-rechtlicher Medien,« Link: https://publikumskonferenz.de/blog/

426. https://de.wikipedia.org/wiki/Elisabeth_Wehling

427. Wehling, Elisabeth: Politisches Framing. Wie eine Nation sich ihr Denken einredet – und daraus Politik macht. Herbert von Halem Verlag, Köln 2016.

428. Frau Wehling im Gespräch mit Anja Reschke vom NDR: www.ndr. de/fernsehen/sendungen/zapp/Sprache-und-Ressentiment-haengen-zusammen,zapp11596.html

429. Gemeint ist hier, dass mit dem Framing eine politisch gewollte Sichtweise durchgesetzt und zur allgemein üblichen gemacht werden soll, obwohl sie die Realität verzerrt.

430. https://de.wikipedia.org/wiki/Framing-Effekt

431. Ebd.

432. www.rezensionen.ch/auf-leisen-sohlen-ins-gehirn/3896706950/

433. https://publikumskonferenz.de/blog/2018/12/06/programmbe schwerde-zur-berichterstattung-zum-thema-inf-vertrag/; https://uebermedien.de/32425/afd-dresden-dialog-ard-zdf-was-haben-sie-gelacht/

434. http://www.turi2.de/aktuell/ard-hat-framing-expertengutachten-beauftragt/

435. https://www.meedia.de/video/wofuer-braucht-die-ard-denn-ein-framing-manual-generalsekretaerin-susanne-pfab-ueber-den-viel-diskutierten-sprach-leitfaden-58125a792594295dcb70dafe39d40c3f

436. Zugegeben: Nur NDR-Beschäftigte können das nachlesen. Und es dann kopieren und an uns schicken. Sie genießen bei uns gesetzlich gesicherten Informantenschutz.

437. Gemeint ist der (ablehnende) Schweizer Volksentscheid über die Abschaffung der dortigen Rundfunkempfangsgebühren.
438. Wortlaut der Zwischentitel in dem Framing-Manual.

IV Distanz zu den Mächtigen

1. www.gesetze-im-internet.de/gg/art_21.html
2. www.lto.de/recht/hintergruende/h/finanzierung-parteinah-stiftungen-organstreit-bverfg/
3. www.tagesschau.de/inland/europarat-parteispenden-kritik-101.html
4. www.abgeordnetenwatch.de/blog
5. www.lobbycontrol.de
6. www.transparency.de
7. www.sueddeutsche.de/wirtschaft/daimler-parteien-spenden-parteispenden-1.4416783
8. www.abgeordnetenwatch.de/blog/2019-05-03/parteispenden-stopp-von-daimler-politik-im-panikmodus
9. www.bundestag.de/dokumente/textarchiv/2018/kw24-de-parteien gesetz-558876
10. www.focus.de/politik/deutschland/400-000-euro-strafe-waehler-wenden-sich-ab-umfrage-zeigt-dramatische-folgen-der-spendenaffaere-fuer-afd_id_10614484.html
11. www.spiegel.de/politik/deutschland/afd-spendenaffaeren-stoeren-mehr-als-ein-drittel-der-afd-waehler-a-1263691.html
12. www.tagesschau.de/inland/spenden-afd-101.html
13. Der beitragsfinanzierte öffentlich-rechtliche Rundfunk trägt hier in organisierter Form der kostenlosen Werbung zum wirtschaftlichen Erfolg eines privatwirtschaftlichen Unternehmens bei. Eine Grauzone, die einer juristischen Durchleuchtung wert wäre. D. V.
14. https://cives.de/verschlusssachen-obskure-quellen-und-10-millionen-zuschauer-6788
15. https://publikumskonferenz.de/forum/viewtopic.php?f=44&t=2296
16. www.hessenschau.de/politik/wiesbaden-vor-der-ob-wahl-affaeren-ungereimtheiten-abendessen-auf-kosten-der-allgemeinheit,ob-wahl-wiesbaden-102.html
17. https://archive.is/KPcko; https://web.archive.org/web/20210802044245/https://www.tagesschau.de/ausland/europa/russland-situation-politik-101.html
18. https://archive.is/iNOPi; https://web.archive.org/web/

20180620081012/http://www.tagesschau.de:80/multimedia/
politikimradio/audio-57225.html

19. http://dip21.bundestag.de/dip21/btd/19/090/1909054.pdf

20. www.tagesspiegel.de/themen/agenda/der-bundestag-und-die-nebentaetigkeiten-jeder-fuenfte-abgeordnete-hat-zusaetzliche-einkuenfte/20979904.html

21. www.bundestag.de/services/glossar/glossar/D/diaeten-245378

22. www.spiegel.de/wirtschaft/soziales/bundesregierung-beauftragte-berater-fuer-eine-milliarde-euro-a-921241.html

23. http://dip21.bundestag.de/dip21/btd/19/090/1909054.pdf

24. www.tagesschau.de/inland/daimler-parteispenden-101.html

25. www.spiegel.de/spiegel/print/d-87482684.html

26. https://amerika21.de/2017/12/191109/honduras-wahlbetrug-befuerchtet

27. https://form7.wordpress.com/2022/01/19/lawrow-auf-der-pk-im-wortlaut/

28. www.tagesschau.de/ausland/europa/baerbock-lawrow-101.html

29. xttps://www.youtube.com/watch?v=YMhKZYiU-WA (ab 31' 36«)

30. www.adenauerhaus.de/sah_1_4__520_print.html

31. www.ndr.de/der_ndr/unternehmen/chronik/chronik159_page-3.html

32. www.faz.net/aktuell/feuilleton/medien/oeffentlich-rechtlicher-rundfunk-neues-konzept-zur-grossen-reform-17248062.html

33. https://de.wikipedia.org/wiki/Bundeswehr_TV

34. www.afneurope.net/Stations/Wiesbaden/

35. https://radio.bfbs.com

36. www.arte.tv/sites/corporate/de/das-franzoesische-mitglied-arte-france/

37. www.deutschlandfunkkultur.de/propaganda-im-auftrag-der-cia-102.html

38. https://publikumskonferenz.de/forum/viewforum.php?f=5

39. www.rosalux.de/fileadmin/rls_uploads/dokumentationen/090116_RL-Konferenz/beitraege/Tanja_Storlokken.pdf

40. https://web.archive.org/web/20220129065036/ https://fargowells.com/bundesregierung-verletzt-rechte-ihrer-burger-journalistenverband-russlands-wendet-sich-an-baerbock-2/

41. https://de.rt.com/europa/128812-RT DE-von-liveausstrahlung-uber-eutelsat9b-ausgeschlossen/

42. https://www.tagesschau.de/inland/rt-deutsch-rundfunklizenz-aufsichtsbehoerden-101.html
    https://archive.is/wYYhZ
43. www.die-medienanstalten.de/fileadmin/user_upload/Rechtsgrundlagen/Gesetze_Staatsvertraege/Medienstaatsvertrag_MStV.pdf
44. https://www.tagesschau.de/inland/rt-deutsch-rundfunklizenz-aufsichtsbehoerden-101.html
45. www.rt.com/about-us/
46. https://de.wikipedia.org/wiki/RT_(Fernsehsender)
47. https://de.rt.com/impressum/
48. https://web.archive.org/web/20210419090236/https://gedankenportal.de/psychologische-projektion-schuld/
49. https://de.rt.com/europa/128812-RT DE-von-liveausstrahlung-uber-eutelsat9b-ausgeschlossen/; https://archive.is/x1rL7
50. https://web.archive.org/web/20180402083650/http://www.bpb.de:80/internationales/europa/russland/47996/medienlandschaft
51. https://de.rt.com/europa/128812-RT DE-von-liveausstrahlung-uber-eutelsat9b-ausgeschlossen/
52. www.extremnews.com/berichte/weltgeschehen/dd1b1879c8c26a7; www.faz.net/aktuell/feuilleton/medien/russischer-kanal-will-in-deutschland-senden-17417556.html
53. www.bundesregierung.de/breg-de/bundesregierung/bundeskanzleramt/monika-gruetters-1432040
54. www.sueddeutsche.de/medien/RT-DEutsch-youtube-russland-1.5489418
55. www.mabb.de/uber-die-mabb/organisation-und-struktur.html
56. Das ist am 2.2.22 dann auch geschehen.
57. https://gez-boykott.de/Forum/index.php?topic=23298.0
58. https://gez-boykott.de/Forum/index.php?topic=23291.0
59. https://kef-online.de/fileadmin/KEF/Dateien/Berichte/22._Bericht.pdf(TZ 419)
60. www.die-medienanstalten.de/ueber-uns/landesmedienanstalten/adressen-aller-landesmedienanstalten
61. www.ard-media.de/media/media-perspektiven/fachzeitschrift/2017/artikel/landesmedienanstalten-ueberfinanzierung-und-expansion-der-aufgabenfelder/zur Ermittlung des Finanzbedarfs der Rundfunkanstalten (KEF).

62. www.die-medienanstalten.de/publikationen/jahrbuch/jahrbuch-2020
63. www.deutschlandfunk.de/landesmedienanstalt-rheinland-pfalz-personalie-mit-100.html; www.bild.de/regional/saarland/saarland-news/landesmedienanstalt-chef-posten-bleibt-in-cdu-haenden-67334260.bild.html; https://taz.de/RTL-Mann-Tobias-Schmid/!5312728/
64. www.sueddeutsche.de/medien/blm-wahl-schmiege-1.5247046
65. www.deutschlandfunk.de/landeszentrale-fuer-medien-und-kommunikation-ins-amt-100.html
66. Streit um TV-Lizenzen – Bevorzugung von Firmen? | NDR.de – Fernsehen – Sendungen A-Z – ZAPP – Medienpolitik
67. www.spiegel.de/kultur/gesellschaft/debatte-schafft-die-landes-medienanstalten-ab-a-347414.html
68. www.gesetze-bayern.de/Content/Document/MStV/true
69. www.deutschlandfunk.de/initiative-der-landesmedienanstalten-medien-aufseher-gehen-100.html
70. www.nachdenkseiten.de/?p=72874
71. xttps://www.youtube.com/watch?v=V1EOX1p3V3Q
72. www.nachdenkseiten.de/?p=83934
73. www.wortbedeutung.info/hudeln/
74. www.auswaertiges-amt.de/de/newsroom/baerbock-bt-minusma/2526052
75. www.tagesschau.de/ausland/afrika/bundeswehr-mali-161.html
76. www.labournet.de/interventionen/kriege/antimili-all/massive-kritik-an-der-fortsetzung-des-kriegseinsatzes-was-soll-die-bundeswehr-in-mali-schuetzen-die-wehrdoerfer/
77. www.wiwo.de/politik/europa/frankreich-der-rohstoffkrieg-in-mali/7629346.html
78. www.faz.net/aktuell/wirtschaft/mali-das-sagenhafte-reich-voller-gold-und-bodenschaetze-12024831.html
79. www.rnd.de/politik/usa-baerbock-auf-auslandsreise-ukraine-und-klima-als-hauptthemen-QF5RCJ6MC5HUTEMSVAM46KYDNQ.html
80. www.focus.de/politik/deutschland/besuch-in-den-usa-habeck-sieht-deutschland-in-einer-dienenden-fuehrungsrolle_id_61552626.html
81. www.youtube.com/watch?v=nOMW8Kn4OLw
82. https://forum.beobachter.ch/forum/thread/18765-usa-%C3%BCber-200-kriege-seit-ihrer-gr%C3%BCndung/?pageNo=4

83. http://www.studien-von-zeitfragen.de/Mnemeion/Hehre_Kunst_der_Provokation/hehre_kunst_der_provokation.htm; www.sscnet.ucla.edu/polisci/faculty/trachtenberg/methbk/ickes.pdf
84. www.youtube.com/watch?v=ks7hznOfTkU
85. www.aphorismen.de/zitat/176
86. http://www.ag-friedensforschung.de/themen/Friedenspreise/nobel-lit-pinter.html
87. www.t-online.de/nachrichten/deutschland/id_90102198/klima-ukraine-und-nord-stream-2-die-ploetzliche-amerika-liebe-der-gruenen.html
88. www.ohchr.org/sites/default/files/Documents/Countries/UA/29thReportUkraine_EN.pdf
89. https://de.wikipedia.org/wiki/Protokoll_von_Minsk
90. www.news.at/a/usa-biden-krieg-12180967
91. www.focus.de/kultur/kino_tv/tv-kolumne-anne-will-baerbock-will-dass-russland-nicht-mehr-auf-die-beine-kommt_id_92735159.html; www.ohchr.org/sites/default/files/Documents/Countries/UA/29thReportUkraine_EN.pdf
92. www.abgeordnetenwatch.de/profile/annalena-baerbock/fragen-antworten/sehr-geehrte-frau-baerbock-wie-wird-ihre-mitgliedschaft-im-young-global-leaders-des-weltwirtschaftsforums
93. https://taz.de/Geostrategie-im-Ukrainekrieg/!5860826/
94. www.srf.ch/news/international/regimewechsel-gefordert-viel-wirbel-um-den-schlusssatz-des-us-praesidenten-in-warschau; www.extremnews.com/berichte/weltgeschehen/4ea1827e57f27f
95. www.youtube.com/watch?v=_7R-0unFGgE
96. www.auswaertiges-amt.de/de/newsroom/-/2559154
97. www.tagesschau.de/ausland/asien/us-hilfen-afghanistan-101.html
98. www.watson.ch/international/usa/574666678-usa-wollen-afghanische-milliarden-an-9-11-opfer-zahlen
99. http://www.ag-friedensforschung.de/themen/Terrorismus/martin.html
100. https://progressive.international/wire/2022-08-23-to-end-hell-on-earth-the-us-must-free-afghanistans-7bn-reserves/de
101. www.spiegel.de/ausland/hungerkrise-in-afghanistan-ich-habe-die-niere-meines-sohnes-verkauft-um-uns-alle-zu-retten-a-fb6b5a08-4da8-450c-a8bb-8da275653bf1

102. www.dw.com/de/
finanzsanktionen-gegen-taliban-unmenschlich/a-60781910
103. https://new.thecradle.co/articles/us-occupation-troops-continue-
looting-of-syrian-oil
104. https://globalbridge.ch/so-leiden-in-syrien-die-menschen-unter-den-
westlichen-sanktionen/
105. www.tagesschau.de/ausland/europa/getreideabkommen-russland-
reaktionen-103.html
106. www.agrarheute.com/management/agribusiness/verkauft-ukraine-
getreide-afrika-597271
107. www.die-medienanstalten.de/fileadmin/user_upload/
Rechtsgrundlagen/Gesetze_Staatsvertraege/Medienstaatsvertrag_
MStV.pdf
108. https://meinungsfreiheit.rtde.life/international/153077-putin-
verdeutlicht-position-zum-getreide/
109. www.tagesschau.de/inland/innenpolitik/proteste-energiepolitik-105.
html
110. www.tagesschau.de/inland/fregatte-bayern-101.html
111. www.bmvg.de/de/aktuelles/rede-akk-auslaufen-bayern-indo-
pazifik-5204436
112. www.tagesschau.de/multimedia/sendung/tt-8433.html
113. www.tagesschau.de/inland/fregatte-bayern-101.html
114. www.auswaertiges-amt.de/de/search?search=Regelbasierte%20
Ordnung
115. www.auswaertiges-amt.de/blob/281456/9c6f37d447fb4345413fb592a
4c25ff5/sicherheitsrat-broschuere-data.pdf
116. https://hpd.de/artikel/deutschland-stimmt-gegen-
atomwaffenverbot-13710
117. https://linkezeitung.de/2019/02/08/tschuess-freiheit-und-
demokratie-willkommen-regelbasierte-internationale-ordnung/;
www.freidenker.org/?p=10859; www.kundschafter-ddr.de/kramp-
karrenbauers-kanonenboot-politik-im-suedchinesischen-meer/
118. https://verfassungsblog.de/voelkerrechtswidrigkeit-benennen-
warum-die-bundesregierung-ihre-verbuendeten-fuer-den-syrien-
luftangriff-kritisieren-sollte/
119. https://frieden-sichern.dgvn.de/meldung/der-hegemon-und-das-
voelkerrecht-die-usa-drohen-dem-internationalen-strafgerichtshof/
120. www.focus.de/politik/ausland/nach-journalisten-bericht-glatte-

luege-tuerkei-weist-giftgas-vorwuerfe-zurueck_id_3756294.html;
www.ossietzky.net/artikel/das-syrienkrieg-narrativ/
121. www.tagesschau.de/multimedia/sendung/ts-25083.html
122. www.welt.de/politik/deutschland/article175655631/
123. www.bundesregierung.de/breg-de/aktuelles/bundeskanzlerin-merkel-zu-den-militaerschlaegen-der-usa-grossbritanniens-und-frankreichs-in-syrien-1006908
124. www.swp-berlin.org/publikation/die-ordnung-der-welt
125. www.bundeswehr.de/de/organisation/marine/aktuelles/typologie-fregatten
126. www.rheinpfalz.de/lokal/pfalz-ticker_artikel,-fregatte-bayern-auf-dem-weg-in-den-pazifik-_arid,5235570.html
127. www.faz.net/aktuell/politik/inland/deutschland-entsendet-fregatte-in-indo-pazifik-raum-17224589.html
128. www.swp-berlin.org/publikation/vom-asien-pazifik-zum-indo-pazifik/#en-d36843e1211
129. www.auswaertiges-amt.de/blob/2380500/33f978a9d4f511942c241eb4602086c1/200901-indo-pazifik-leitlinien–1–data.pdf
130. www.tagesschau.de/inland/fregatte-bayern-101.html
131. https://mascareignas.blogspot.com/2009/02/backgrounder-chinas-military-power.html
132. www.wiwo.de/politik/ausland/china-und-russland-biden-warnt-nach-cyberangriffen-vor-echtem-krieg-/27460088.html
133. www.tagesschau.de/ausland/nato-gipfel-159.html;www.german-foreign-policy.com/news/detail/8684/, hilfsweise: https://sicherheitskonferenz.de/en/aggregator/sources/17
134. www.tandfonline.com/doi/full/10.1080/01402390.2012.743885?src=recsys;https://de.topwar.ru/25464-o-vozmozhnosti-morskoy-blokady-kitaya.html
135. https://de.statista.com/statistik/daten/studie/183070/umfrage/anteile-ausgewaehlter-laender-an-den-weltweiten-militaerausgaben/
136. http://thesaker.is/the-future-for-china/
137. www.faz.net/aktuell/politik/inland/deutschland-entsendet-fregatte-in-indo-pazifik-raum-17224589.html
138. https://southfront.org/navy-voyage-to-the-pacific-demonstrates-germanys-intent-to-be-global-military-power/
139. www.kreiszeitung.de/politik/saebelrasseln-mit-china-nur-baerbock-draengt-auf-harten-kurs-90836401.html

140. www.imi-online.de/2021/08/10/transatlantischer-schulterschluss/
141. www.destatis.de/DE/Presse/Pressemitteilungen/2021/02/ PD21_077_51.html
142. www.tagesschau.de/multimedia/sendung/tt-8433.html
143. Ebd.
144. www.scmp.com/news/china/diplomacy/article/3143613/beijing-berlin-clarify-warships-intentions-south-china-sea-or
145. www.tagesschau.de/inland/fregatte-bayern-101.html
146. https://de.statista.com/statistik/daten/studie/183070/umfrage/ anteile-ausgewaehlter-laender-an-den-weltweiten-militaerausgaben/
147. Anspielung auf einen männlichkeitsbetonten Schlager des Schauspielers Hans Albers, s. xttps://www.youtube.com/watch?v=x8RY vhX6BIU
148. Es handelt sich um die Monate März, April und Mai 2023. https://archive.is/0JGGN
149. www.nzz.ch/international/ukraine-krieg-bruechiger-burgfrieden-selenski-gegen-poroschenko-ld.1687697
150. www.nytimes.com/2022/05/25/world/europe/henry-kissinger-ukraine-russia-davos.html
151. www.businessinsider.com/kissinger-ukraine-give-up-land-russia-not-humiliate-putin-2022-5?op=1
152. www.faz.net/aktuell/politik/inland/nach-abhoerskandal-nsa-soll-auch-bei-merkels-neuem-handy-mitlauschen-13016452.html
153. https://overton-magazin.de/krass-konkret/kann-die-ukraine-militaerisch-den-krieg-gewinnen/
154. https://thealtworld.com/alastair_crooke/the-world-doesnt-work-that-way-anymore
155. www.daserste.de/information/politik-weltgeschehen/weltspiegel/ sendung/ukraine-staatschef-selenskyi-100.html
156. www.anti-spiegel.ru/2021/warum-us-aussenminister-blinken-nach-kiew-gereist-ist/
157. www.deutschlandfunk.de/ukraine-boeses-erwachen-nach-grossen-wahlversprechen-100.html
158. www.tagesschau.de/multimedia/video/video-555039.html
159. www.agrarheute.com/management/recht/ukraine-verkaufsverbot-ackerland-aufgehoben-566951
160. www.anti-spiegel.ru/2022/george-soros-was-in-der-ukraine-passiert-ist-mein-bestes-projekt/

161. https://ahnenrad.org/2022/04/25/soros-und-der-ukraine-konflikt/
162. https://de.statista.com/statistik/daten/studie/1293371/umfrage/
     vertrauen-in-wolodymyr-selenskyj/
163. https://de.statista.com/statistik/daten/studie/232421/umfrage/
     inflationsrate-in-der-ukraine/
164. www.ceicdata.com/de/indicator/ukraine/monthly-earnings
165. www.osce.org/special-monitoring-mission-to-ukraine/512683
166. www.moonofalabama.org/2022/06/ukraine-bits-no-ammo-more-
     casualties-thin-lines-propaganda-and-passing-the-buck.html
167. www.mdr.de/medien360g/medienpolitik/warum-rt-verboten-ist-100.
     html
168. www.extremnews.com/nachrichten/medien/65c018a346fe1ee
169. www.abgeordnetenwatch.de/profile/marie-agnes-strack-
     zimmermann/fragen-antworten/die-ukraine-ist-ein-hochgradig-
     korrupter-oligarchenstaat-ohne-pressefreiheit-im-maerz-wurden
170. https://en.wikipedia.org/wiki/Ihor_Kolomoyskyi
171. www.forbes.com/profile/ihor-kolomoyskyy/
172. www.nzz.ch/international/ukraine-selenski-brilliert-aber-es-gibt-
     auch-schattenseiten-ld.1681137
173. www.n-tv.de/politik/Ukraine-verbietet-prorussische-Sender-
     article22335395.html
174. www.heise.de/tp/features/Warum-Journalisten-und-
     Andersdenkende-in-der-Ukraine-Angst-haben-3904197.
     html?seite=all
175. https://gloria.tv/post/LopaJ4zg7Bbc4zitqNkhRdgwa
176. https://web.archive.org/web/20220613174532/ http://www.
     tagesschau.de/suche2.html?query=Melnyk&sort_by=date
177. www.youtube.com/watch?v=eVjQB0c2QFI
178. https://web.archive.org/web/20220615082326/http://www.msn.com/
     de-de/nachrichten/politik/muss-die-ukraine-den-krieg-e2-80-
     9egewinnen-e2-80-9c-baerbock-c3-a4u-c3-9fert-sich-klar-lambrecht-
     weicht-aus/ar-AAXZirI?fromMaestro=true
179. www.youtube.com/watch?v=Z-R4sh2z0EM&t=3426s
180. https://thegrayzone.com/2022/04/28/zelensky-celebrity-populist-
     pinochet-neoliberal/
181. www.swp-berlin.org/publikation/donbas-konflikt-schwieriger-
     friedensprozess
182. https://web.archive.org/web/20220619060453/ https://www.

freethewords.com/news/2022/03/18/wie-viel-dreck-hat-ukraine-praesident-selenskyj-am-stecken/

183. www.bpb.de/themen/europa/ukraine/342240/dokumentation-offshore-geschaefte-selenskyj-und-kolomojskyj-in-den-pandora-papers/

184. www.businessinsider.de/wirtschaft/finanzen/ist-selenskyj-milliardaer-so-gross-ist-das-vermoegen-des-ukrainischen-praesidenten-wirklich-a/

185. www.tagesschau.de/inland/selenskyj-steinmeier-ukraine-absage-reaktionen-101.html

186. www.tagesschau.de/inland/haushalt-bundestag-119.html

187. www.nachdenkseiten.de/?page_id=47542

188. www.tagesschau.de/inland/scholz-washington-105.html

189. www.tagesschau.de/ausland/amerika/scholz-biden-111.html

190. www.tagesschau.de/multimedia/sendung/tt-9971.html

191. www.tagesschau.de/multimedia/sendung/ts-56347.html

192. https://dejure.org/gesetze/StGB/140.html

193. www.infosperber.ch/freiheit-recht/buergerrechte/russlandversteher-in-berlin-mit-2000-euro-bestraft/

194. www.bundestag.de/resource/blob/414640/44a2b7337d3b8fd94962639cb365c9c8/WD-2-049-07-pdf-data.pdf

195. www.zeitgeschehen-im-fokus.ch/de/newspaper-ausgabe/nr-21-vom-30-november-2022.html

196. www.bundesregierung.de/breg-de/service/bulletin/rede-von-bundeskanzler-olaf-scholz-2019954

197. www.zeit.de/2022/51/angela-merkel-russland-fluechtlingskrise-bundeskanzler

198. https://lxgesetze.de/gg/24

199. www.gesetze-im-internet.de/gg/art_26.html

200. http://stgb-online.de/verrat.html

201. www.un.org/depts/german/gv-notsondert/a-es11-1.pdf

202. www.wallstreet-online.de/nachricht/16690507-scholz-kuendigt-kontinuierliche-waffenlieferungen-ukraine

203. www.bundestag.de/resource/blob/892384/d9b4c174ae0e0af275b8f42b143b2308/WD-2-019-22-pdf-data.pdf

204. www.tagesschau.de/ausland/scholz-kampfpanzer-leopard-ukraine-101.html

205. www.nachhaltigkeit.info/artikel/un_charta_666.htm

206. https://web.archive.org/web/20200714171303/http://www.mpil.de/files/pdf1/vrz.gewaltverbot.pdf
207. www.rnd.de/politik/ukraine-krieg-baerbock-ueber-sanktionen-das-wird-russland-ruinieren-RZDYS2DEPRK5OST7ZGGRZ6UN4I.html
208. https://unric.org/de/un-aufgaben-ziele/frieden-und-sicherheit/
209. https://de.statista.com/themen/9109/sanktionen-gegen-russland/#topicOverview
210. www.nachdenkseiten.de/?p=95404
211. https://verfassungsblog.de/wirtschaftssanktionen-gegen-russland-und-ihre-rechtlichen-grenzen
212. https://de.statista.com/statistik/daten/studie/1293274/umfrage/umfrage-zu-den-zustimmungswerten-fuer-wladimir-putin-in-russland/
213. www.tagesspiegel.de/politik/russland-gorbatschow-deutsche-presse-ist-die-boesartigste-ueberhaupt/1512810.html
214. https://uebermedien.de/82771/landesregierung-will-veroeffentlichte-preistraeger-noch-mal-veroeffentlichen/
215. https://fra.europa.eu/de/eu-charter/article/11-freiheit-der-meinungsaeusserung-und-informationsfreiheit
216. www.gesetze-im-internet.de/gg/art_5.html
217. www.tagesschau.de/inland/rt-de-rundfunklizenz-101.html
218. www.tagesschau.de/investigativ/hr/verbot-russische-staatssender-101.html
219. www.deutschlandfunk.de/putin-medien-propaganda-russland-europa-eu-kommission-sender-100.html
220. www.bundesnetzagentur.de/DE/Fachthemen/Digitalisierung/Internet/Netzneutralitaet/DNSsperren/start.html; www.bundesnetzagentur.de/DE/Fachthemen/Digitalisierung/Internet/Netzneutralitaet/DNSsperren/start.html
221. www.fallrecht.de/bv027071.html#080
222. www.berliner-zeitung.de/news/scholz-zu-putin-haftbefehl-niemand-steht-ueber-recht-und-gesetz-li.329010
223. www.youtube.com/watch?v=bfKjvk-ACFQ
224. www.tagesschau.de/multimedia/sendung/ts-56079.html
225. www.gesetze-im-internet.de/stgb/__129a.html
226. https://dejure.org/gesetze/StGB/258a.html
227. www.tagesschau.de/ausland/scholz-cnn-103.html
228. www.youtube.com/watch?v=ieixJNz4HhI

229. https://friedensblick.de/33503/scholl-latour-zum-ukraine-konflikt-wir-leben-in-einer-zeit-der-massenverbloedung/

230. https://web.archive.org/web/20210422070147/ https://www.zdf.de/nachrichten/politik/scholz-wirecard-untersuchungsausschuss-100.html

231. www.finanzwende.de/themen/cumex/

232. https://de.wikipedia.org/wiki/Olaf_Scholz#:~:text=Er%20ist%20Partner%20der%20Anwaltskanzlei,kleine%20Anteile%20der%20Tageszeitung%20taz.

233. www.luzernerzeitung.ch/international/ukraine-krise-putin-versucht-die-nato-zu-trennen-so-wollen-biden-und-scholz-dies-verhindern-ld.2247785

234. www.spd.de/aktuelles/detail/news/doppel-wumms-fuer-bezahlbare-energie/29/09/2022/

235. www.bundeswehr.de/de/aktuelles/meldungen/ausbildung-ukrainischer-soldaten-5586210

236. www.bundestag.de/resource/blob/892384/d9b4c174ae0e0af275b8f42b143b2308/WD-2-019-22-pdf-data.pdf

237. www.youtube.com/watch?v=3F3XjET9aCM

238. www.deutschlandfunkkultur.de/energiepakt-mit-katar-bundesminister-robert-habeck-bittet-um-fluessiggas-100.html

239. https://deutsche-wirtschafts-nachrichten.de/702368/Krise-in-Schwedt-fliegt-Habeck-um-die-Ohren?src=live

240. https://deutsche-wirtschafts-nachrichten.de/702423/Russland-Sanktionen-der-Politik-setzen-BASF-schwer-zu

241. https://de.wikipedia.org/wiki/Urals-Öl

242. www.rnd.de/wirtschaft/wohlstandsverlust-in-deutschland-dhk-warnt-bip-sinkt-bis-ende-2023-um-voraussichtlich-vier-prozent-HV5RDXUITD7XORZUTVS2ADGPUA.html

243. www.fr.de/politik/norwegen-energie-deutschland-krise-gas-oel-europa-eu-oekonomie-umweltschutz-zr-91749623.html

244. www.berliner-zeitung.de/politik-gesellschaft/seymour-hersh-im-interview-joe-biden-sprengte-nord-stream-weil-er-deutschland-nicht-traut-li.317700

245. www.n-tv.de/wirtschaft/Norwegen-kassiert-Polen-ist-wuetend-article23561487.html

246. https://deutsche-wirtschafts-nachrichten.de/701681/Diplomatische-Spannungen-zwischen-Warschau-und-Berlin-wachsen

247. www.tagesschau.de/wirtschaft/konjunktur/wirtschaftspolitik-perspektive-jahreswirtschaftsbericht-habeck-101.html
248. www.nachdenkseiten.de/?p=88286
249. www.focus.de/politik/deutschland/da-sollte-er-zweimal-hingucken-habeck-ministerium-sucht-fotografen-fuer-350-000-euro-ueber-vier-jahre_id_180014875.html
250. www.tag24.de/nachrichten/politik/deutschland/politiker/robert-habeck/robert-habeck-wirtschaftsminister-zahlt-400-000-euro-fuer-instagram-fotos-2668451
251. www.myzitate.de/annalena-baerbock/
252. https://web.archive.org/web/20230503005643/https://www.youtube.com/watch?v=LmSZQS3HdTI
253. www.focus.de/kultur/stars/christian-lindner-annalena-baerbock-co-so-viel-geben-sie-fuer-make-up-aus_id_184016992.html
254. www.tichyseinblick.de/gastbeitrag/aussenministerin-baerbock-deutschland/
255. https://exxpress.at/seit-wann-kaempfte-napoleon-mit-panzern-frau-ministerin-baerbock/
256. www.gutefrage.net/frage/annalena-baerbock-kennt-laender-die-hunderttausende-kilometer-entfernt-sind
257. https://exxpress.at/baerbock-sorgt-erneut-fuer-irritation-nigeria-eine-kolonie-deutschlands/
258. www.faz.net/aktuell/karriere-hochschule/hoersaal/annalena-baerbocks-studium-in-london-master-ohne-bachelor-17336848.html
259. www.srf.ch/news/international/baerbock-gegen-scholz-klartext-statt-scholzen-es-brodelt-in-der-ampelkoalition
260. https://neuedebatte.wpcomstaging.com/2023/02/12/die-nato-9-11-und-die-die-nord-stream-pipelines/
261. www.zdf.de/nachrichten/politik/politbarometer-bundesregierung-pistorius-ukraine-krieg-china-100.html
262. https://de.statista.com/statistik/daten/studie/2953/umfrage/zufriedenheit-mit-der-arbeit-der-bundesregierung/#statisticContainer
263. www.bundeswahlleiter.de/bundestagswahlen/2021/ergebnisse/bund-99.html#stimmentabelle14
264. www.tichyseinblick.de/tichys-einblick/der-brutale-kahlschlag-bei-grunerjahr-und-rtl/

265. https://neue-debatte.com/2022/03/29/gruene-usa-und-europa-oh-welch-ein-malheur/

266. www.ohne-ruestung-leben.de/nachrichten/article/bundestagswahl-2021-wahlprogramme-abruestung-ruestungsexport-friedenspolitik-atomwaffen-431.html

267. https://dejure.org/gesetze/GG/21.html

268. www.bundeswahlleiter.de/info/presse/mitteilungen/bundestagswahl-2021/01_21_wahlberechtigte-geschaetzt.html

269. https://de.wikipedia.org/wiki/Mitgliederentwicklung_der_deutschen_Parteien

270. https://de.statista.com/statistik/daten/studie/153820/umfrage/allgemeines-vertrauen-in-die-parteien/

271. www.tagesschau.de/inland/innenpolitik/scheuer-maut-125.html

272. www.forschung-und-lehre.de/politik/universitaet-entzieht-giffey-doktorgrad-3787

273. https://weltwoche.ch/daily/eu-korruption-eu-chefin-von-der-leyen-verweigert-jede-aussage-wie-wird-das-erst-wenn-ihre-sms-an-den-pfizer-ceo-ueber-den-18-milliarden-impf-deal-aufgearbeitet-wird/

274. www.deutschlandfunk.de/lobby-affaere-um-philipp-amthor-hier-ist-eine-grenze-100.html

275. www.merkur.de/politik/cdu-maskendeal-jens-spahn-druck-maskenaffaere-spendendinner-91363289.html

276. www.focus.de/politik/deutschland/kritik-an-teurem-wohnungsum bau-faesers-vermieter-arbeitet-fuer-sie-und-wurde-ploetzlich-sprungbefoerdert_id_184795236.html

277. www.armin-schaefer.de/wp-content/uploads/2016/12/endbericht-systematisch-verzerrte-entscheidungen.pdf

278. Ebd. S. 113 ff.

279. www.thalia.de/shop/home/artikeldetails/A1048216102?ProvID=110 07205&msclkid=041f9703444a1a16b415f4f4983012fb&gclsrc=ds&gcl src=dss

280. www.gesetze-im-internet.de/gg/art_20.html

281. www.ddr89.de/dj/DJ.html

282. www.mehr-demokratie.de

283. https://abstimmung21.de

284. www.gemeingut.org

285. www.abgeordnetenwatch.de/bundestag

286. www.lobbycontrol.de/

287. www.welt.de/politik/deutschland/article121806429/Merkel-pfeift-ihren-Innenminister-zurueck.html
288. www.bundesregierung.de/resource/blob/974430/1990812/1f422c60 505b6a88f8f3b3b5b8720bd4/2021-12-10-koav2021-data. pdf?download=1

V   Schluss: »Das Prinzip Dumm-Dreist«

1. https://form-7.com/2023/04/25/wie-lange-halt-sich-das-prinzip-dumm-dreist/
2. www.tagesschau.de/multimedia/video/video-1160835.html

MILOSZ MATUSCHEK

Wenn's keiner sagt, sag ich's

SPIEGEL Bestseller

Verengte Räume – Absurde Zeiten

ISBN: 978-3-946778-36-3
256 Seiten
Auch als E-Book erhältlich

Gegen die Verengung der Welt

Milosz Matuschek legt überall dort den Finger in die Wunde, wo viele nicht einmal einen Kratzer sehen. Seine Texte sind brillante Analysen einer Gesellschaft, die Vielfalt preist, dabei aber Diskursräume verengt und Anpassung belohnt. Die Coronapandemie mitsamt Maßnahmenapparat stellen eine gänzlich neue Eskalation der Freiheitsbedrohung dar. Hellsichtig wie unnachgiebig zeichnet Matuschek nach, wie die unbehagliche Überlagerung von Themen wie Machtkonzentration, Cancel Culture, digitale Überwachung, Mehrfach-Impfungen und Pandemie-Panik zum Verlust von Freiheit, Transparenz und Demokratie führt. Wir blicken in den Abgrund einer Dystopie, in welcher der punktuelle Ausnahmezustand zum permanenten zu werden droht. In absurden Zeiten zielt Matuscheks Schreiben auf nicht weniger als eine Verteidigung demokratischer Werte und eine Weitung der Welt.